NUBANK
REVOLUÇÃO ROXA

A HISTÓRIA POR TRÁS
DA FINTECH
QUE TRANSFORMOU O SETOR BANCÁRIO

NUBANK
REVOLUÇÃO ROXA

A HISTÓRIA POR TRAS DA FINTECH
QUE TRANSFORMOU O SETOR BANCÁRIO

Cultura que Desenha Experiências

JORGE LIVINGSTONE

Título original em espanhol:
NUBANK REVOLUCIÓN MORADA
LA HISTORIA DETRÁS DE LA FINTECH
QUE TRANSFORMÓ LA BANCA

Copyright © 2024 Jorge Livingstone Vaught
Registro: 03-2024-070911365600-01

Primeira edição julho 2024 (v1.m)
Segunda edição outubro 2025 (v2.b) Português
Todos os direitos reservados

Aviso Legal e Declaração de Responsabilidade
Este livro não é afiliado, patrocinado, aprovado nem autorizado, de nenhuma forma, pela NU Holdings Ltd. ou por quaisquer de suas empresas afiliadas. Todas as marcas registradas e logotipos mencionados ou representados neste livro são propriedade de seus respectivos donos e são utilizados unicamente para fins de identificação e comentário. O uso desses nomes, marcas e logotipos é feito sob a doutrina de uso justo e destina-se a oferecer um contexto jornalístico, histórico e educativo sobre o Nubank e seu desenvolvimento.

O autor e o editor envidaram todos os esforços possíveis para assegurar a exatidão das informações contidas neste livro. No entanto, não assumem nenhuma responsabilidade por erros, omissões ou interpretações incorretas do conteúdo. As opiniões expressas neste livro são exclusivamente do autor e não representam necessariamente as opiniões da NU Holdings Ltd. nem de seus empregados, diretores ou afiliados.

Não é permitida a reprodução total ou parcial deste livro, nem sua incorporação a um sistema de informática, nem sua transmissão em qualquer forma ou por qualquer meio — eletrônico, mecânico, por impressão, fotocópia, gravação ou outros métodos — sem a autorização prévia e por escrito do titular do copyright: **jorgelv@mac.com**

A infração dos direitos mencionados pode constituir crime contra a propriedade intelectual, conforme previsto na Lei de Direitos Autorais (Lei nº 9.610/1998) e nos Arts. 184 e seguintes do Código Penal Brasileiro.

À MINHA QUERIDA ESPOSA
E AOS NOSSOS FILHOS,
QUE SÃO MINHA INSPIRAÇÃO
E MINHA FORÇA

Sumário

SUMÁRIO	7
PREFÁCIO	13
SEGUNDA EDIÇÃO	23
A REVOLUÇÃO ROXA	27
DE MEDELLÍN AO VALE DO SILÍCIO	37
O Antibanqueiro	37
Primeiros Horizontes	*38*
Lições da Costa Rica	*42*
Antes dos Unicórnios, as Vacas	*45*
São Francisco: Admitido a Sonhar	*46*
Stanford: In Silicon We Trust	*49*
Entre Tubarões e Títulos: Nova York	*52*
Primeira Parada: Brasil	*53*
São Francisco, Segunda Chamada	*54*
SEQUOIA, ONDE CRESCEM UNICÓRNIOS	57
E DE REPENTE, TUDO FEZ «CLICK»	67
A Sequoia vai, a Ideia fica	71
A Agência Bancária: Aguarde sua Vez	*73*
Tradição Bancária sem Evolução	*76*
O Murmúrio Antes da Revolução	*77*
Hackeando o Banco Tradicional	*80*

A FUNDA DA DISRUPÇÃO: O «PITCH» 83
   O «Elevator Pitch» em câmera lenta 85
   Hmm... não, obrigado 90
O PRIMEIRO "SIM" 93
   EOS? Sério? 94
   Adoro sua ideia... mas passo 95
   Em busca de cofundadores 96
AMOR NOS TEMPOS DE VENTURE CAPITAL 97
   The Giving Pledge 98

FUNDAÇÃO DO NUBANK ... 101

A CASA DA RUA CALIFÓRNIA 102
   Três Fundadores, Cinquenta Cadeiras e um Cão 102
   O Código Não se Escreve Sozinho 103
   Conquistando Corações... Burocráticos 104
   De Casa em Casa até o Bastião Roxo 105
O CARTÃO DE CRÉDITO ROXO 107
   Um Banco em Forma de App — Zero Tijolos 108
   Domando o Monstro dos Pagamentos 109
   Nubank Contra as Cordas 111
   Teste Não Aprovado 112
O CARTÃO QUE NINGUÉM ESPERAVA 116
   E Faz-se a Onda Roxa 116
   Quando a Rejeição Virou Desejo 118
RICOS EM DEMANDA, POBRES EM LIQUIDEZ 120
   À Beira do Cheque Especial Existencial 122
LICENÇA PARA CRESCER 126

NOVAS FUNDAÇÕES, O MESMO DNA ... 133

MÉXICO: DO SAMBA AO MARIACHI 135
   Novas Regras, Nova Fundação 136
   Crescimento e Consolidação no México 140
   Investimento e Expansão 140

SUMÁRIO

Rumo à Licença Bancária 141
COLÔMBIA: RECOMEÇAR DO ZERO 144
    A Fase Beta e o Espírito de Co-criação 146
    O Lançamento da Tarjeta Morada 147
    Crescimento e Expansão de Produtos 149
    Desafios e Futuro 150
ESTADOS UNIDOS: NO CORAÇÃO DO CAPITAL 152
    A Charter da OCC 155
    Como sempre, nada é de graça. 156
    Miami, Governança e Estratégia 157
    A Comunidade Latina como Ponto de Partida 158

OS COFUNDADORES **159**

    CRISTINA JUNQUEIRA 160
    EDWARD WIBLE 168

PURPLE @ NYSE **177**

    O GRANDE SALTO DO NUBANK 177
    DIA DO IPO 181
    A INFLUÊNCIA DE ANITTA 183

FORÇA ROXA: CULTURA E VALORES **187**

    O SONHO FUNDACIONAL 187
        Missão 189
        Visão 189
        Estratégia 190
    O CÓDIGO-FONTE: CULTURA 190
    O INNEGOCIÁVEL: VALORES 195

ENGRENAGEM PÚRPURA **201**

    NUBANKERS 201
    DECK DE VALORES 204
    OS RITUAIS DA NU 207
    ONBOARDING CULTURAL 208

Experiência ao Longo do Tempo 212
Muitos Remos, Uma Direção: OKRs 214
As Prioridades de 2024 216
Nem Tudo é Roxo 220

UMA SÍLABA: NU 227

A Renovação Visual do Nubank 228

OS FÃS DO NUBANK 231

Clientes, não Números 232
De Reclamações à Lealdade 236
Os Xpeers 237
Marketing sem Gravata 242
O CAC Roxo 247
    O CAC da Nubank 247
    Marketing Orgânico 248
O Net Promoter Score 249
    Cálculo do NPS 250

FÁBRICA DE IDEIAS 253

O Primeiro Estandarte da Nu 254
    O Cartão de Crédito 255
    Caveat Emptor 256
Um Relato de Prudência e Inovação 260
    O Cartão Roxinho 261
    Capital One e a Ciência do Risco 262
Inovar em Série 265
    Ultravioleta: Exclusividade Desbloqueada 266
    Caixinhas: Organize, Poupe, Cresça 268
    Investir é Para Todos 270
    NuCoin 272
    Novos Serviços 275
    Shopping do Nu 276
    Oráculo Financeiro Digital 278

SUMÁRIO

Tranquilidade a cada clique 279
    Escalabilidade e segurança 279
    Modo Rua 280
    Me Roubaram 281
Todos dentro: Inclusão Financeira 282

A TECNOLOGIA ROXA **287**

    A Caixa de Ferramentas 287
    Clojure e Datomic 292
    Hyperplane 294
    Equipe Antifraude 297
    Arriscado por Natureza 299

ANDAIME DA NU **303**

    O motor roxo por trás da expansão global 303
    Centralizado, mas com sabor local 306
    Nem Vertical, Nem Horizontal: Matricial 308
        Reestruturação para Escalar com Agilidade 309
        O Chief Design Officer (CDO) 311
        O Novo CTO 312
        Fundadores e Continuidade Cultural 314
        Estrutura Organizacional Atual 314
        Autonomia, Transparência e Tomada de Decisões 314
    Cultura, Cultura e Cultura 317
    Mudanças no Leme 318
    The Board 322

A EQUAÇÃO NU **325**

    Alquimia Roxa 325
    O Negócio dos Cartões 328
        Taxas de Intercâmbio 331
        Processo de Pagamento com Cartão de Crédito 333
        Receitas de Juros 336
        Taxa de Inadimplência 338

GASOLINA ROXA **341**

    Principais Acionistas 345

        Investidores *345*

        Fundadores *346*

    Financiamento 347

    As Rodadas de Investimento 348

CÉRBEROS NO CAMINHO **357**

    Um Caminho com Pedras 357

    Somos os Melhores 360

    Riscos Estratégicos e Operacionais..363

    Navegando com a Regulação 365

    Anexo 1 369

    Anexo 2 370

    Anexo 3 372

    Anexo 4 373

SOBRE O AUTOR..**375**

Prefácio

Eu havia escrito um caso de negócios sobre o Apple Card, o cartão de crédito da Apple, para meus alunos de administração, mas me faltava um caso contrastante. Diante da trajetória tão bem-sucedida do Nubank, decidi elaborar um caso sobre essa fintech. Pesquisando, encontrei o caso que Michael Chu já havia escrito para a Harvard Business School em 2020, *Nubank: Democratizing Financial Services*.[1] Mas já tinham se passado quatro anos e, com eles, muitos avanços muito relevantes sobre o Nubank. Desde aquela data, o Nubank não apenas havia triplicado de tamanho e de capitalização, como também passou de 33,7 milhões de clientes para 100 milhões.

Comecei a reunir informações e depoimentos para escrever meu caso. Para minha surpresa, encontrei muito material sobre os fundadores do Nubank: mais de três dezenas de entrevistas com David Vélez, em vídeo e por escrito, e várias outras com Cristina Junqueira e Edward Wible. Havia de tudo — em espanhol, inglês e, claro, muito em português. Sem perceber, acabei com informação demais. Já não tinha apenas um caso em mãos: aquilo havia se transformado em uma história tão

---

[1] Chu, Michael, et al. Harvard Business School. Caso 9-321-068. Rev. Ago 2023. "Nubank: Democratizing Financial Services"

interessante que me recusei a cortá-la. Era um grande tema que precisava ser compartilhado com colegas e alunos.

Desde sua fundação, em 2013, o Nubank não apenas desafiou as normas tradicionais do setor financeiro — simplesmente as reescreveu, revolucionando para sempre a forma como as pessoas interagem com os serviços bancários.

Com a combinação de uma Cultura forte, tecnologia inovadora e um atendimento ao cliente sem precedentes, como verdadeiros *ourives*,[2] criaram ouro. Transformaram os serviços financeiros, tornando-os acessíveis e beneficiando diretamente o usuário como nunca antes. Além disso, fizeram disso algo divertido, colocando o cliente no centro do negócio. Embora essas ideias sejam o básico de marketing 101 do século XXI, surpreendentemente nenhum banco tradicional se interessou em implementá-las.

Ao estudar o Nubank, eu me lembrava o tempo todo daquele discurso sugestivo de Steve Jobs em Stanford,[3] em 12 de junho de 2005, sobre *connecting the dot*s.[4] Não sei se David Vélez

---

[2] Nota: Um aurifex é um alquimista que se especializa na transmutação de metais comuns em ouro, utilizando práticas e conhecimentos esotéricos na busca pela pedra filosofal.
[3] Stanford University. 2005. "Steve Jobs' 2005 Stanford Commencement Address" https://youtu.be/UF8uR6Z6KLc?si=wyt-p0cdnPhTYtZt
[4] Nota: A frase de Steve Jobs «connecting the dots» (conectar os pontos) vem de seu discurso, Jobs compartilhou uma reflexão sobre como eventos aparentemente desconexos em sua vida se uniram para criar o caminho que o levou ao sucesso. A ideia principal por trás dessa frase é que, na vida, muitas vezes não conseguimos prever como as decisões e experiências atuais influenciarão nosso futuro. Os pontos (eventos, decisões, experiências) nem sempre fazem sentido quando estamos vivendo-os, mas, ao olhar para trás, podemos ver como se conectam e formam uma trajetória coerente.

PREFÁCIO

teve a oportunidade de estar presente, mas a essência das palavras de Jobs ressoava com força ao analisar a trajetória do Nubank. Cada decisão, cada inovação e cada passo dado pelo Nubank parece se encaixar de forma perfeita; se conectarmos os pontos, entenderemos como foi possível que os três fundadores criassem algo como o Nubank.

Jobs falou sobre como os marcos — ou pontos — de nossas vidas, aparentemente desconectados no presente, costumam se unir de maneiras surpreendentes e significativas no futuro. Mas ele advertiu que *«os pontos só podem ser conectados olhando para trás.»* Nós, humanos, não somos tão clarividentes em nossas ações ou decisões; avançamos conforme nossas metas e circunstâncias do momento. A verdadeira surpresa surge quando olhamos para trás e conseguimos ver um caminho que não imaginávamos.

Permitam-me voltar um pouco no tempo e mudar de tema.

Os bancos digitais — e todas as demais empresas de tecnologia financeira — só foram possíveis graças à invenção da internet e do smartphone. O primeiro smartphone foi lançado pela Apple em 2007.

Está claro para mim que Steve Jobs compreendia perfeitamente o potencial do iPhone desde o momento em que o idealizou. No entanto, surpreendeu-me a forma como o apresentou ao público em janeiro de 2007: foi, obviamente, 100% comercial. Jobs enfatizou que o iPhone eram três produtos em um: um iPod com tela sensível ao toque, um telefone celular e um dispositivo para navegar na internet.[5] Mas, na realidade, o iPhone era um invento ainda mais extraordinário: o menor e mais poderoso computador já criado até então, operado com uma só mão e que cabia no bolso da calça. A interface do usuário era completamente revolucionária, ao introduzir o multi-touch, e o sistema operacional tinha um potencial surpreendente — o iPhone contava com o mesmo sistema de um Mac. Isso mudou tudo.

Dizer simplesmente «*apresento o menor computador do mundo*» provavelmente não teria o mesmo impacto; o que ele queria era todos os holofotes sobre o seu telefone revolucionário, o mais fácil de usar. Naquele momento, o iPhone tinha essencialmente três aplicativos relevantes ativos: o iPod, o Telefone e o Safari — o novo navegador móvel —, além de alguns utilitários, como agenda, calculadora, calendário e câmera.

Mas havia muito mais por trás desse invento. Existia um conceito de negócio poderoso, com ferramentas de software harmoniosamente integradas para torná-lo realidade, e o suporte de uma infraestrutura muito robusta.

A Apple inventou, a Samsung copiou — e o mundo jamais voltou a ser o mesmo. Com a chegada dos smartphones e de uma internet cada vez mais veloz, esse aparelho tornou-se uma necessidade que facilitou a vida de bilhões de pessoas.

---

[5] Villacorta, Juan Carlos. May 2018. "16 años iPhone: Presentación primer iPhone 2007 por Steve Jobs". https://www.youtube.com/watch?v=R-sLPTUEq6E&t=139s

PREFÁCIO

Esse invento permitiu o surgimento de bancos digitais como o Nubank.

Conceitualmente, dividi esta história em três grandes partes:

A primeira trata da trajetória de seu fundador, que, desde muito jovem, consciente ou não, foi se preparando para adquirir as habilidades necessárias para fundar o Nubank. E de como encontrou, com enorme acerto, seus dois sócios, que multiplicaram sua capacidade de transformar o Nubank em realidade.

A segunda parte é sobre o próprio Nubank: o que ele é e o que o torna tão distinto, tão atraente. Graças à sua essência, à alma que lhe foi infundida: sua Cultura (Corporate Culture). O resultado foi uma organização com personalidade poderosa.

Nos últimos anos, emergiu uma multidão de bancos digitais e fintechs, mas considero que poucos compreendem que o verdadeiro motor do sucesso não reside apenas no aplicativo que lhes deu origem. Não pretendo tirar nem um bit da importância do aplicativo — que, afinal, funciona como a agência bancária e é a face visível da instituição. A chave está no espírito que o anima: uma Cultura clara, coerente e profundamente enraizada, capaz de guiar cada decisão, cada interação e cada processo. É a Cultura, é a "alma" por trás do aplicativo — e essa é a diferença. David Vélez foi muito consciente disso desde o primeiro dia.

A terceira parte aborda os ajustes estratégicos que David vem realizando, em movimento, no Nubank. Buscando garantir que sua organização não perca o espírito que a inspirou desde o primeiro dia. Com uma visão clara de rumo e uma compreensão profunda do valor da Cultura, ele tem sido meticuloso em cada contratação e deliberado ao reconfigurar cargos, equipes e estruturas. Redesenhou a organização para manter a agilidade operacional e assegurar alinhamento total com suas metas e objetivos de longo prazo. Não hesitou diante de decisões críticas, como substituir seu COO (Chief Operating Officer), renovar a liderança de Recursos Humanos e reorganizar a área de Relações com Investidores (RI), sempre priorizando o que é melhor para a evolução sustentável do negócio.

Em uma entrevista, perguntaram se tinha planos de iniciar um novo empreendimento. David, com grande franqueza, respondeu:

— *Não, estou muito cansado, sem energia.*

Admitiu, com um sorriso agridoce:

— *Durmo como um bebê, mas acordo a cada três horas chorando na cama, em pânico. Tenho jornadas de altíssima demanda — é brutal. Tudo isso tem um custo psicológico gigantesco. Não daria.*[6]

Essa declaração não me surpreende. Pelo que pude apurar, este tem sido um empreendimento extenuante. Ele e seus cofundadores passaram por inúmeros desafios, crises, contratempos e desprezos invisíveis. Por outro lado, sua

---

[6] Restrepro, Claudia. Universidad EAFIT. Entrevista con David. Oct, 2022. "Educación, liderazgo y tecnología".
https://youtu.be/RXznpOGKwNM?si=HNmyXDmUU-4x2AM-

PREFÁCIO

empresa, seus sócios, seus acionistas — em resumo, todo mundo — exigem que tudo saia perfeito.

O Nubank irrompeu e pegou o setor bancário de surpresa, não por desconhecimento de sua presença, mas por tê-lo subestimado e ignorado. O fato é irrefutável: o NU (marca do Nubank) reescreveu para sempre as regras do setor bancário tradicional.

O Nubank é *o lápis mais afiado da caixa* no setor financeiro. Em qualquer métrica usada para avaliar seu desempenho como fintech, ele supera de longe os concorrentes — e isso desde seus primeiros anos. As métricas corretas para avaliá-lo agora são as aplicadas aos bancos tradicionais. Mesmo nesses parâmetros, o Nubank, em apenas 11 anos de operação — desde 2014, quando lançou seu icônico cartão roxo —, vem superando, uma a uma, as instituições tradicionais.

O NU ostenta o maior NPS (Net Promoter Score) do setor financeiro. Em 2024, o benchmark do setor era de 30;[7] o Nubank, no México, obteve nota acima de 96[8] — um nível de satisfação surpreendentemente incomum para uma instituição financeira.

---

[7] Reileanu, Greg. Mar 2024. RETENTLY, "What is a Good Net Promoter Score? (2024 NPS Benchmark)" https://www.retently.com/blog/good-net-promoter-score/#:~:text=A%20score%20between%200%20and,happy%20customers%20than%20unhappy%20ones.

[8] Nubank, Redacción. Ago 2022. "Net Promoter Score de NU: Amamos saber qué piensan nuestros clientes" https://blog.nu.com.mx/net-promoter-score-de-nu-amamos-saber-que-piensan-nuestros-clientes/

Conhecer a história dos três fundadores do NU foi uma experiência interessante e extremamente gratificante. Não apenas por sua visão aguçada e estratégias disruptivas, mas também pela certeza de que grande parte do sucesso se deve a uma preparação árdua e cuidadosa — e, sobretudo, ao empenho, ao sacrifício e à constância que dedicaram para chegar lá.

Creio que não podemos ignorar a incrível sorte que os acompanhou por toda a trajetória. Impressionante. Mas, para quem não acredita em sorte, como dizia Louis Pasteur: «*a sorte favorece apenas a mente preparada*». Sem dúvida. Um adágio latino, atribuído a Virgílio, afirma que "a sorte favorece os audazes" (*fortuna audaces iuvat*). Pois é: lá está a sorte, ajudando os preparados e os audazes... ajudando.

Nas entrevistas concedidas por David, Cristina e — nas poucas — por Edward, todos exibem uma atitude simples e humilde, mas também um realismo forte e uma energia incomum. Estão plenamente conscientes de que ainda não concluíram sua missão — e nos antecipam que ainda há muito por vir. Enfatizam o quanto ainda falta inovar, evitando que o Nubank se acomode e durma sobre os louros.

Quando fundadores falam de suas empresas, costumam relatar apenas o que o público quer ouvir: os êxitos e as grandes batalhas superadas. Raramente falam de tudo o que sofreram, dos momentos desgastantes e dos reveses dolorosos, porque esse material costuma não ser tão atraente. O empreendedor tende a não contá-los — ou, no mínimo, a minimizá-los ou adoçá-los. Mas eles estão lá — e costumam ser terríveis.

PREFÁCIO

E, claro, nem falemos quando o empreendedor fracassa na meta: aí, quase ninguém quer ouvir. Acontece exatamente como disse Cristina Junqueira, em uma entrevista:

— Hoje, todo mundo acha lindo e "fotogênico" — falando das startups —; veem as capas de revista e leem histórias de sucesso. Poucos enxergam o que isso realmente implica... ninguém fala de todos os que fracassaram. Há uma frase famosa que ela recorda: «*o cemitério dos fracassados é muito silencioso*»[9]. De todas as empresas que morreram pelo caminho, ninguém fala. As pessoas veem as histórias de sucesso e pensam que tudo é maravilhoso. Enxergam o êxito sem considerar o custo, quão duro foi o caminho e quantas renúncias houve ao longo da jornada.[10]

Em resumo, este livro é uma crônica do caminho percorrido pelos fundadores para criar o Nubank — e também um reconhecimento à visão de David, Cristina e Edward.

É, ainda, um convite a todos os empreendedores — àqueles que têm grandes aspirações — para crer em suas ideias, perseverar apesar de metas que pareçam difíceis e suportar as adversidades inevitáveis. Para conseguir, é preciso trabalhar incansavelmente — sim, trabalhar até o cansaço — e... contar

---

[9] Nota: A frase é uma paráfrase de um trecho de Nassim Taleb em seu livro The Black Swan: «O cemitério das pessoas fracassadas estará cheio de indivíduos que compartilhavam as seguintes características: coragem, disposição para correr riscos, otimismo, etc. Assim como a população de milionários. Pode haver algumas diferenças nas habilidades, mas o que realmente os separa é, em grande parte, um único fator: a sorte.»
Pura sorte.
[10] Cfr. InvestNews BR. May 2023. "Nubank mira em alta renda e Inteligência Artificial, diz Cris Junqueira"
https://www.youtube.com/watch?v=b2q9BXkXkcQ

com uma boa dose de sorte. Assim, talvez possamos contribuir, mesmo que um pouco, para tornar este mundo um lugar melhor.

Espero que você aproveite esta história fascinante tanto quanto eu a aproveitei ao conhecer o Nubank e seus fundadores — que, com engenho e determinação, transformaram o panorama financeiro.

Jorge Livingstone
Coyoacán, Cidade do México, 2024

PREFACIO

Segunda Edição

Passaram-se apenas doze meses desde a primeira edição deste livro, e o Nubank viveu um turbilhão de transformações. Nesse breve intervalo, fui testemunha — dentro e fora da sala de aula, em conferências, em conversas com leitores e em minhas próprias reflexões — de como a companhia não apenas acelerou seu ritmo, mas também refinou seu modelo de negócios, desafiando repetidas vezes as inércias do sistema financeiro e escrevendo novos capítulos que ampliam sua lenda. Por isso, esta edição soma mais cenas e aprendizados que buscam capturar a magnitude do que acontece, como gosta de dizer David Vélez: *ainda estamos no primeiro minuto do primeiro tempo*[11] desse jogo de proporções históricas, Nubank contra o setor financeiro.

O texto original permanece quase em sua totalidade, mas aproveitei esta nova edição para atualizar alguns dados e lapidar certas reflexões. Este caso do Nubank me tem sido especialmente útil: tornou-se um exemplo emblemático de

---

[11] Cfr. Nubank International
https://international.nubank.com.br/es/compania/lideres-de-nubank-se-reunen-en-bogota-para-compartir-su-vision-del-futuro-de-los-servicios-financieros/

como uma organização pode planejar e executar com êxito uma estratégia ambiciosa, apoiando-se em uma Cultura corporativa potente, sólida e bem definida.

Outro motivo que me levou a atualizar este livro é que o Nubank, apesar de seu notável desempenho financeiro, tem enfrentado um paradoxo inusitado: enquanto cresce de forma sustentada e rentável, muitos analistas de mercado continuam questionando seu modelo, penalizando sua avaliação em Bolsa[12]. Essa tensão entre resultados e percepção externa diz muito sobre os desafios que enfrentam as empresas de tecnologia que operam em setores tradicionais. Como é o caso do Nubank, ao tentar romper o molde, obviamente não é bem recebido pelos incumbentes. E, ao mesmo tempo, reflete a dificuldade de fazer com que seus valores intangíveis — como a Cultura, a agilidade ou o foco no cliente — sejam reconhecidos nas métricas financeiras convencionais.

David Vélez costuma citar uma frase atribuída a Peter Drucker: «*a Cultura come a estratégia no café da manhã.*» E é verdade: os planos mais brilhantes murcham quando a Cultura é fraca, porque os hábitos, os incentivos e as crenças da organização acabam sabotando a execução. A estratégia, então, não sai do PowerPoint. Mas existe um segundo inimigo, mais silencioso e devastador: mesmo quando a Cultura é forte, o desgaste humano pode "devorar" a Cultura por dentro. A pressão desmedida, a corrida sem respiro e a exigência sem limites acendem um fogo que consome as pessoas até reduzi-las a cinzas. E, quando o burnout arrasa a Cultura, já não sobra

---

[12] Cfr. https://www.linkedin.com/posts/jorge-livingstone_nu-la-revolución-disruptiva-que-ahora-desafía-activity-7299170707916115968-f3iU/?utm_source=share&utm_medium=member_desktop&rcm=ACoAAAHPL3wBhdOabZWkvV-E0C3aD8ddSdWFX2s

nada que sustente a estratégia: ela volta a ficar abandonada no papel, como um esqueleto sem vida.

Assim, não basta desenhar estratégias inspiradoras nem construir super Culturas; é preciso proteger a capacidade de execução, cuidando da energia e do bem-estar das equipes. Só assim a Cultura mantém sua força, e a estratégia deixa de ser promessa para se converter em resultados.

E como é que a estratégia «*vai para o café da manhã*»? Isso acontece quando os incentivos recompensam justamente o contrário do que se busca: celebra-se o "apagador de incêndios" em vez de quem os previne; toleram-se atalhos ou maus-tratos apenas para assegurar entregas; perpetuam-se rituais e normas informais que acabam dificultando a colaboração entre áreas ou colaboradores, como os famosos silos, os e-mails intermináveis ou longas reuniões que não levam a nenhuma decisão. OKRs (*Objectives and Key Results*) que são "cumpridos" no papel, mas sem impacto real; prioridades que mudam a cada semana; heróis solitários que brilham enquanto as equipes se esgotam… e a lista continua.

Em organizações onde a maioria dos diretores e colaboradores é jovem, é muito fácil se distrair ou se desalinhavar se não houver uma Cultura poderosa. Mas é ainda mais importante controlar o excesso de zelo de líderes que podem desgastar rapidamente as pessoas. «*A estratégia fracassa quando a Cultura se rompe, e a Cultura se rompe quando esquecemos que ela é feita de pessoas.*»

Jorge Livingstone
San Pedro Garza García, México — agosto 2025

A Revolução Roxa

O Nubank, a empresa de David Vélez, Cristina Junqueira e Edward Wible, segue ocupando em 2025 — doze anos após sua fundação — um lugar de destaque na conversa global. Seu nome aparece em colunas de opinião, entrevistas, análises financeiras, críticas duras e, claro, nos aplausos entusiásticos de quem celebra sua ousadia de enfrentar o poderoso setor financeiro. Tampouco faltaram os chicotazos dos analistas, sempre prontos a apontar qualquer desvio das promessas feitas ao mercado, castigando sua ação na New York Stock Exchange com precisão cirúrgica. O sucesso do Nubank, esse fenômeno que desafiou tantas regras, tem sido posto em dúvida repetidas vezes, sob uma lupa implacável.

E, no entanto, lá vai o Nubank, como diria o próprio Goethe: *«Se os cães ladram, é sinal de que cavalgamos»*.[13] Assim tem sido a trajetória do Nubank: firme, constante, sem se deixar arrastar pelos ecos do julgamento alheio. Ao longo desses anos,

---

[13] Nota: A primeira versão documentada dessa ideia vem do poema "Kläffer" (também chamado "Ladran"), escrito por Johann Wolfgang von Goethe em 1808. Nesse poema, em tradução para o espanhol, lê-se: "E o forte som de seus latidos apenas prova que estamos cavalgando."

avançou com determinação silenciosa, guiado mais por sua bússola interna do que pelos ventos volúveis da crítica. E sim, quando alcança um cume, celebra-se sem reservas, com a alegria legítima de quem trabalhou com esforço. «*E como não?!*». Ganharam isso com mérito.

Em junho de 2025, o Nubank já havia conquistado mais de 123 milhões de clientes no Brasil, México e Colômbia — o que não é pouca coisa. Mas ainda mais relevante: quase 83% deles são clientes ativos. Pequeno detalhe! Com um valor de mercado próximo de 67 bilhões de dólares, muito acima da grande maioria dos bancos tradicionais, tornou-se o maior banco digital do Ocidente. Sem parar de crescer, trimestre após trimestre desde o início de suas operações, é um banco imparável. Em 2024, registrou uma receita total de 11,625 bilhões de dólares e, no segundo trimestre de 2025, já havia reportado 3,668 bilhões de USD, um aumento de 40% em relação ao ano anterior. Seu lucro líquido alcançou 637 milhões nesse trimestre, 42% maior YoY FXN.[14] Em cartões de crédito, conseguiu — em apenas 12 anos — deter 15% desse mercado no Brasil (um Profit Pool estimado em 19 bilhões de USD).[15]

---

[14] Nota: YoY FXN significa: YoY (Year over Year) – comparação de um período, por exemplo, um trimestre, com o mesmo trimestre (ou período) do ano anterior. FXN (Foreign Exchange Neutral) – resultados ajustados para eliminar o efeito das flutuações cambiais, mostrando apenas o crescimento real do negócio, sem distorções provocadas pelas moedas.
Em resumo: é um resultado interanual, mas calculado a taxa de câmbio constante.
[15] Nota: Profit Pool é o total de lucros brutos disponíveis em um mercado ou segmento específico, após deduzir os custos de capital, risco e perdas. Representa onde e quanto dinheiro real pode ser ganho, e não apenas o volume de vendas. É uma ferramenta essencial para direcionar a estratégia às áreas mais rentáveis, não necessariamente às maiores em volume.

O Nubank foi fundado em 6 de maio de 2013, com uma missão clara e audaciosa:

Combater a complexidade bancária, para empoderar as pessoas em sua vida diária, mediante a reinvenção dos serviços financeiros.[16]

Esse modelo do Nubank, ao longo desses anos, foi mais que validado e tem uma previsão de crescimento enorme. O impacto que provocou nos bancos de cada região em que opera é inegável. Já não o veem como uma promessa distante nem como um modismo passageiro. Hoje, o Nubank é percebido como o mais perigoso disruptor do sistema financeiro tradicional: o adversário que obrigou os incumbentes a repensarem o que julgavam inquestionável.

Se considerarmos apenas a América Latina, seu mercado atual, composto por 33 países, estamos falando de um potencial de mais de 670 milhões de habitantes.[17] O Nubank já está presente no Brasil, México e Colômbia[18] — e capturou até agora 18% desse mercado potencial total da região.

---

[16] Nubank. https://international.nubank.com.br/es/sobre-nu/
[17] Nota: Em 2024, a população total dos 33 países da América Latina e do Caribe é de aproximadamente 669,7 milhões de pessoas. A seguir, alguns dos países mais populosos da região:Brasil: 216,4 milhões, México: 128,5 milhões, Colômbia: 52,1 milhões, Argentina: 45,8 milhões, Peru: 34,4 milhões, Venezuela: 28,8 milhões, Chile: 19,6 milhões, Equador: 18,2 milhões, Guatemala: 18,1 milhões.
[18] Nota: O Brasil tem 216,4 milhões de habitantes, dos quais 104,6 milhões são clientes do Nubank. O México tem 128,5 milhões de habitantes, com 11 milhões de clientes, e a Colômbia, com 52 milhões de habitantes, conta com 3 milhões de clientes.

O Nubank é um banco digital, um challenger bank em sentido estrito, embora seu fundador, David Vélez, costume enfatizar: *«Mais que um banco, somos uma empresa de tecnologia que, por acaso, está no setor financeiro».*

A terminologia sobre o que significa ser um banco digital costuma ser ambígua e, em muitos casos, confusa.

Em todos os países existe uma autoridade reguladora do sistema financeiro. Como o nome indica, sua função principal é proteger a estabilidade do sistema e cuidar dos interesses dos consumidores. No entanto, o alcance, a complexidade e o enfoque dessa regulação variam consideravelmente de um país para outro. Em alguns lugares, o marco regulatório é mais flexível e ágil; em outros, pode ser extremamente complexo, restritivo e burocrático.

Por exemplo, países como França, Grécia, México, Brasil, Colômbia e Estados Unidos[19] costumam figurar entre os mais exigentes e enredados em termos de trâmites, licenças e requerimentos regulatórios. Em contraste, jurisdições como Panamá, Austrália, Bahamas ou Nova Zelândia se caracterizam por ter regulações mais simples, diretas ou especializadas para fomentar a inovação financeira.

Um dos temas mais críticos dentro do marco regulatório é o tipo de licença concedida a essas empresas para operar no setor financeiro e o alcance legal que essa licença permite. Nem todas as licenças financeiras são iguais; os escopos específicos

---

[19] TMF Group. Jun 2023. The ten most complex jurisdictions for doing business in2023.
https://www.tmf-group.com/en/news-insights/articles/global-business-complexity/gbci2023-10-most-complex-jurisdictions/

mudam conforme o país, e isso define em grande medida o que uma fintech ou um banco pode ou não pode fazer. Em termos gerais, a licença bancária completa é a mais robusta e restritiva, pois confere amplos poderes, como captar depósitos do público e conceder créditos com recursos próprios.

No caso do Nubank, sua estrutura regulatória reflete essa diversidade. No Brasil, o Nubank opera sob a razão social Nu Pagamentos S.A. e conta com autorização do Banco Central do Brasil (BACEN) como Instituição de Pagamento (IP), conforme a Lei 12.865/2013. Essa figura permite oferecer serviços de pagamento e contas eletrônicas (tanto pré-pagas quanto pós-pagas) dentro de um arranjo de pagamento. No entanto, não é uma licença bancária completa.

Na prática, isso significa que o Nubank pode emitir cartões e oferecer contas digitais, mas não pode captar depósitos à vista nem conceder empréstimos com recursos próprios, já que a lei proíbe expressamente que as IPs financiem crédito com seu capital. Quando o Nubank concede crédito, o faz por meio de outra entidade do grupo: a Nu Financeira, que opera sob uma licença distinta, uma SCFI (Sociedade de Crédito, Financiamento e Investimento).

Como Instituição de Pagamento, o Nubank é regulado pelo BACEN e cumpre altos padrões de supervisão. Contudo, não integra o Sistema Financeiro Nacional (SFN) em igualdade de condições com os bancos comerciais, o que implica diferenças em obrigações, permissões e também vantagens operacionais.[20]

---

[20] BCB. Estudo Especial. 88/2020. Estudos especiais do Banco Central. Instituições de pagamento e seus modelos de negócio.
https://www.bcb.gov.br/conteudo/relatorioinflacao/EstudosEspeciais/EE08 8_Instituicoes_de_pagamento_e_seus_modelos_de_negocio.pdf

Apesar dessas limitações, essa licença tem sido suficiente para que o Nubank desenvolva sua proposta de valor, escale operações em massa e se consolide como um dos atores mais relevantes do ecossistema financeiro brasileiro.

Voltando à terminologia de cada instituição: se analisarmos por sua origem, teremos mais clareza. Uma startup que começa a operar no setor financeiro muda automaticamente de natureza: deixa de ser apenas uma startup para se tornar uma fintech, isto é, uma empresa tecnológica com foco financeiro. Atualmente, esse termo adquiriu caráter reservado: em muitos países, «fintech» já é uma categoria regulada, o que implica a necessidade de licenças específicas concedidas pelas autoridades financeiras. O espectro do que pode ser uma fintech é amplo: pode ir desde uma simples carteira digital (digital wallet) até uma plataforma robusta de financiamento coletivo (crowdfunding).[21]

Na evolução de uma fintech rumo a banco, isso pode ocorrer de duas formas: uma instituição financeira digital criada por um banco existente e que opera sob a licença desse banco é um Neobank.

Outra evolução é aquela em que uma fintech obtém diretamente uma licença bancária, tornando-se assim um Challenger Bank.

---

[21] Nota: O crowdfunding é uma forma de financiamento coletivo em que uma empresa, projeto ou ideia recebe pequenas contribuições de um grande número de pessoas, geralmente por meio da Internet. Essas plataformas permitem que as empresas obtenham recursos diretamente do público, seja em troca de recompensas, participações na empresa ou simplesmente como doações.

Portanto, um Banco Digital é aquele que é um Neobank ou um Challenger Bank, que pode exercer legalmente a intermediação financeira — isto é, têm licença bancária, mas não possuem agências físicas para interagir com seus clientes, fazendo tudo por meio de um sistema ou aplicativo proprietário.

Segundo The Financial Brand, estima-se que existam mais de 350 bancos digitais,[22] [23]mas apenas 51 deles alcançaram a categoria de unicórnio — isto é, uma avaliação de mais de 1 bilhão de dólares. Destes, apenas cinco abriram capital em Bolsa: Nubank, Sofi, Kakao, Tinkoff, Judo Bank e Chime.

Fazer uma lista definitiva dos bancos digitais que surgiram no mundo não é tarefa simples, já que nem todas as iniciativas seguiram um modelo similar. Muitas ofereciam apenas um produto — como uma carteira digital — ou eram voltadas para nichos muito específicos, como finanças pessoais ou uma geração em particular. Nesse contexto, e em sentido estrito, o Nubank não foi o primeiro banco digital do mundo. Pela sua data de fundação, 6 de maio de 2013, o Nubank ocuparia o sétimo lugar na cronologia das instituições financeiras nativas digitais (ver Anexo 1).

O primeiro lugar pertence ao Tinkoff, banco russo estabelecido em 2006 pelo empresário Oleg Tinkov. O Tinkoff opera sem agências físicas e oferece uma ampla gama de serviços financeiros por meio de sua plataforma online e

---

[22] Scasserra, Alejandro. "Challenging. Cómo hacer producto en un banco digital y construir las finanzas del mañana" Buenos Aires. 2022.
[23] The Financial Brand. Dic 2024. "The World's Biggest List of Digital Banks" https://thefinancialbrand.com/list-of-digital-banks

aplicativo móvel. Para crescer, Tinkov idealizou uma surpreendente entrada no mercado de cartões de crédito. Em 2007, um ano após a fundação, enviou 500 mil convites por correio a possíveis clientes, oferecendo cartões com condições muito atraentes. Essa campanha de marketing ousada e inovadora resultou em uma resposta massiva, criando uma base sólida de crescimento — e, com isso, o Tinkoff se estabeleceu rapidamente como um ator importante no mercado financeiro russo.

O segundo lugar pertence ao Simple Bank, fundado em 2009. Foi um banco norte-americano que começou a operar em 2012. Seu modelo era chamativo: interface limpa, moderna, de design minimalista. Simplificava a linguagem financeira — menos jargão, mais clareza.

E um suporte via chat amigável e eficiente — incomum na época. No entanto, nunca atingiu rentabilidade. Foi adquirido em 2014 pelo BBVA USA por 117 milhões de dólares, mas o negócio não saiu como esperado e ambos acabaram encerrando em 2021.[24]

O Ally Bank,[25] fundado em 2009, ocupa o terceiro lugar. Depois vieram Sofi, N26, Kokoa e, finalmente, Nubank, em 2013.

---

[24] Nota: O BBVA USA era uma empresa norte-americana subsidiária do banco espanhol BBVA, com sede na cidade de Birmingham, Estado do Alabama, até que, em 2021, o banco decidiu vender sua filial por não ver possibilidades de crescimento nos Estados Unidos. A subsidiária foi adquirida pela PNC Financial Services.

[25] Nota: O GMAC (General Motors Acceptance Corporation), fundado em 1919, oferecia serviços financeiros para clientes e concessionárias da General Motors. Em 2009, o GMAC Bank transformou-se em Ally Bank, com foco em ser um banco direto ao consumidor, oferecendo uma ampla

O Nubank começou a operar no Brasil como Instituição de Pagamento.

Em 17 de maio de 2019, o Nubank entrou no México e passou a usar apenas o nome NU, devido à regulação mexicana que reserva o uso da palavra «banco» apenas para instituições aprovadas como tal. Seis anos depois, em 2025, recebeu autorização para operar como banco.

Em 2021, entrou na Colômbia e, nesse mesmo ano, aproveitou para redesenhar totalmente sua marca, modernizando-a ainda mais e usando indistintamente ambos os nomes.

Em dezembro de 2021, o Nubank deu outro passo importante ao começar a negociar na Bolsa de Nova York sob o nome de NU Holdings, usando o identificador de pregão (ticker) NU.

A história do Nubank é um testemunho de como a inovação e o foco no cliente podem redefinir um setor tão tradicional quanto o bancário. Desde os Médici, no século XV, que estabeleceram os primeiros princípios «modernos» da atividade bancária, até os nossos dias, pouco havia mudado na banca tradicional. Os avanços tecnológicos que ela havia adotado, em sua maioria, eram apenas certas automatizações do que já se fazia havia séculos.

---

gama de produtos financeiros, como contas de poupança, contas correntes, certificados de depósito e empréstimos automotivos. Sua transição para um banco digital permitiu ao Ally Bank oferecer serviços bancários sem agências físicas, utilizando a tecnologia para garantir conveniência e acessibilidade aos seus clientes.

Só para colocar em perspectiva o crescimento do NU, comparemos com o BBVA. Embora seja uma comparação grosseira, serve para evidenciar a rapidez de crescimento da fintech.

TABELA COMPARATIVA ENTRE NUBANK E BBVA

Dez 2024	Nubank	BBVA[26]
Fundação	2013	1857
Países	3	25
Clientes	123 milhões	78 milhões
Empregados	8.700	125.916
Valor de Mercado	68,7 bilhões	43 bilhões
Ativos	50 bilhões	772 bilhões
Receita Bruta	5,24 bilhões	18,95 bilhões
Lucro Líquido	1,97 bilhões	11,54 bilhões

Essas comparações revelam a eficiência operacional e o modelo inovador de negócios do Nubank. Apesar de ser uma entidade muito mais jovem e com bem menos empregados, o Nubank alcançou uma produtividade notável.

---

[26] Sobre BBVA. Información corporativa.
https://www.bbva.com/es/informacion-corporativa/#:~:text=Al%20crecer%20rentablemente%2C%20hemos%20podido,ustedes%2C%20nuestros%20casi%20800.000%20accionistas

De Medellín ao Vale do Silício

O Antibanqueiro

David Vélez Osorno, primogênito de sua família, nasceu em 2 de outubro de 1981 na vibrante cidade de Medellín, Colômbia. Cresceu junto a suas duas irmãs mais novas em um ambiente que transbordava devoção, dinamismo e espírito empreendedor.

Quando se ouve David contar anedotas de sua família, percebe-se o profundo carinho que sente pelo ambiente em que cresceu. Seu pai, o mais velho de doze irmãos, e sua mãe, uma de cinco, vinham de famílias de empreendedores, onde cada tio ou tia tinha algum tipo de negócio próprio.[27] Sua própria mãe começou fundando uma pequena pré-escola, da qual era administradora. Foi nessa pré-escola que David iniciou sua vida escolar, junto de outras crianças de 3 ou 4 anos.[28] Essa constante

---

[27] Knox, Fortt. Entrevista. Ago 2023. "David Velez, Nubank CEO: A Fortt Knox Conversation" https://www.youtube.com/watch?v=8ml4yfyut6o
[28] Lara Patricia. CAMBIO Colombia. Entrevista. Sep 2024. "Entrevista con David vélez. https://youtu.be/K17Mo7OBxA8?si=CPv5OYj8Ujn1YoIY

atividade comercial impregnava o lar com energia e um burburinho incessante.[29] As histórias de negócios e as discussões sobre planos comerciais eram o pão de cada dia na mesa da família — algo que moldaria sua mente curiosa e ambiciosa desde muito cedo.

Pelas anedotas que David compartilha, é claro que os ensinamentos familiares lhe incutiram, desde jovem, o valor do trabalho bem-feito, de ver o trabalho como forma de contribuir, crescer e merecer, assim como a vantagem de ser dono da própria vida, com liberdade e autonomia.

Era um ambiente cheio de vida, onde se combinava trabalho árduo e responsabilidade.

Primeiros Horizontes

Há uma imagem que ele guarda muito presente: sua constante atividade. Desde os cinco ou seis anos, já buscava sentir-se útil realizando qualquer tipo de trabalho — até mesmo limpar e engraxar sapatos. Uma de suas memórias mais queridas é quando se ofereceu para ajudar o pai na fábrica da família, onde produziam botões de metal para calças jeans. Seja para mantê-lo ocupado, seja por sua fascinação pelos botões — ou ambos —, seu pai, encantado com a iniciativa, arranjou para que o jovem David pudesse ajudar.

Provavelmente, a tarefa consistia em separar botões quebrados ou deformados, ou qualquer peça que não atendesse

---

[29] Stanford Graduate School of Business. Entrevista. May 2022. "David, Founder and CEO of Nubank" https://www.youtube.com/watch?v=23ND-uMh-io&t=82s

aos padrões de qualidade da fábrica. Era uma atividade perfeita para um menino inquieto e detalhista como ele e, claro, isso lhe permitiu sentir-se ainda mais parte do ambiente familiar. David recorda esse episódio com vividez e orgulho. Sempre menciona o quanto gostava daquela oportunidade de ajudar, de estar disponível para o que fosse necessário.

Em uma entrevista de 2022, na Universidade de Stanford,[30] David lembrou do ambiente em sua família: em sua casa, todos eram ouvidos e todos estavam dispostos a ajudar. *Sempre se tratava de liderar, e não necessariamente de seguir regras.*[31] Questionar quando as regras não faziam sentido e abrir espaços para resolver problemas era quase um esporte familiar.

Esse enfoque questionador — exercitar sua capacidade de ver além das normas estabelecidas — se combinou com suas experiências práticas em pequenos trabalhos. Seguramente, daí viria sua capacidade de desafiar o status quo, pois se forjou em um lar onde questionar regras era frequente e esperado.

As diferentes anedotas que David vai contando sobre sua infância nos dão pistas de como era inquieto, da grande curiosidade e energia que tinha e de como as canalizava. Como bom millennial, tinha fascínio por computadores. Por volta dos 7 anos, pediu para ser inscrito em um curso de férias de duas

---

[30] Cfr. Stromeyer, Christopher, Entrevista. Stanford Graduate School of Business. May 2022. Insight by Standford Business. Entrevista con David. https://www.gsb.stanford.edu/insights/david-velez-position-yourself-scarcity-not-oversupply

[31] Cfr. Stromeyer, Christopher, Entrevista. Stanford

semanas na «universidade das crianças»[32] da EAFIT[33] pois queria aprender computação. Assim, fez uma aula de programação em Logo.[34]

Já um pouco mais velho, David lembra de como ganhava alguns pesos lavando carros. Em sua casa, *o trabalho duro não apenas era valorizado, como também esperado*.[35] Sempre havia algo a ser feito: resolver situações ou enfrentar problemas difíceis.

E assim transcorriam seus primeiros anos, até que, no fim da década de 1980, o entorno na Colômbia começou a se deteriorar devido à presença do narcotráfico. Medellín vivia uma fragmentação social crescente, e a desigualdade aumentava rapidamente. A violência e a alta taxa de homicídios tornaram-se parte do cenário e das conversas cotidianas. As comunidades mais pobres, especialmente as das periferias urbanas, viviam em condições de extrema vulnerabilidade e marginalização. O subsequente abandono da infraestrutura e dos serviços básicos

---

[32] Restrepro, Claudia. Universidad EAFIT. Entrevista con David. Oct, 2022. "Educación, liderazgo y tecnología".
https://youtu.be/RXznpOGKwNM?si=HNmyXDmUU-4x2AM-

[33] Nota: A Universidade EAFIT (sigla original de Escola de Administração, Finanças e Instituto Tecnológico) é uma universidade privada colombiana. Sua sede principal está localizada na zona sul da cidade de Medellín, no bairro El Poblado.

[34] Nota: A linguagem Logo é uma linguagem de programação desenvolvida principalmente para fins educacionais. Foi criada na década de 1960 por Seymour Papert e outros pesquisadores do MIT. O Logo é conhecido por sua simplicidade e por sua capacidade de ensinar conceitos de programação e matemática de forma visual e lúdica. Seus comandos são simples e intuitivos, o que facilita seu uso no ensino de crianças e iniciantes sobre os fundamentos da programação.

[35] Cfr. Conferencia de David, Universidad de Antioquia. Sep 2023. "Hablemos sobre emprendimiento de alto Impacto".
https://www.youtube.com/live/dxmxUQHAips?si=xc1JBQLOJ4RqcJlB

agravava a situação. O narcotráfico havia permeado muitas áreas da vida cotidiana.[36]

Na capital especialmente, a violência e a corrupção eram dominantes. O poder do Cartel de Medellín, liderado por Pablo Escobar, cresceu significativamente, influenciando todos os aspectos da vida política e social. Escobar usava seu poder econômico para comprar influência e proteger seu império criminoso. As subsequentes guerras do narcotráfico e as lutas internas do cartel transformaram Medellín em uma das cidades mais perigosas do mundo naquela época.

David evoca com clareza uma experiência aterrorizante: a família inteira havia ido a um shopping. Ao sair, por pura casualidade, saíram apenas alguns minutos antes de uma bomba explodir. Mas a gota d'água para a família Vélez foi o sequestro e posterior resgate de um dos tios. Nessa época, David tinha cerca de 8 anos.

Após esses episódios traumáticos e depois de considerar vários destinos, a família decidiu migrar para a Costa Rica em 1990.[37] Assim, com as malas cheias de esperança — e um pouco de medo —, deixaram para trás o caos e buscaram um novo começo em terras mais seguras.

---

[36] López Díez, Juan Carlos. El Eafitense. Edición 105. Feb 2017. "La década del terror (Los años ochenta)".
https://www.eafit.edu.co/medios/eleafitense/105/Paginas/la-decada-del-terror.aspx
[37] Cfr. Valora Analitik. Finanzas Personales. Abr 2021. "Las 4 lecciones empresariales de David para el mundo".
.https://www.valoraanalitik.com/las-4-lecciones-empresariales-de-david-velez-para-el-mundo/

Essa migração representou uma mudança drástica, mas necessária, para a família Vélez. Na Costa Rica encontraram um ambiente mais seguro e estável, onde podiam continuar se desenvolvendo em condições menos hostis. Foi um verdadeiro respiro diante da terrível violência que assolava Medellín. Começava uma nova aventura.

Lições da Costa Rica

Chegaram ao novo lar, na cidade de San José, em uma tarde chuvosa. A casa era menor em comparação à que tinham em Medellín. Era o início de uma nova vida: descobrir uma nova cidade, fazer novos amigos, adaptar-se a uma nova escola. A mudança foi suave e serena. A Costa Rica, com sua economia estável e em desenvolvimento, e com uma cultura fortemente voltada a valores familiares, ajudou a família Vélez a se adaptar. Os bairros eram tranquilos e seguros, com ruas pavimentadas e serviços básicos acessíveis. A convivência com os vizinhos e o sentido de comunidade eram aspectos habituais e valiosos da vida cotidiana.[38]

O pai de David transferiu sua fábrica de botões para San José, adaptando-se rapidamente à nova realidade. Nessa cidade, a educação era altamente valorizada, e a participação em atividades extracurriculares era fortemente incentivada. David, que vinha de uma escola alemã em Medellín, continuou seus estudos também em uma escola de língua alemã em San José.

---

[38] Cfr. Vega, Isabel et al. Ene 2001. "Realidad Familiar en Costa Rica. Aportes y desafíos desde las Ciencias Sociales" FLACSO. Facultad Latinoamericana de Ciencias Sociales. Sede Costa Rica.
https://biblio.flacsoandes.edu.ec/libros/digital/44274.pdf

David se adaptou sem dificuldades e, de fato, aumentou seu amor pelo aprendizado. Os idiomas o fascinavam, admirava seus professores, era um jovem alegre e formal, com facilidade natural para conversar e interesse genuíno pelas pessoas. Destacava-se naturalmente como líder. É certo que mudar de país sempre é desafiador, mas David pareceu adaptar-se com facilidade. Inicialmente, seu sotaque o identificava como estrangeiro, mas, pouco a pouco, essa sensação foi desaparecendo, e sua identidade de «paisa» acabou se fundindo com a de «tico».

Um professor de ciências sociais o incentivou a participar de atividades extracurriculares, como associações estudantis e equipes esportivas, entre elas futebol e natação. Essa motivação adicional o ajudou a integrar-se mais rápido e a aproveitar ao máximo as oportunidades que surgiam.

Durante uma década, David mergulhou na arte marcial do Tae Kwon-Do, um esporte que forjou nele disciplina digna de um Hwarang[39] moderno, embora, para um pré-adolescente, houvesse dias em que preferisse estar em qualquer outro lugar que não fosse o dojang. Mas sua mãe lhe lembrava: *«faça o que tem que ser feito, mesmo sem vontade»*.[40] Repetia com a firmeza de uma general em campanha. O sofá, brincar ou até mesmo ler

---

[39] Nota: Os Hwarang foram uma elite de jovens guerreiros da antiga Coreia, especificamente durante o período do Reino de Silla (57 a.C. – 935 d.C.). A palavra "Hwarang" significa "homens flor" ou "cavaleiros flor", e esses jovens eram escolhidos não apenas por sua habilidade marcial, mas também por sua nobreza, beleza e virtudes morais. Os Hwarang são lembrados na história coreana como heróis patrióticos e símbolos de coragem, honra e compromisso com seu país.
[40] Cfr. Knox, Fortt. Entrevista. Ago 2023. "David Velez, Nubank CEO: A Fortt Knox Conversation"
https://www.youtube.com/watch?v=8ml4yfyut6o

eram destinos mais tentadores. Mas sua mãe, com determinação inabalável, reforçava: um compromisso é um compromisso, e devia ser cumprido. Sempre dizia, a respeito dos valores: «*a melhor combinação é muito amor e muita disciplina*».

Assim, entre chuvas tropicais e tardes ensolaradas, David forjou seu caráter e determinação. Essa disciplina rigorosa, incutida pela família e reforçada pelo treino de Tae Kwon-Do, moldou David em vários sentidos. Ensinou-lhe não apenas a ser constante e disciplinado, mas também a valorizar esforço e dedicação em cada aspecto da vida. Esses princípios impulsionaram seu desenvolvimento pessoal e profissional. Por isso, David não é alguém que se desanima facilmente.

De forma quase involuntária, aprendeu a dominar seu corpo, a forçá-lo com disciplina para cumprir o que devia ser feito. O autocontrole tornou-se seu aliado — habilidade crucial em situações de combate, onde, apesar dos golpes recebidos, era necessário manter a calma e responder com precisão. Essa prática fortaleceu seu corpo e temperou sua mente, mantendo-a em plena saúde.

Com o tempo, alcançou a faixa preta em Tae Kwon-Do. Mas não parou aí. David chegou a competir na seleção nacional da Costa Rica, destacando-se ao conquistar não um, mas dois campeonatos nacionais.

Durante os verões, continuava ajudando o pai na fábrica, participando do controle de qualidade e trabalhando com as máquinas. O dinheiro que recebia, guardava. Gostava do ambiente de trabalho e da experiência adquirida.

Antes dos Unicórnios, as Vacas

A família chegou a adquirir uma pequena chácara, onde seu pai mantinha algumas vacas. Quando David completou 12 anos, convenceu o pai a vender-lhe uma delas com o dinheiro que havia economizado. Ele já tinha ouvido como funcionava esse negócio e achou que podia ser um bom investimento.

O investimento começou a dar frutos: uma vaca virou duas, e depois quatro. Todo fim de semana David ia verificar seu pequeno rebanho, certificando-se de que engordassem e ganhassem peso. É claro que havia muito trabalho nos bastidores e vários custos básicos, mas essa parte seu pai assumia, cuidando igualmente de todas as vacas. Assim, para David, eram apenas lucros, sem despesas de manutenção. Com o tempo, percebeu esse detalhe, mas, por ora, desfrutava da parte romântica do negócio e do dinheiro gerado. Recorda como uma lição inestimável sobre investimento e responsabilidade.

Quando completou 18 anos, já tinha seis vacas, que vendeu por 600 dólares.[41] Estava muito orgulhoso de ter conquistado essa pequena fortuna, fruto de sua perspicácia e dedicação.

David passou dez anos na Costa Rica, um período fundamental para seu desenvolvimento pessoal e profissional. Nesse tempo, consolidou habilidades e valores que o definiriam como líder. Esses anos de disciplina no Tae Kwon-Do, de trabalho na fábrica da família e de «investimentos» no campo

---

[41] Cfr. Knox, Fortt. Entrevista. Ago 2023. "David Velez, Nubank CEO: A Fortt Knox Conversation".
https://www.youtube.com/watch?v=8ml4yfyut6o

cimentaram nele uma ética de trabalho e um espírito empreendedor que o acompanhariam por toda a vida.

São Francisco: Admitido a Sonhar

Recordava David:

> *Lembro que um dia tive uma conversa com meu pai:*
> *—O que você vai ser quando crescer? O que vai estudar?*
> *Vou ser gerente – respondi, pensando que isso era o melhor. Ou vou começar a carreira de Administração.*
> *Mas ele me disse:*
> *—Não, o que você quer administrar? Você vai ser fundador, vai iniciar um negócio, vai construir seu próprio espaço.*

Ao terminar o colégio, David teve a oportunidade de estudar em uma universidade alemã por um ano. Fascinado por computadores,[42] mergulhou nos estudos de física e matemática. Durante seis ou sete meses, dedicou-se com entusiasmo a essas matérias, convencido de que esse era o seu caminho.

Naqueles anos, David já era um leitor ávido de livros sobre empreendedores e sobre o Vale do Silício. A ideia de ir para lá começou a obcecá-lo, sua mente estava constantemente ocupada com sonhos de inovação e tecnologia.

---

[42] Cfr. Fajardo, Sergio. El Profesor. BumBox Podcast. Sep 2023. "Entrevista con David, el banquero que rompió el molde".
https://www.youtube.com/watch?v=qqdd6TUZUp4&t=255s

DE MEDELLÍN AO VALE DO SILÍCIO

Quando chegou o momento de decidir seu futuro acadêmico, David tinha claro que os Estados Unidos eram o destino ideal. No entanto, ao se candidatar às universidades mais prestigiadas, percebeu uma desvantagem significativa: não dominava o inglês. Suas línguas fortes eram o espanhol e o alemão, e além disso não estava familiarizado com os intricados processos de admissão das universidades americanas, que têm sua própria ciência. Para não ir muito longe, nem sequer sabia o que era o SAT,[43] o famoso exame de admissão universitária.

Apesar desses desafios, sua determinação não se apagou. Com o apoio da família e seu espírito de superação, lançou-se na árdua tarefa de aprender inglês e entender o sistema de admissões. Sua disciplina e compromisso com seus objetivos o levaram a melhorar rapidamente suas habilidades linguísticas e a se familiarizar com os requisitos das universidades americanas.

David havia feito um excelente ensino médio, formando-se com honras, participava em eventos escolares, praticava esportes, envolvia-se nos assuntos estudantis e chegou a ser presidente da associação de alunos — tudo isso acompanhado de uma média acadêmica muito boa. Tinha credenciais sólidas para ser candidato a qualquer universidade.

---

[43] Nota: O SAT é um exame padronizado amplamente utilizado para admissão em universidades nos Estados Unidos. Atualmente, não funciona mais como um acrônimo, sendo conhecido apenas como SAT. A prova é composta por duas seções principais: Leitura e Escrita Baseada em Evidências (Evidence-Based Reading and Writing – EBRW) e Matemática. Cada seção é avaliada em uma escala de 200 a 800 pontos, resultando em uma pontuação total máxima de 1.600 pontos.

Enviou pedidos de admissão para várias universidades nos Estados Unidos. Todas muito parecidas, exceto por um detalhe: a solicitação de Stanford tinha, no final, um espaço livre para escrever o que quisesse. David aproveitou. Escreveu algo assim:

> *Por favor, levem em conta que venho de uma escola alemã, não aprendi muito inglês e não sei muito sobre o SAT.*
> *Não tive muita ajuda para fazer bem o processo de admissão.*[44]

As semanas passaram e as respostas começaram a chegar, a conta-gotas, com aquela lentidão quase insuportável para um adolescente. Um "não" atrás do outro. Rejeições polidas: «muito obrigado por aplicar, você vale muito, mas não». Terrivelmente decepcionante, bastante duro para qualquer estudante.

Mas um dia, chegou um «sim».

A resposta era nada menos do que da universidade dos seus sonhos: Stanford. Ele não acreditava, estava emocionadíssimo, não cabia em si de felicidade.

Refletindo, David não entendia por que Stanford havia dito «sim». Havia aplicado a todas as outras por prudência, sem muita esperança. De forma inesperada, foi a única que o aceitou. Talvez tenha sido aquela nota escrita no final, talvez o fato de ser estrangeiro, talvez seu excelente currículo

---

[44] Cfr. Ididem. Knox, Fortt. Entrevista. Ago 2023.

acadêmico. Ou a combinação dos três. O fato é que conseguiu captar a atenção de alguém na equipe de admissões de Stanford.

Lá estava David, com um sorriso que não se apagava e o coração a mil, sentindo que, de forma quase mágica, seus sonhos começavam a se tornar realidade.

Ao chegar em Stanford, ainda trazia fresca a paixão por física e matemática, por isso se matriculou nessas matérias. Mas logo se viu em sala de aula, sentado ao lado de colegas indianos, chineses e norte-americanos que eram, literalmente, gênios nessas disciplinas. Sentiu-se completamente amador. Reconheceu com humildade: «*jamais vou ser bom nisso*».[45] Seus colegas eram incrivelmente talentosos em matemática. Rapidamente reconsiderou seu foco acadêmico.

Virou a página sem drama e redirecionou suas energias para outras áreas onde pudesse se destacar. Com boa capacidade de adaptação, redefiniu suas metas sem problema.

Stanford: In Silicon We Trust

A aventura de David na Califórnia começou em 2001, em uma época de ajustes e reavaliações no Vale do Silício. O brilho do Vale já havia diminuído um pouco, já não era o mesmo que conhecia pelas lendas e leituras. No final dos anos 1990, a região viveu uma expansão e um otimismo sem precedentes, impulsionados pelo boom das empresas pontocom, embaladas pela crescente popularidade da Internet.

---

[45] Caracol Television. Los Informantes TV. Entrevista. Oct. 2023.
https://www.facebook.com/CaracolTV/videos/el-colombiano-más-rico-del-mundo-david-David-la-mente-maestra-tras-nubank/863596941744570/

O dinheiro fluía em abundância, havia enormes investimentos de capital de risco que embriagaram startups tecnológicas, inflando suas valorizações e encorajando muitas delas a abrir capital com expectativas irreais.

Assim, em 10 de março de 2000, o índice NASDAQ, que inclui empresas de tecnologia, alcançou seu máximo histórico de 5.048 pontos (5.132 intradiário). Pouco depois começou a despencar mês após mês, até perder quase 78% de seu valor em outubro de 2002, chegando a 1.114 pontos. Foi o famoso estouro da bolha das pontocom.[46]

Muitas startups que haviam recebido grandes investimentos não conseguiram gerar receita suficiente e fecharam. Empresas como Pets.com e Webvan[47] tornaram-se ícones dessa debacle. O desemprego na região disparou, já que muitas empresas reduziram pessoal ou fecharam.

---

[46] Sevilla Arias, Andrés. Economipedia. Mar 2020. "Burbuja de las puntocom".
https://economipedia.com/definiciones/burbuja-de-las-punto-com.html
[47] Nota: Pets.com, talvez um dos casos mais famosos, vendia produtos para animais de estimação pela internet. No entanto, a empresa gastava muito mais do que gerava em receitas, e pouco tempo depois de abrir capital em 2000, colapsou, perdendo quase toda a sua valorização de mercado em questão de meses. Webvan foi uma empresa de comércio eletrônico fundada em 1996 que oferecia serviços de entrega domiciliar de produtos de supermercado. Seu objetivo era revolucionar as compras de alimentos, utilizando a internet para realizar pedidos e entregas rápidas. Porém, a empresa enfrentou altos custos operacionais e uma expansão excessivamente rápida, o que a levou à falência em 2001. Sua história se tornou um caso emblemático dos fracassos das empresas pontocom da época.

O colapso levou a uma postura mais cautelosa: investidores passaram a exigir modelos de negócio sustentáveis e rentáveis no longo prazo. Ainda assim, o Vale do Silício continuou sendo um centro de inovação. Gigantes como Apple, Google e Cisco resistiram e seguiram desenvolvendo novos produtos.

No início dos anos 2000, novas tecnologias e tendências começaram a emergir, preparando o terreno para a próxima onda de inovação: o smartphone da Apple, o avanço do software de código aberto, a expansão da banda larga.

O nascimento das redes sociais também marcou esse período: Friendster em 2002, depois LinkedIn e MySpace. SpaceX também surgiu em 2002, inaugurando uma nova era na exploração espacial privada. Tesla em 2003, Facebook em 2004 e YouTube em 2005.

Esse foi o cenário dinâmico e desafiador que David encontrou. Em Stanford, cercado por algumas das mentes mais brilhantes do mundo, absorveu conhecimentos e experiências que seriam fundamentais.

Matriculou-se no programa Management Science and Engineering (MS&E), multidisciplinar, combinando matemática, economia e finanças. Era engenharia aplicada à resolução de problemas, mas também formação útil para a banca de investimento, a consultoria ou a gestão de produtos.[48]

David tinha muito claro seu propósito: queria empreender. Por isso mergulhou no mundo dinâmico das startups, no

---

[48] Cfr. Op. Cit. Fajardo, Sergio. El Profesor. BumBox Podcast. Sep 2023. "Entrevista con David".

coração do Vale do Silício. Como o filósofo grego Diógenes, acendeu sua lanterna em busca de uma ideia.

Mas, apesar da mente aberta, nenhuma ideia relevante surgiu nos primeiros anos. Seguiu em frente.

No verão, aos 22 anos, precisava escolher uma empresa para o internship. Viu que muitos colegas iam para finanças e decidiu experimentar também. Bateu em portas até chegar ao Goldman Sachs, em Nova York, como estagiário de Equity Research. Gostou, aprendeu muito, conheceu gente talentosa. Ficou até agosto de 2004.

Formou-se engenheiro MS&E em junho de 2005.

Entre Tubarões e Títulos: Nova York

Concluída a graduação e ainda buscando uma ideia para empreender, juntou-se ao Morgan Stanley, na divisão de banca de investimento, manejando grandes operações financeiras e assessorando empresas em diversos setores. A experiência lhe deu base sólida em finanças corporativas.

Mas também reacendeu sua ambição empreendedora. Após pouco mais de dois anos, deixou o Morgan Stanley.

Em julho de 2007, entrou na General Atlantic,[49] prestigiado fundo de capital privado, conhecido por financiar empresas de

---

[49] Nota: A General Atlantic é uma firma global de capital de crescimento (growth equity) fundada em 1980. Especializa-se em investimentos em empresas inovadoras e de alto crescimento nos setores de tecnologia, serviços financeiros, saúde e consumo. Sua estratégia é centrada em apoiar empreendedores visionários, oferecendo não apenas capital, mas também

rápido crescimento. Especializou-se em investimentos em tecnologia e serviços financeiros. Agora estava ainda mais próximo dos empreendedores de carne e osso.

De forma inesperada, pediram-lhe que abrisse um escritório no Brasil. Na época, David era o único latino-americano na sede de Nova York. Seu chefe disse:

> *«Você é o mais próximo que temos de um brasileiro. Por que não vai a São Paulo abrir nosso escritório lá?».*[50]

David aceitou com entusiasmo. Em menos de seis meses, em 2008, mudou-se para São Paulo. Era sua primeira vez na vibrante cidade — e nem sequer falava português.

Primeira Parada: Brasil

David abriu o escritório da General Atlantic em São Paulo do zero. Sentia que já estava empreendendo algo, ainda que sob o guarda-chuva de uma das maiores gestoras de *growth equity* do mundo.

Adorou o Brasil, viu o país como realmente é: vasto, cheio de oportunidades, mas também repleto de desafios.

---

experiência operacional para impulsionar o crescimento sustentável e a expansão global de suas empresas investidas. A firma possui forte presença internacional, com escritórios na América do Norte, Europa, Ásia e América Latina.

[50] Revista Semana. Semana Noticias. Oct 2022. "Entrevista: habla David, el segundo hombre más rico de Colombia".
https://www.youtube.com/watch?v=RRF8b7jgA4U&t=2319s

Seu papel ali era estar perto dos empreendedores. Reunia-se com frequência, em setores diversos: saúde, comércio, telecomunicações e serviços financeiros. Participou até de alguns conselhos de empresas investidas.

Apesar de tantas experiências, não perdia de vista o objetivo: criar algo próprio. Mas a ideia certa ainda não surgia.

> *«Na General Atlantic eu estava sentado em frente ao empreendedor. Mas, de novo, eu queria ser aquela pessoa. Eu queria ser o empreendedor.*
>
> *Queria tomar as decisões difíceis, não apenas dizer o que fazer, mas fazê-las eu mesmo.»*

São Francisco, Segunda Chamada

Mas os anos seguiam fluindo serenamente, sem ideias. Em algum momento, David começou a perceber que o simples fato de aprender algo novo sempre o fazia sentir-se vivo; descobrir algo novo o motivava imensamente. Mas, por outro lado, notou que sua motivação caía rapidamente quando começava a dominar o que estava fazendo. Quando o aprendizado cessava e o trabalho se tornava mais mecânico, sem nenhum desafio à vista, perdia todo o interesse.

Além dessa introspecção, a realidade era que o tempo continuava passando e ele ainda não encontrava nenhuma ideia clara ou viável para empreender. Não estava cumprindo seu objetivo principal e começava a sentir que estava desperdiçando tempo. A frustração se acumulava, mas sua determinação não vacilava; sabia que precisava continuar buscando, precisava encontrar aquela centelha que iluminaria seu próprio caminho.

Pensava consigo:
> «*O que estou fazendo? O que, afinal, faço todos os dias? Para onde isso me leva? O que estou criando?*»

Compreendeu que precisava fazer uma pausa, voltar a focar-se. E pensou que a melhor maneira de encontrar ideias era voltar a estudar, para se concentrar e refletir. Decidiu que já era o momento de fazer seu mestrado, de retornar à sua querida Stanford, onde certamente encontraria a inspiração de que necessitava.

Depois de três anos, em junho de 2010, deixou a General Atlantic.

Naquele momento, David já tinha 28 anos. Estava cada vez mais claro que precisava, urgentemente, estar consigo mesmo. Era hora de dar-se um respiro: voltar ao banco da escola, ouvir, aprender, dialogar e debater; mudar de ambiente, divertir-se, aproveitar a companhia dos amigos. Às vezes, o certo é descansar um pouco construindo tijolos.

Fez as malas e regressou à Califórnia, matriculando-se no MBA da Stanford Graduate School of Business.[51]

---

[51] Stanford Business. View From the Top: David Vélez. Abr 2022. https://www.gsb.stanford.edu/events/view-top-david-velez

Sequoia, onde crescem Unicórnios

No outono de 2010, David começou com grande entusiasmo seu primeiro trimestre, pronto para desfrutar dois anos de aprendizado, festas com amigos e momentos de descanso e reflexão.[52]

Mas o destino lhe reservava uma surpresa.

Parece que, durante conversas com amigos, David compartilhava, de vez em quando, algumas reflexões, desejos e dúvidas. Certamente falava em «fazer algo» com seus colegas. Talvez até perguntando ideias, ou comentando sobre as grandes oportunidades na América Latina.

---

[52] Cfr. Stromeyer, Christopher, Entrevista. Stanford Graduate School of Business. May 2022. Insight by Standford Business. Entrevista con David. https://www.gsb.stanford.edu/insights/david-velez-position-yourself-scarcity-not-oversupply

De todo modo, em algum momento daquele outono — exatamente na terceira semana de aulas de seu tão sonhado mestrado — um colega, David George,[53] aproximou-se e disse:

> «David, você precisa procurar Doug Leone, da Sequoia, agora mesmo. Eles estão pensando em investir na América Latina, querem abrir um escritório no Brasil.»

David ficou paralisado. A Sequoia era o fundo de investimento mais icônico do Vale do Silício e, por sua vez, Doug Leone era um dos diretores mais importantes. A curiosidade falou mais alto. Sem pensar muito, dirigiu-se de imediato às oficinas da Sequoia em West Menlo Park, bem perto da Universidade.

Ali, encontrou-se sentado diante do próprio Doug Leone,[54] uma lenda em Silicon Valley.

Doug era diretor sênior, responsável pela marca e pelas operações globais da Sequoia Capital.[55] Era uma empresa extremamente horizontal, onde os diretores interagiam bastante entre si e quase não havia níveis hierárquicos.

---

[53] Nota: David George é sócio da Sequoia e sobrinho de Doug Leone.
[54] Douglas M. Leone, nascido em 4 de julho de 1957, na Itália, é um investidor de risco bilionário norte-americano e ex-sócio diretor da Sequoia Capital, cargo que deixou em 2022, embora tenha permanecido como sócio geral. Em agosto de 2022, seu patrimônio líquido era estimado em US$ 9 bilhões.
[55] A Sequoia Capital é uma firma norte-americana de capital de risco com sede em Menlo Park, Califórnia, especializada em investimentos em estágios iniciais e de crescimento em empresas privadas de todos os setores tecnológicos. Foi fundada em 1972. Seus principais sócios são Michael Moritz, Douglas Leone, Jim Goetz e Roelof Botha.

David lembra que teve uma ótima conversa com ele. *Muitas coisas estranhas aconteceram naquele primeiro encontro.*[56] Conversaram por cerca de 60 minutos sobre o Brasil, sobre o que David havia feito na General Atlantic, falaram da família e de aspectos pessoais. Recorda que foi uma conversa agradável, mas notava que era uma entrevista incomum para uma entrevista de trabalho.

Pouco depois, caiu em si: toda a conversa tinha sido para perscrutar sua personalidade, mais do que sua experiência. Sem dúvida, foi uma entrevista profunda, quase de perfil psicológico. Muito ao estilo de Doug Leone, que, segundo David, tinha uma incrível facilidade para ler as pessoas.

Ao final da entrevista, Doug simplesmente disse:

> *«Volte, conheça nossa gente na Sequoia e veremos o que acontece.»*

David saiu do escritório de Doug meio intrigado e emocionado ao mesmo tempo. Falar com Leone já era um acontecimento, e a possibilidade de trabalhar na Sequoia era algo especial. Não era qualquer trabalho: qualquer um mataria para estar ali. Mas... havia também seu mestrado. E agora? Teria que abandonar Stanford ou recusar o trabalho mais desejado?

Enquanto refletia, caminhou até o estacionamento, entrou no carro e, um minuto depois, seu celular vibrou. Um e-mail havia

---

[56] Op.Cit., Stromeyer, Christopher, Entrevista. Stanford Graduate School of Business. May 2022.

chegado. Era de Michael Moritz [57]— outro dos diretores da Sequoia — com uma mensagem lacônica: *«Volte. Quero conhecê-lo.»*

Não tinham passado nem cinco minutos para que Doug convencesse Moritz a entrevistá-lo naquele mesmo instante, como se quisesse confirmar suas impressões antes que esfriassem. Também essa entrevista foi peculiar: Moritz, um entrevistador nato, certamente traçou o perfil de David em poucos minutos.

Nas duas semanas seguintes, David dedicou-se a coordenar agendas para entrevistar-se com os demais diretores da Sequoia. Ao final desse período, recebeu uma proposta irresistível: ajudar a Sequoia a expandir-se na América Latina e avaliar a abertura de um escritório no Brasil. Tudo isso, trabalhando meio período enquanto concluía seu mestrado.

A oportunidade era inestimável, representava um desafio empolgante e uma validação de seu potencial como pessoa. Estava orgulhosíssimo. O fato de a Sequoia confiar nele para liderar a entrada em um mercado tão dinâmico como o latino-americano era uma grande honra. Além disso, poderia continuar seus estudos. Jamais teria imaginado regressar ao Brasil dessa forma.

Teoricamente, trabalhar nessa nova aventura enquanto cursava o mestrado parecia um sonho — certamente foi a inveja

---

[57] Nota: Sir Michael Jonathan Moritz é um investidor de risco, filantropo, autor e ex-jornalista bilionário norte-americano nascido no País de Gales. Moritz trabalhou na Sequoia Capital e hoje atua como conselheiro sênior. Ele escreveu a primeira história da Apple Inc., The Little Kingdom, e também foi autor de Going for Broke: Lee Iacocca's Battle to Save Chrysler.

de sua geração. A combinação entre aprendizado acadêmico e experiência prática era impensável. Essa vivência lhe daria uma rede de contatos inestimável e uma compreensão profunda do mercado latino-americano.

A Sequoia Capital sempre esteve presente desde os primórdios das startups. Entre seus investimentos mais emblemáticos estão, nada menos que, Apple, Cisco, Google, Nvidia, Airbnb, Instagram, ServiceNow, YouTube, Stripe, WhatsApp, e muitos outros.

Claro que a ideia de criar seu próprio negócio continuava pulsando em seu coração. O mestrado era peça fundamental de seu plano e não queria abandoná-lo. Mas trabalhar para a Sequoia era bom demais para recusar. Estar em reuniões com alguns dos melhores empreendedores do mundo, assistir aos pitches, aprender com suas experiências, ouvir as opiniões dos diretores da Sequoia... era oportunidade única. O objetivo seria terminar o mestrado e, nesses dois anos, trabalhar simultaneamente na Sequoia.

Convenientemente, a escola e o escritório ficavam a poucos minutos de distância. Mas havia um custo: adeus aos dois anos tranquilos de reflexão e às reuniões com os colegas que tanto havia imaginado. Aceitou.

No início, parecia um sonho: trabalhar com liberdade, aprender, estar no centro das decisões. Mas logo percebeu que não era tão simples. Não foi meio período, nem foi fácil. As horas eram longas, a pressão era real, e a vida pessoal começou a desaparecer. No entanto, em meio ao cansaço, encontrou clareza. O que custava caro estava forjando algo precioso. Sem essa experiência, com tudo que ensinou e doeu, talvez o Nubank jamais tivesse nascido.

O oferecimento incluía ainda a oportunidade de trabalhar diretamente com Doug Leone — circunstância raríssima. Em quase qualquer empresa, o mais jovem associado trabalha com alguém júnior, não com o diretor mais importante. Aqui, além de reportar-se a Leone, teria a chance de sentar-se à mesa diretiva e opinar.

Doug Leone tornou-se seu mentor. David aprendeu muito: desde como criar empresas até como investir nelas. Doug foi a primeira pessoa a investir no Google, quando os fundadores buscavam levantar capital.

No primeiro dia em que pediram sua opinião, o coração quase parou. Jamais imaginou que o escutariam tão cedo. E o pior: não fazia ideia do que dizer. Mas isso não voltou a acontecer. A partir daí, começou a estudar casos adicionais além dos do mestrado. Tinha que estar sempre preparado para opinar. E opinou — e o ouviam.

Durante os dois anos de MBA, tentou conciliar Sequoia e Stanford. Tinha a vantagem de que o Brasil estava cinco ou seis horas à frente de São Francisco,[58] então começava a trabalhar às 4h da manhã (9h de São Paulo). Passava 3 a 4 horas em ligações com empreendedores e buscando oportunidades. Depois ia às aulas em Stanford, das 9h às 14h. À tarde, voltava

---

[58] Nota: Hoje, a diferença de fuso horário entre São Francisco e São Paulo é de 4 horas, mas nem sempre foi assim. Em 2010, a diferença podia chegar a 5 ou 6 horas. Em novembro de 2010, São Paulo adotava o horário de verão, e os ajustes de horário entre os dois países ampliavam essa diferença. O Brasil eliminou o horário de verão em 2019.

à Sequoia e só chegava em casa por volta das 18h ou 19h, para ainda tentar ler casos, fazer tarefas e dormir um pouco.

Normalmente, a carga de trabalho desse tipo de mestrado é muito pesada: 3 ou 4 casos para ler, estudar e analisar todos os dias, consumindo muito tempo. Levantando-se às 4h, não sobrava quase nada de sono. Em geral, a carga ultrapassa 40 horas semanais, e o primeiro ano costuma ser o mais intenso.

Então, essa história de «meio período» era apenas uma conveniência interna. Na prática, era duríssimo.

Um dia, comentou:[59]

> *Vivia duas vidas ao mesmo tempo. Mas era uma oportunidade maravilhosa: aprendi muito, estive com bons amigos no mestrado, vendo e vivendo uma infinidade de novos negócios.*

Era real: David aprendia nos dois fronts — a teoria em Stanford e a prática na Sequoia. Chegou até a pedir permissão para usar contratos reais em aula de Investimentos. Sentava-se em conselhos de empresas financiadas. Era experiência de vida real.[60]

Mas também era verdade que ambas responsabilidades eram extremamente exigentes. Era impossível entregar 100% em

---

[59] Cfr. Stromeyer, Christopher, Entrevista. Stanford Graduate School of Business. May 2022. Insight by Standford Business. Entrevista con David. https://www.gsb.stanford.edu/insights/david-velez-position-yourself-scarcity-not-oversupply

[60] Cfr. Knox, Fortt. Entrevista. Ago 2023. "David Velez, Nubank CEO: A Fortt Knox Conversation" https://www.youtube.com/watch?v=8ml4yfyut6o

tudo. Precisava escolher. Em entrevista a Stromeyer, perguntaram:

> *Não diziam que você estava perto de ganhar o prêmio Arjay Miller?*[61]
>
> *—Não, de jeito nenhum, nem perto. Era impossível. Algo tinha que ser sacrificado. Não há como fazer tudo.*
>
> *—Foi um sacrifício. Não podia fazer 100% das leituras, era impossível. Decidi correr o risco de ser perguntado em aula e não ter resposta, simplesmente porque não havia conseguido ler todo o material. Comecei a focar só nos 20-30% mais importantes.*
>
> *—Envergonhava-me. Não me acostumava com isso, mas era preciso abrir mão de algo. Não dava para fazer tudo, também precisava dormir. E claro, o prêmio foi o que acabei sacrificando.*

No MBA não havia aulas às quartas. Era o dia de festa na terça à tarde. Mas não para David. O «dia livre» era apenas na escola, não na Sequoia. E ainda precisava viajar a São Paulo a cada mês ou dois.[62] Muitas vezes aproveitava essas terças para voar ao Brasil, por um único dia.

---

[61] Nota: O título de Arjay Miller Scholar é uma distinção acadêmica concedida a aproximadamente 10 % dos alunos de MBA (Master of Business Administration) com o maior desempenho acadêmico de sua turma. A distinção leva o nome de Arjay Miller, que foi reitor (Dean) da Stanford Graduate School of Business (GSB) entre 1969 e 1979, e anteriormente presidente da Ford Motor Company (1963–1968).
[62] Cfr. Leone, Doug. Sequoia Dec 2021.
https://www.sequoiacap.com/article/nubank-ipo-only-the-beginning/

Semanas alternavam entre manhãs em Sequoia e Stanford. Vários martes, no entanto, iam ao aeroporto, subia no avião de Doug Leone e aterrissava às 8h em São Paulo. Tinha cerca de 10 reuniões marcadas, levava quatro folhas de termos para assinar e voltava ao aeroporto no fim do dia, chegando quinta cedo a São Francisco, direto para as aulas. O voo durava quase 13 horas.

David conta que às vezes precisava se beliscar no avião: *Isso é real? Não estou sonhando? O que está acontecendo aqui?* Muitas vezes chegava exausto. Foram dois anos super intensos, tentando equilibrar-se para não colapsar de cansaço.

Mas sobreviveu a essa odisseia. No início de junho de 2012, apresentou os exames do MBA e graduou-se em 12 de junho.

Ufa, finalmente, poderia descansar um pouco...

Mas não foi assim. Na realidade, a ação apenas começava.

E de repente, tudo fez «Click»

David passara anos buscando uma ideia para empreender — e ela não aparecia. Colocou-se em todos os lugares possíveis para ver se surgia uma oportunidade, para descobrir algo relevante, de infinitas formas: foi aluno da Universidade de Stanford na graduação e no mestrado; viveu no Vale do Silício, a meca e berço de milhares de startups e incontáveis lendas; buscou a melhor experiência profissional que pôde encontrar em grandes empresas do setor financeiro e de empreendedorismo — General Atlantic e Sequoia. Cercou-se de pessoas importantes nesses meios. Enfim... parecia que seria simples tropeçar em algo relevante. Mas não: nenhuma ideia.

Para ser claro, precisaram passar 15 anos até que isso acontecesse. E a ideia não chegou no Vale do Silício, e sim na cidade de São Paulo, Brasil.

A oportunidade de negócio que David buscava era «muito complicada», porque tinha que cumprir uma série de requisitos mínimos para sequer ser considerada. Era praticamente uma enteléquia complexa, como uma semente cuja enteléquia é tornar-se árvore — não apenas um galhinho com folhas.

David relata uma experiência que o levou a refletir sobre que tipo de empresa gostaria de criar. Não podia ser qualquer coisa: precisava ter desafio e relevância. Algo de grande escala, difícil — e, além disso, que pudesse existir nos Estados Unidos.

Pouco antes de inscrever-se no MBA, assistiu a uma conferência em Nova York com vários fundos de private equity na América Latina. Ouviu as estratégias e os «pitches» de venda. Ao final, tudo lhe soou muito parecido — praticamente clones de ideias já implementadas nos Estados Unidos. Não resolviam problemas relevantes na América Latina, nem sequer questões específicas. Chamou-lhe especialmente a atenção a profusão de iniciativas tipo Groupon,[63] que não resolviam dor real do consumidor nem traziam novidade. Conectou essas reflexões a um conselho-chave de Doug Leone sobre a

---

[63] Nota: Groupon (acrônimo de "Group Coupon") foi uma empresa fundada em 2008 por Andrew Mason. Era uma plataforma online de cupons e ofertas locais, baseada em um modelo viral de "compra coletiva" (group buying).
Sua proposta inicial consistia em vender cupons com descontos muito agressivos — às vezes de 50% ou mais —, mas que só eram válidos se um número mínimo de compradores fosse atingido. Isso incentivava as pessoas a compartilhar as ofertas, tornando-as virais. O modelo, porém, deixou de ser rentável em pouco tempo, pois era insustentável para muitos negócios: as margens eram muito baixas e alguns comerciantes acabavam perdendo dinheiro em vez de conquistar novos clientes. Além disso, muitos dos consumidores não voltavam, tornando-se pouco fiéis. Surgiram inúmeros clones do Groupon em todo o mundo — como o Peixe Urbano no Brasil e o Cuponatic na América Latina —, e o modelo rapidamente perdeu sua novidade. O Groupon demorou a se reinventar diante de modelos mais sofisticados de fidelização e de plataformas como Yelp, Google Maps e Instagram.

importância de se posicionar no lado certo do mercado: *sempre no lado da escassez, não no do excesso de oferta.*

David havia notado que, nos Estados Unidos, havia excesso de gente muito competente em fundos de investimento; muitos investidores — o que transformava firmas como a Sequoia em «commodity», literalmente mais uma entre tantas. Já na América Latina, não era assim. Havia escassez importante de talento e de capital para empreendimentos, especialmente no universo das startups. Quase ninguém apoiava negócios com capacidade de resolver problemas locais reais, como acesso a bons hospitais, a serviços bancários, a serviços de saúde e a seguros de qualidade. A ajuda era escassa. A infraestrutura era deficiente em quase todos os setores. A região pedia soluções inovadoras — com urgência.

Essas observações o levaram a pensar que fazia mais sentido focar em criar soluções inovadoras na América Latina, onde sua experiência e conhecimento teriam impacto mais significativo.

Outro fator que David considerou foi o nível de impacto por unidade de tempo investido. Pensava que não valia a pena gastar anos em projetos de baixo impacto, porque o tempo consumido e o desgaste para colocá-los de pé costumam ser praticamente os mesmos — projetos fáceis também são difíceis; muitos levam décadas. Paradoxalmente, em termos de energia, fazer algo pequeno ou algo grande sai parecido. Se o esforço seria quase o mesmo, por que não mirar em algo realmente grande? Se era para «deixar a pele» no caminho, que fosse por algo que valesse a pena.

Em sua conversa-palestra com alunos do mestrado de Stanford, em 2022, David comentou:

(...) Fiz a pergunta:
Qual é a coisa mais difícil que consigo imaginar fazer? Qual é a mais impactante que consigo imaginar?

—Bancos! Foi a resposta.

Porque, na América Latina, as maiores empresas do Brasil são bancos; as maiores do México são bancos; as maiores da Argentina são bancos.

Não há nada maior. Era o mais difícil que eu podia imaginar. E o mais impactante, porque é um oligopólio.[64]

Se um empreendimento era difícil, significava que exigiria mais — o caminho seria mais interessante, cheio de desafios, *como enfrentar Ciclopes e Medusas pelo percurso*. Além disso, ofereceria barreiras naturais: *se é difícil para mim, será difícil para outros, implicando menos competição.*[65]

Por outro lado, David refletia que, se você define desde o início que sucesso é virar um «unicórnio», as probabilidades ficam contra você — simples: 90% das startups fracassam. E, entre as sobreviventes, só uma ou duas viram unicórnio. Em

---

[64] Cfr. Stromeyer, Christopher. Stanford Graduate School of Business. May 2022. Insight by Standford Business. Entrevista con David Vélez.
https://www.gsb.stanford.edu/insights/david-velez-position-yourself-scarcity-not-oversupply
[65] Bilbao, Andrés y Gavira, Laura. Fundraising School. Feb 2025 "Turning a bold idea into one of the world's largest digital banks with David Velez"
https://youtu.be/X_sTtxqxMP8?si=y6l70cXdNe2tOWoQ

vez disso, se você define sucesso como ter uma grande jornada de vida, então, aconteça o que acontecer — ainda que a empresa não funcione — você aprenderá, fará relações valiosas e resolverá problemas reais. Aí sim é «ganha-ganha».

David tinha chegado ao Brasil, pela segunda vez, com a missão de abrir o escritório da Sequoia para a região; já fazia dois anos nesse processo. Investira-se muito trabalho: incontáveis horas contatando gente, entrevistando empreendedores, assinando e analisando diversos prospectos.

O plano original era: durante os dois anos do mestrado, David prepararia tudo para, ao final, estabelecer oficialmente o escritório da Sequoia em São Paulo. Ao terminar o MBA, mudou-se para lá por quatro meses para escolher o escritório, os móveis, entrevistar funcionários...

A Sequoia vai, a Ideia fica

Em 1º de outubro de 2012, o telefone tocou diferente. Era Doug Leone. Com a determinação de um cirurgião — mas sem anestesia — informou a David que o ambicioso projeto de abrir um escritório da Sequoia no Brasil havia sido cancelado.

—*«Não vamos abrir o escritório da Sequoia no Brasil.»*

A razão era clara e lógica, embora desalentadora: os pitches dos primeiros empreendedores brasileiros não os haviam inspirado. As ideias locais não se alinhavam à visão e aos padrões da Sequoia — e o projeto foi cancelado.

Doug citou um dado decisivo: a Universidade de São Paulo, a melhor do país, no ano anterior havia formado apenas 42 engenheiros em ciência da computação. Um número diminuto para sustentar novos empreendimentos tecnológicos; faltavam engenheiros no país.

Com esse panorama, Leone concluiu que a região carecia do talento técnico necessário[66] e que o fervor empreendedor não vinha acompanhado de ideias realmente inovadoras. Assim, a aventura brasileira da Sequoia chegava ao fim.

Recordava David:
Foi um dia antes do meu aniversário — e foi um choque para mim.

Doug disse para não se preocupar, para voltar, que veriam o que fazer — haveria trabalho para ele. Mas David não queria regressar. Viu ali um sinal: era hora de iniciar seu tão desejado empreendimento. Preferiu seguir adiante, sem se deixar abater. Demitiu-se da Sequoia e ficou no Brasil. No meio da incerteza de estar sem emprego, o desejo que vinha sendo gestado há anos encontrou a fresta para emergir. David começou imediatamente a preparar-se para transformar a ideia, já ruminada, em realidade.

---

[66] Cfr. England, Joanna. Banking. FinTech Magazine. Oct. 2022. "Fintech Trailblazer: David, CEO & Co-founder of Nubank".
https://fintechmagazine.com/banking/fintech-trailblazer

E DE REPENTE, TUDO FEZ «CLICK»

A Agência Bancária: Aguarde sua Vez

Em algum momento, voltando os ponteiros do relógio, David decidiu abrir uma conta bancária no Brasil para facilitar a vida e controlar melhor seus gastos. Dirigiu-se à Avenida Brigadeiro Faria Lima — a emblemática via financeira de São Paulo —, onde ficam alguns dos bancos mais importantes do país. A avenida já era percebida como uma «Wall Street brasileira».

Encontrada a agência desejada, caminhou até a entrada. Para seu espanto, deparou-se com uma porta giratória de dupla segurança, blindada, com câmeras e detectores de metal. Teve de deixar a mochila em um guarda-volumes trancado antes de entrar. Ao tentar entrar, com o celular no bolso, acionou todos os alarmes.

Com o barulho, todos os olhares na agência, junto com os seguranças, voltaram-se para ele, fazendo-o sentir-se como um ladrão.

Passado o constrangimento, dentro da agência lotada, esperou cerca de uma hora e meia para ser atendido. Quando finalmente falou com alguém, o atendimento foi desatento e desdenhoso, completamente apático: *«O que o senhor quer? Para que veio aqui?»* — perguntou, de modo brusco. Depois de ouvir o que David precisava, a funcionária disse: *«Precisa preencher estas informações e trazer estes documentos. Quando estiver tudo pronto, volte aqui.»*

A experiência foi frustrante e humilhante — e o pior é que, para os brasileiros, aquilo era normal. Ninguém questionava. Esse episódio foi o catalisador que reforçou sua determinação de mudar o panorama bancário. Percebeu uma enorme oportunidade para criar um banco que realmente entendesse e valorizasse seus clientes, oferecendo atendimento gentil, eficiente e sem complicações desnecessárias como as que acabara de enfrentar.

> *A gente fica insensível quando se acostuma ao mau serviço. E é aí que ser um outsider foi chave: eu não tinha essa tolerância. Eu via tudo com olhos novos. É uma das razões pelas quais muitos fundadores no Vale do Silício são imigrantes: enxergam oportunidades que outros não veem — e não têm nada a perder.*

Jamais imaginou que um trâmite relativamente simples seria tão complexo. Levou mais de quatro meses para conseguir abrir a bendita conta.[67] Voltou à agência seis ou sete vezes, tentando entregar os documentos, para ouvir, a cada visita, que faltava algo ou que precisaria refazer um formulário, ou que teria de ir a outro guichê. A burocracia era enorme — pior ainda a indiferença com que o tratavam. Pensava: se tratavam assim a ele, profissional com formação e experiência no sistema financeiro, o que poderiam esperar os milhões de pessoas que nunca haviam tido contato com um banco?

O mercado era cristalino: havia mais de 250 milhões de consumidores latino-americanos sem acesso a serviços financeiros. Muitos guardam dinheiro «debaixo do colchão» e, quando precisam de crédito, recorrem a agiotas que cobram ao menos 500% ao ano — com sorte. A falta de educação financeira faz com que muitos não saibam poupar ou investir.

---

[67] Cfr. Op.Cit. Trava, Oswaldo. Podcast. Entrevista "David. Nubank, Cómo ir de $0 a $10 Billones"

Por outro lado, os bancos se dão ao luxo de escolher quem pode ou não ser cliente — nada democrático.

Aquela frase dura de Dan Schulman, presidente e CEO do PayPal — *«quem tem menos, paga mais»*[68]— era uma triste verdade. O pobre termina pagando mais: não tem direito a descontos ou privilégios.

Entre idas e vindas, juntando documentos, preenchendo formulários, David viu a oportunidade diante dos olhos. A dor e a insatisfação com o serviço bancário eram evidentes. Os bancos, sendo um oligopólio, não mostravam interesse em mudar. Tudo funcionava assim desde sempre — perpetuando um sistema antiquado e excludente.

A oportunidade que David via, com nitidez, era um vasto espaço para inovar e melhorar serviços financeiros — torná-los acessíveis e justos. Essa visão se converteria na base de sua missão com o Nubank: um banco desenhado para empoderar consumidores e oferecer a atenção e o respeito que merecem. Educar e apoiar milhões de pessoas até então excluídas do sistema tradicional; revolucionar o setor financeiro e, de fato, trazê-lo para o século XXI.

Por fim, conseguiu abrir a conta. Mas, ao ler as letras miúdas, viu claramente os pregos que feriam o consumidor: uma tarifa mensal de quase 100 USD pelas «moléstias» causadas ao banco e pela administração da conta. Ah, e ainda ofereceram, generosamente, um cartão de crédito com «cômodos» 500% ao ano — e, claro, anuidade.

---

[68] FII Institute. Jun 2024. "David Vélez Analyzes Brazil's Domination in #fintech" https://www.youtube.com/watch?v=gFo5npXxOgY

Isso consolidou ainda mais sua determinação. Era preciso mudar. A exploração ao consumidor era tremenda.

Tradição Bancária sem Evolução

Os sistemas bancários no mundo tendem a ser muito similares — especialmente os de gestão de risco de crédito. A lógica básica parte da premissa de que, para definir as taxas ativas (o juro que os clientes pagam em empréstimos e cartões), considera-se a probabilidade de inadimplência. Em sistemas como o do Brasil, com alta inadimplência, as taxas acabam «punindo» quem paga, por causa dos que não pagam.[69]

O negócio bancário tem uma lógica tão astuta quanto implacável: foi desenhado para ganhar — mesmo quando você perde. É comum oferecerem um limite de crédito muito acima da sua renda. E você usa, acreditando que pagará logo. Mas aí está o truque: na hora de quitar, você não tem o dinheiro inteiro, porque geralmente vive de quinzena em quinzena. Refugia-se no famoso «pagamento mínimo».

O que parece respiro é, na verdade, armadilha. Com juros altíssimos — justificados pelo risco — a dívida vira uma espécie de renda perpétua. Mês após mês, você paga o suficiente para não entrar em mora, mas não o bastante para sair do buraco.

---

[69] Cfr. CB Insight. The Economist. Jun 2018. An Interview with David Vélez, Nubank and Vijay Vaitheeswaran.
https://www.youtube.com/watch?v=VdO2rJCjfzc

E, se um dia você não consegue pagar, pouco importa. Claro que eles irão «rasgar as vestes», mas, quando isso acontece, provavelmente você já pagou mais do que tomou emprestado. A taxa de juros funciona como rede de segurança... para eles. O banco sempre ganha. O sistema não foi feito para ajudar você a avançar; foi feito para mantê-lo pagando pelo dinheiro que tomou — enquanto eles seguem cobrando.

Apesar de ser um grande negócio para os bancos, eles agem como se fizessem um favor aos clientes. A operação do sistema é pouco orientada ao cliente; não se foca em bom serviço, e sim em manter a estrutura e maximizar ganhos via tarifas extras em torno das necessidades do usuário.

O Murmúrio Antes da Revolução

Para tirar o empreendimento do papel, David vinha acumulando, por 15 anos, uma boa quantidade de ases na manga. Agora era hora de dar forma à ideia tão desejada. Sua vivência no setor financeiro lhe dava fluência na «língua» do mercado. Estava num país onde dificilmente haveria concorrência para sua proposta no início; via oportunidade justamente naquela escassez de inovadores que desanimara a Sequoia. E, graças ao trabalho na General Atlantic e na Sequoia, conhecia a fundo o mercado de financiamento de startups e tinha expertise para abordar fundos com um pitch difícil de recusar.

David trabalhou intensamente para arredondar a ideia, dedicando oito semanas inteiras a entender bem a oportunidade.[70] Leu e estudou tudo que encontrou sobre banca, suas origens e sua tecnologia. Fez análise exaustiva sob todas as perspectivas e riscos.[71] A experiência na agência onde abrira a conta foi o que marcou a direção: a experiência do cliente seria o objetivo. Passou meses estudando modelos centrados no cliente, como Amazon e Disney. *Inspirava-me a cultura de criar experiências mágicas, o fanatismo pelo cliente. Dissemos: se o problema é a experiência do cliente, vamos resolvê-lo com obsessão.*

Da teoria, passou a ouvir especialistas. Conversou com muitos banqueiros e ex-banqueiros no Brasil — tomou mais de 30 cafés —, perguntando por que não competiam entre si. A maioria dizia que modernizar a banca no Brasil era impossível: a Internet era deficiente, os clientes não tinham dispositivos adequados e eram desconfiados. Contaram-lhe que o Unibanco já havia tentado, em 1999, e fracassara.

Nessas conversas, David buscava «fechar a conta» das ideias. Graças aos dois empregos anteriores, conseguiu falar com executivos de muitos países da região. Essas trocas o ajudaram a refinar a visão e confirmar que, apesar do tamanho do desafio, a oportunidade de transformar a banca era maior ainda.

Ao final das conversas, fazia sempre uma pergunta-chave:

O que acha de um banco 100% digital, sem agências?

---

[70] Cfr. Op. Cit. Fajardo, Sergio. El Profesor. BumBox Podcast. Sep 2023. "Entrevista con David"
[71] Cfr. Op. Cit. Trava, Oswaldo. Podcast. Entrevista "David. Nubank Cómo ir de $0 a $10 Billones"

A resposta quase unânime:

«Isso nunca vai funcionar. As pessoas não confiam; o regulador não vai deixar — ainda mais você sendo estrangeiro. As pessoas querem uma agência física; isso lhes dá confiança.»

Como eram opiniões, não havia «certo» ou «errado», mas refletiam com clareza o pensamento bancário tradicional daquele momento. Era como se todos tivessem se autoconvencido de que «sempre foi assim e assim deve continuar».

A ideia empolgava David cada vez mais — e a dificuldade não o intimidava. O que mais o movia era o desejo de ajudar usuários bancários e não bancarizados — gerar impacto significativo no setor, na região, no mundo.

Na época, os cinco maiores bancos do Brasil — Itaú, Bradesco, Santander, Banco do Brasil e Caixa — controlavam 80% do mercado. Lucravam enormemente com juros altíssimos e tarifas exorbitantes — oferecendo, em troca, um atendimento sofrível. *«Os bancos brasileiros são péssimos. Sempre foi assim e sempre será»*, disse-lhe um amigo brasileiro.[72]

Recordava David:[73]

---

[72] Cfr. Kauflin, Jeff. Forbes Abr 2021. "How David Built The World's Most Valuable Digital Bank and Became a Billionaire".
https://www.forbes.com/sites/jeffkauflin/2021/04/07/fintech-billionaire-david-velez-nubank-brazil-digital-bank/?sh=195970646b27
[73] Cfr. Kauflin, Jeff. Forbes Abr 2021

> *Havia oportunidades gigantescas para transformar indústrias — como a bancária — que ninguém analisava de verdade, porque ninguém acreditava ser possível.*
>
> *O Nubank jamais poderia ter sido iniciado por um local. Era preciso um investidor do Vale do Silício capaz de ver a história da formiguinha enfrentando o elefante e vencendo. Um investidor latino-americano ouviria e diria: "De jeito nenhum, o elefante vai te esmagar."*

Hackeando o Banco Tradicional

O tema dos bancos digitais ainda era algo novo no setor financeiro. Já se falava sobre eles e, em algumas partes do mundo, começavam a surgir as primeiras experiências. Naturalmente, David estudou esses fenômenos. Observou o caso do Capital One, nos Estados Unidos — um banco que lhe chamara atenção quando trabalhava na General Atlantic — e ficou fascinado com a forma como a empresa usava análise de dados para otimizar toda a operação. Também pesquisou como o ING Direct havia implementado sua versão digital na Europa. E chegou a viajar à Rússia para se reunir com executivos do Tinkoff Bank,[74] um banco digital semelhante ao Capital One que havia decolado com sucesso por lá.

O Nubank começaria apenas com cartões de crédito e, com o tempo, se expandiria para outros serviços. Usaria tecnologia

---

[74] Nota: Tinkoff Bank, atualmente chamado T-Bank e anteriormente conhecido como Tinkoff Credit Systems, é um banco comercial russo com sede em Moscou. Foi fundado em 2006 por Oleg Tinkov como um banco digital, sem agências nem sedes físicas — ou seja, dentro da categoria dos chamados challenger banks (bancos desafiantes).

100% para reduzir ao máximo os custos operacionais, oferecendo produtos simples e quase sem tarifas — um contraste absoluto com os grandes bancos, que criavam produtos complexos apenas para cobrar comissões adicionais.

Os banqueiros brasileiros, por sua vez, acreditavam que ninguém poderia tocá-los. Sentiam-se protegidos pelo Banco Central e amparados pelas famílias mais poderosas do país. Mas David, como estrangeiro, com outra perspectiva, olhos frescos e uma boa dose de ingenuidade, via ali uma grande oportunidade de inovar — independentemente das dificuldades e complexidades.

Ele sabia que o projeto seria espinhoso; já o havia ouvido dezenas de vezes em entrevistas exploratórias. Tudo era difícil. Um exemplo claro era a percepção sobre a internet no Brasil — essencial para o projeto. Diziam-lhe que era péssima. Mas David via o contrário: o país estava entre os cinco maiores do mundo em uso de redes sociais como Instagram, Facebook e YouTube — o que seria impossível se a internet fosse realmente tão ruim. Os banqueiros, porém, nem haviam percebido a mudança. A tecnologia já se infiltrara nas estruturas sociais como umidade nas paredes — silenciosamente, até se tornar visível por toda parte.

Na visão de David, a tecnologia era o diferencial, e agora, com o passar dos anos, ela estava do seu lado. Em 1999, competir com bancos exigia bilhões de dólares: era preciso abrir agências em cada esquina, comprar centros de dados gigantes e construir redes próprias de comunicação. Mas, uma dúzia de anos depois, em 2012, o cenário havia mudado completamente. A internet e os smartphones haviam derrubado essas barreiras, reduzindo os custos de infraestrutura e permitindo chegar a qualquer pessoa com um celular. Ali estava a alavanca — e o ponto de apoio — para mover o enorme sistema financeiro.

David se sentia preparado: tinha experiência, sabia levantar financiamento e conhecia profundamente o mundo da tecnologia. Havia trabalhado com os diretores da Sequoia Capital e conhecia de cor o lema da empresa: «*Ajudamos os mais ousados a construir empresas lendárias — da ideia ao IPO e além*».[75]

Pela Sequoia haviam passado as ideias mais improváveis do empreendedorismo, e ele tinha certeza de que sua proposta não os assustaria.

No mundo do venture capital, há um princípio bem conhecido: investe-se um dólar em dez startups, assumindo que três fracassarão completamente, uma ou duas multiplicarão o investimento por dez — ou mais —, e o resto terá retornos medianos. A lógica é simples: a startup vencedora compensa todas as perdas e garante o retorno global. É um jogo de portfólio, diversificação e probabilidade.

Por isso, David confiava que conseguiria levantar capital sem grandes dificuldades: sua ideia não só era sólida, mas também tinha o potencial de ser aquele caso extraordinário que faz todo o portfólio valer a pena.

Com tudo isso em mente, decidiu que havia chegado a hora. Tinha a ideia, o esboço de como executá-la, o setor que queria

---

[75] Sequoia Our Ethos. "We help the daring build legendary companies". https://www.sequoiacap.com/our-ethos/

disromper e a confiança de que obteria o financiamento. Criaria um banco digital, do zero.

A ideia não o intimidava. Com franqueza quase ingênua, acreditava que a empreitada não seria tão difícil quanto parecia. Estava plenamente convencido da necessidade de mudança no sistema bancário brasileiro — e isso bastava.

Não havia um único cliente satisfeito com os bancos; cada conversa trazia novas histórias negativas sobre o atendimento. Por outro lado, ninguém duvidava de que o setor era altamente lucrativo. Estava tudo ali: a ideia, o que oferecer, como fazer, um grande mercado, a tecnologia...

David decidiu tirar alguns dias para estruturar o projeto e, aproveitando que estava sem emprego, foi visitar os pais.

Entre outubro e dezembro de 2012, ficou indo e vindo entre Brasil e Colômbia, amadurecendo sua ideia e preparando a melhor forma de apresentá-la aos futuros investidores.

A Funda da Disrupção: O «Pitch»

Com a ideia bem mais lapidada — inclusive o nome da empresa: EOS — David, animadíssimo, foi registrá-la oficialmente. Porém, descobriu com desalento que o nome já estava tomado. Na hora, rebatizou como EO2, por se parecer ao original. Com o papel na mão, David ergueu sua bandeira.

A revolução havia começado!

Com a determinação de um alquimista — transformando sonhos em realidade — elaborou seu «Pitch Deck» com 13 slides em PowerPoint.[76] Nesse deck, ainda usando o nome EOS, apresentava sua visão e traçava o caminho para um futuro em que sua empresa revolucionaria o mundo dos serviços financeiros.

Cada slide foi meticulosamente desenhado para captar a atenção dos investidores. Valendo-se da experiência na Sequoia, destacou os pontos-chave que fariam da EOS uma força imparável no mercado. Com a combinação de dados sólidos, análise profunda e uma narrativa convincente, David estava pronto para apresentar sua visão e atrair o apoio necessário para transformar a EOS em realidade.

EOS, o futuro da banca de consumo brasileira.

O «pitch» de David era metódico e direto. Talvez pecasse por ser simples demais para um projeto sofisticadamente complexo. No slide número quatro, ele capturava a essência do que pretendia alcançar: exibia um desenho colorido com a cena bíblica do Primeiro Livro de Samuel, capítulo 17 — o jovem futuro rei David, armado apenas com uma funda e cinco pedras de rio, enfrentando o enorme e furibundo filisteu, Golias. A imagem poderosa de Golias representava os bancos estabelecidos — os incumbentes, os temíveis «Golias», os gigantes que David Vélez estava decidido a desafiar com uma pedrinha de rio.

---

[76] Pitch Deck original da EOS, antes de se tornar o Nubank. https://www.slideshare.net/PedroRagazzoPaiva/nubank-pitch-deckfinalpdf

O «Elevator Pitch» em câmera lenta

Em março de 2013, Vélez fez seu primeiro «pitch» — sua primeira rodada de captação — para conseguir o capital semente e colocar o empreendimento de pé. Voltou aos escritórios da Sequoia em Menlo Park. Seu objetivo: fazer a primeira chamada de capital e vender a ideia ao mentor, seu ex-chefe Doug Leone. Convicto de que tinha uma ótima relação com Doug — e de que o projeto, embora simples na aparência, tinha potencial de transformar o panorama financeiro — David se preparou para enfrentar seu primeiro Golias.

Apresentou uma companhia tecnológica com uma cultura fresca, jovem e decididamente contra a corrente. Uma empresa simples, mas poderosa, com foco 100% no consumidor. O Antibanco!

A EOS pretendia construir um banco digital no Brasil, alterando radicalmente o modelo bancário tradicional — um sistema em que os bancos brasileiros estavam presos a uma cultura inerte, centrada na complexidade mais do que nos clientes. A visão era conquistar os consumidores jovens: 50% da população brasileira tinha menos de 29 anos e era familiarizada com tecnologia. Seriam oferecidos produtos simples e personalizados por meio de canais online e móveis. Segundo as estatísticas, até 2015, 80 milhões de brasileiros teriam acesso à internet móvel.

A EOS não queria apenas ser diferente, mas também ágil. Utilizaria análise de dados para desenvolver produtos de crédito personalizados, implementando um processo de testes rápidos e integração de novas ofertas. Essa abordagem permitiria à EOS adiantar-se aos grandes bancos, adaptando-se rapidamente às preferências mutáveis dos consumidores e à evolução tecnológica no Brasil. Com essa estratégia, David estava convencido de que a EOS não apenas competiria com os gigantes bancários, mas os superaria, transformando a experiência bancária em algo realmente centrado no cliente.

Ele acreditava firmemente que o consumidor escolherá quem o tratar melhor. Tão simples assim. Por isso, no Nubank, a obsessão pelo cliente foi, desde o dia zero, o valor número um.

David apresentou sua visão com paixão e determinação, certo de que sua abordagem disruptiva encontraria eco e o apoio necessário para torná-la realidade.

Queria que a Sequoia participasse do capital semente com 2 milhões de dólares — uma quantia inusitadamente baixa para criar um banco.

Algumas das sequências do «Pitch Deck» que David apresentou:

The Big Picture – EOS, the "anti-bank"

	Brazilian Banks Today	EOS
Ethos:	"Bank"	"Technology company"
Culture:	Inertia; leverages complexity to confound	New, young, contrarian; leverages simplicity to create loyalty
Distribution:	Offline (branches)	Online (online, mobile, telephone)
Focus:	Process	Customer experience
Product portfolio:	"One size fits all"	"Right product to the right person at the right price"
Market:	Everybody, everywhere	Smart, technology-savvy consumer
Organization:	Bureaucratic, Hierarchical, rigid	Lean, flat, fast-iteration, agile
IT organization:	12 – 24 months development cycles; 2-3 new products per year	12 – 24 days development cycles; 2-3 new products tested per day

Conclusion: Large industry bound for disruption

Capture the hearts of the consumer

"Brain" = Analytical backbone	"Heart" = Emotional appeal
➢ Data-driven culture of a *technology company, not a bank* ➢ Sophisticated credit analytics; real proprietary underwriting ➢ Full product customization ➢ Fast product introduction and iteration; continuous testing ➢ Complete integration of Credit/IT/Operations/Marketing ➢ *De-novo* architecture built for flexibility, scalability and speed	➢ Brand *"is young, contrarian, breaks with the status-quo, and starts a revolution"* ➢ Completely customer-centered ➢ Simple and intuitive product design ➢ Complete transparency; no "hidden fees" ➢ Internet and mobile channels drive convenience, loyalty

Main Risk

- ➢ 60 – 80% of credit card transactions are for interest-free installment payments
- ➢ "Base case" scenario we operate with similar portfolio of credit card loans (60 – 80% installments)
- ➢ "Upside case" we decrease interest rates on revolving, providing incentive for consumers to revolve (as customers globally do)

Unique confluence of factors opening a crack in the armor

Macro shifts	Technology shifts	Consumer tastes shift
- Consumer interest-rate sensitive for first time (lowest interest rate environment ever) - Highest concentration of banks ever (internal complexity is paralyzing) - Big banks looking inwards - Government is an ally	- Internet/mobile decrease largest barrier to entry (capital) - Explosion of data commoditizes internal banks data - Beginning of "virtualization of cash" - Cloud-computing/big-data increase underwriting power	- 50% of Brazilians are under 29yrs - Enough trust on the online channel to transact (ecommerce now a $24bn mkt.) - By 2015, there will be 80mm people with mobile internet access - Brazil: "The Social Media Capital of the Universe" (WSJ) - Consumers→ control

Inception

Raising $2mm seed investment

- Recruit core engineering team
- Develop front-end product
- Design back-end architecture
- Develop three initial credit models and customer acquisition strategy for each
- Set-up legal and securitization structure, and close partnership with bank

Business Model

> Appropriate pricing will be a discovery process; initially we don't plan to compete on price:

Revenue source	Type	% of Portfolio	Price
Interest income	Installment loan	70 – 80%	0%
Interest income	Revolving loan	10% - 20%	8% (month)
Fee	Initialization Fee	-	R$100 – R$300 (once)
Fee	Maintenance Fee	-	R$100 – R$300 (yearly)
Fee	Interchange from merchant	-	~1%

> However, there might be an opportunity to disrupt by changing pricing structure (ie. lowering revolving rate)

Hmm... não, obrigado

Doug Leone não se entusiasmou nem um pouco com a ideia de David. Descartou-a de imediato:

> *É interessante, mas é algo que a Sequoia nunca faria. Nós não sabemos nada de bancos, você sabe que não fazemos investimentos iniciais no Brasil e não entendemos nada de cartões de crédito. Não faz nenhum sentido para nós.*

Doug percebeu a decepção de David, então acrescentou em um tom mais conciliador e pessoal:

—Mas eu investiria o meu próprio dinheiro em você. Você se saiu bem na Sequoia e eu gostaria de ajudá-lo.[77]

Em seguida, com sua característica franqueza, Doug não perdeu a oportunidade de lembrá-lo de todos os obstáculos que enfrentaria. Disse-lhe que não tinha nenhuma experiência em banco comercial e enumerou vários "nãos" que destacavam as lacunas importantes que ele via: *Você não sabe nada de bancos, não tem experiência em varejo bancário, não entende de cartões de crédito. Não é brasileiro, é completamente estrangeiro, mal conhece os brasileiros. Não conhece os reguladores, não tem conexões no Brasil, não tem como levantar capital. Que brasileiro ousaria competir contra os bancos tradicionais do país?*

O panorama traçado por Doug era bastante desanimador. A verdade é que ele tinha razão: cada investidor brasileiro com quem David havia conversado já lhe dissera não. A ideia parecia arriscada demais e muitos realmente entravam em pânico ao ouvir sua proposta: *Eles vão te esmagar como uma barata.*[78]

Mas David não estava disposto a desistir. Sua visão de criar um banco no Brasil, centrado no consumidor, era sólida e ele estava decidido a encontrar uma forma de torná-la realidade.

A David não agradava ser chamado de inexperiente. Tinha um currículo invejável, forte experiência no setor de private

---

[77] Cfr. Trava, Oswaldo (Oso). #065 David. "Nubank, Cómo ir de $0 a $10 billones" https://www.youtube.com/watch?v=DUSHmeEGkoQ
[78] Cfr. Chu, Michael, et al. Harvard Business School. Caso 9-321-068. Rev. Ago 2023. "Nubank: Democratizing Financial Services"

equity e até um MBA em Stanford. Sentiu a crítica de Doug como um golpe duro. No entanto, entendeu que ele tinha razão. Assim, em vez de se intimidar, decidiu não recuar.

Graças à conversa com Doug, David pôde fazer ajustes estratégicos em seu pitch. Com o aval dele, durante duas semanas apresentou ao restante dos diretores da Sequoia a versão revisada, reforçando os pontos fracos que Doug havia apontado. Pouco a pouco, conseguiu mudar opiniões até convencê-los de que sua ideia fazia sentido.

David apelou à essência da Sequoia: *apoiar startups pequenas a desafiar gigantes incumbentes em diferentes indústrias*. Lembrou como a Sequoia havia colocado o primeiro milhão de dólares nas mãos de Steve Jobs para criar a Apple[79] e enfrentar seu Golias, a IBM, a gigante da computação corporativa. Apoiaram o Airbnb contra as grandes redes de hotéis, o Google, o Kayak, o LinkedIn, a Nvidia... Eram os eternos confrontos de Davi contra Golias. Estava no DNA da Sequoia, e desta vez, o campo de batalha seria a indústria bancária brasileira. Não era uma boa ideia?

Com essa narrativa, David conseguiu que os diretores da Sequoia enxergassem o potencial do projeto. Apoiar a EOS era continuar a tradição de apostar em inovadores ousados que desafiam o *status quo*.

---

[79] Cfr. Op. Cit. Trava, Oswaldo #065

O primeiro "sim"

O uso intensivo de tecnologia foi o motivo real pelo qual a Sequoia viu uma oportunidade viável na ideia de David: essa era a alavanca para movimentar a indústria. A possibilidade de digitalizar processos e produtos, reduzindo significativamente os custos operacionais e oferecendo um serviço mais eficiente e centrado no cliente, era o núcleo da proposta da EOS.

Doug Leone comentou mais tarde:[80]

> *«(...) Naqueles primeiros dias, o Nubank era pouco mais que uma ideia. Nossa decisão de nos associar no capital semente se baseou em grande parte na pessoa de David Vélez.*
>
> *Compartilhamos sim do seu entusiasmo em construir, não apenas uma companhia de cartões de crédito, mas uma empresa de tecnologia com uma cultura obcecada pelo consumidor, oferecendo uma ampla gama de serviços financeiros online, especialmente para a população relativamente jovem da América Latina.»*

Surpreendentemente, David pedia apenas 2 milhões de dólares para iniciar essa aventura. A Sequoia disse sim. Mas daria apenas 50% do capital solicitado e propôs as seguintes condições:

---

[80] Cfr. Leone, Doug. Sequoia Dec 2021.
https://www.sequoiacap.com/article/nubank-ipo-only-the-beginning/

—Nós colocamos 1 milhão de dólares, mas você precisa conseguir o outro milhão localmente ou na região.

—Você precisa de um cofundador brasileiro que entenda de bancos e tenha contatos relevantes.

—Também deve conseguir outro cofundador que seja um grande especialista em tecnologia para ser seu CTO e construir as aplicações.

EOS? Sério?

Doug também disse a David que o nome de sua fintech, EOS, *era horrível, nerd demais*. Sugeriu que buscasse uma agência local para encontrar um nome adequado e desenvolver conceitos de marca.

David aceitou todas as condições.

Contratou uma empresa no Brasil para ajudá-lo a encontrar o nome certo e criar a identidade visual. Entre as propostas recebidas, o que mais o atraiu foi NU, porque em português significa "nu", *sem nada a esconder, simples e transparente*. Além disso, evocava também o "novo", refletindo bem os valores de transparência e modernidade que ele queria para a companhia, em contraposição ao velho e opaco das operações bancárias tradicionais. Assim nasceu o nome Nubank. E junto com o nome, a cor: do amarelo da EOS ao roxo vibrante, como uma declaração de que não seriam iguais aos outros bancos "tradicionais".

Adoro sua ideia... mas passo

Depois de convencer a Sequoia a investir, David acreditava que conseguir o segundo milhão seria mais fácil, pois já tinha o respaldo da "melhor carta de apresentação". Mas não foi bem assim.

Precisava desse segundo investimento não apenas pelo valor, mas para reforçar a credibilidade do projeto — e era condição da Sequoia. Nubank era uma startup sem produto, sem clientes, sem licença bancária.

David bateu em muitas portas. Chegou a contatar pelo menos 30 investidores, e todos disseram não. Ficava claro que não obteria esse financiamento de nenhum brasileiro. Precisava ampliar a busca. Até chegar à Kaszek Ventures,[81] o fundo mais influente da América Latina, fundado pelos ex-Mercado Libre Hernán Kazah e Nicolás Szekasy, também graduados em Stanford.

Inicialmente, Hernán Kazah demonstrou dúvidas: o sistema bancário brasileiro era complexo, fechado e dominado por grandes atores; a ideia de competir sem agências físicas soava mais como loucura do que inovação. Mas o que convenceu a Kaszek não foi só o apoio da Sequoia, e sim o problema que David queria resolver e sua energia incansável. Kaszek decidiu apostar. Em duas semanas, conseguiram o segundo milhão de dólares.

---

[81] Nota: KASZEK Ventures é uma das maiores firmas de capital de risco da América Latina, fundada por Hernán Kazah, cofundador do Mercado Livre, e Nicolás Szekasy, ex-CFO da mesma empresa. Os fundadores do Mercado Livre são Marcos Galperin (atual CEO) e Hernán Kazah.

Assim, em março de 2013, David já havia assegurado os 2 milhões.

Em busca de cofundadores

Uma vez obtido o capital inicial, sua prioridade passou a ser encontrar a equipe para levar adiante o projeto. Refletindo sobre o que haviam lhe dito os diretores da Sequoia, ele pôs mãos à obra, fazendo uma lista detalhada das principais lacunas que tinha nesse negócio.[82]

Agora a prioridade era montar a equipe. Precisava de dois perfis-chave: alguém com experiência em varejo bancário e bons contatos no setor financeiro brasileiro, e um expert em tecnologia para ser o CTO.

Depois de entrevistar cerca de 60 pessoas, encontrou por acaso sua cofundadora: Cristina Junqueira, ex-diretora de cartões de crédito do Itaú, que trazia não só experiência, mas uma rede extensa de contatos.

David também contatou Edward Wible, que conhecia dos tempos da Sequoia. Em uma semana, Edward desembarcou em São Paulo com uma mala pequena e uma mochila, pronto para trabalhar: *«estava nisso para provar... que essa podia ser minha nova carreira»*.

Com Cristina trazendo a bagagem bancária e Edward o know-how tecnológico, o time fundador do Nubank estava completo.

---

[82] Cfr. Morris, Nigel Entrevista con David. Fintech Nexus Jun 2022.

E DE REPENTE, TUDO FEZ «CLICK»
Amor nos tempos de venture capital

No Brasil, David tinha o hábito de se reunir frequentemente com um grupo de amigos. Como costuma acontecer nesses grupos, de vez em quando apareciam novos convidados, trazidos por uns ou por outros.

Um belo dia, por volta de 2013, chegou ao grupo uma jovem peruana simpática e cheia de energia, Mariel Lorena Reyes Milk, uma economista de Lima que estudou na Santa Clara University e fez um mestrado em Meio Ambiente e Desenvolvimento na London School of Economics.

Seu pai havia migrado para os Estados Unidos, onde conheceu sua mãe norte-americana. Seus avós maternos foram missionários da Igreja Metodista. Mariel trabalhou por dez anos no Banco Mundial, na Corporação Financeira Internacional (IFC). Querendo uma mudança importante, pediu demissão e mudou-se para o Brasil, sem saber falar português.[83]

Mariel adorou o clima do grupo e rapidamente se tornou uma participante assídua. Os encontros frequentes começaram a chamar a atenção de David, e logo uma chama começou a surgir entre eles.

Eles começaram a sair juntos e a fortalecer o relacionamento, até que, com o tempo, se apaixonaram profundamente. Mariel não apenas se apaixonou por David,

---

[83] Alguero, Miguel Orlando. El Colombiano. Jun 2025. "Mi chispa ha sido mostrar que las mujeres también podemos" Entrevista con Mariel Reyes. https://www.elcolombiano.com/negocios/mi-chispa-ha-sido-mostrar-que-las-mujeres-tambien-podemos-AC25502507

mas também por sua paixão pela inovação. Tanto que foi uma das primeiras pessoas a apoiá-lo — e, de fato, acabou se tornando a titular do cartão número 10 do Nubank.

Finalmente, casaram-se em 2015 e, desde então, construíram uma família com cinco filhos.[84]

A família Vélez vive no Uruguai — país onde Mariel já havia morado e onde tem familiares. É um país muito tranquilo e seguro, e David gosta especialmente porque lá ninguém o reconhece, o que o torna um lugar perfeito para criar os filhos.

The Giving Pledge

Mariel não só foi parceira de vida, como também encontrou em David um aliado para seus esforços sociais. Em agosto de

---

[84] Caparroso, José. Forbes Colombia. oct 2022. "David Vélez y Mariel Reyes revelan a dónde irán las primeras donaciones de su fortuna" https://forbes.co/2022/10/10/editors-picks/david-velez-y-mariel-reyes-revelan-a-donde-iran-sus-primeras-donaciones

2021, assinaram o The Giving Pledge,[85] comprometendo-se a doar 6 bilhões de dólares a causas filantrópicas.[86]

> *«Conversamos com muitos filantropos, especialmente nos EUA e na Europa, e percebemos que, na América Latina, não havia tantas iniciativas assim. Um dia, David me disse: Não precisamos de todo esse dinheiro no banco, é hora de fazer algo significativo.»*
>
> *Foi aí que nasceu a ideia de VélezReyes+. Tivemos uma conversa com Bill Gates, que nos incentivou dizendo que, se queríamos inspirar outras pessoas, o nome deveria deixar uma marca.*
>
> *Decidimos usar nossos sobrenomes e acrescentar o "+" (Mais) para que outros,*

---

[85] Nota: Em agosto de 2010, 40 das pessoas mais ricas dos Estados Unidos se comprometeram a doar a maior parte de sua riqueza para enfrentar alguns dos problemas mais urgentes da sociedade. Esse compromisso, conhecido como The Giving Pledge, foi criado por Warren Buffett, Melinda French Gates e Bill Gates, após uma série de conversas com filantropos sobre como estabelecer um novo padrão de generosidade entre os ultra-ricos. A iniciativa rapidamente atraiu o interesse de filantropos de todo o mundo. É um convite aberto para que bilionários se comprometam publicamente a doar a maior parte de sua fortuna à filantropia, durante a vida ou em seus testamentos. O objetivo é mudar as normas sociais da filantropia e motivar as pessoas a doar mais, planejar suas doações com antecedência e fazê-lo de forma mais inteligente. Os signatários financiam uma ampla variedade de causas de sua escolha e se unem a uma comunidade dinâmica de filantropos comprometidos, que compartilham desafios, sucessos e ideias para melhorar o impacto de suas doações.

[86] Cfr. England, Joanna. Banking. FinTech Magazine. Oct. 2022. "Fintech Trailblazer: David, CEO & Co-founder of Nubank".
https://fintechmagazine.com/banking/fintech-trailblazer

especialmente na região, pudessem se conectar com essa ideia de devolver algo à sociedade.

Mariel lidera duas iniciativas sociais: o {REPROGRAMA},[87] que cofundou em 2016 com duas sócias, Fernanda Faria e Carla De Bona, e a fundação filantrópica DavidReyes+,[88] criada em 2020, dedicada a reduzir a desigualdade no acesso a oportunidades na região.

Por meio dessa nova iniciativa, buscam acelerar a transformação social e gerar mais e melhores oportunidades para que crianças e jovens latino-americanos em situação de vulnerabilidade possam construir seu próprio futuro.

---

[87] Nota: O {REPROGRAMA} é uma iniciativa de impacto social cuja missão é reduzir a desigualdade racial e de gênero na área de tecnologia, promovendo a diversidade por meio da educação. Oferece cursos de programação totalmente gratuitos para mulheres e adolescentes em situação de vulnerabilidade social, econômica e de gênero, dando prioridade a pessoas negras, trans e travestis em seus processos seletivos. Além disso, o projeto também apoia a inserção das alunas no mercado de trabalho e estimula redes de apoio, que são fundamentais para sua permanência e crescimento na área de TI.

[88] Fundación DavidReyes. https://velezreyesmas.com

Fundação do Nubank

Assim, na segunda-feira, 6 de maio de 2013,[89] uma brasileira, um norte-americano e um colombiano fundaram uma fintech com o nome de Nubank na cidade de São Paulo, Brasil, como uma sociedade limitada.

O começo não foi nada simples: concluir todos os trâmites para registrar a empresa teve seus desafios. Se algo podia complicar, complicava — e o que poderia ter sido trivial, não foi. Levaram quase seis meses para conseguir ter tudo em ordem: constituição da empresa, registros e autorizações aqui, ali e acolá. Até mesmo abrir a conta bancária para receber o capital inicial foi uma novela. Trazer o dinheiro já assegurado para começar a operar revelou-se mais do que complexo, com muita burocracia e papelada.

Diante desses obstáculos, todos colocaram o próprio dinheiro que tinham em mãos para poder começar, enquanto o capital semente levantado por David ainda não estava liberado. Cristina lembrava:

---

[89] NU, Blog. "NU cumple 10 años de desafiar el sistema financiero". https://blog.NU.com.mx/NU-cumple-10-anos/

«Abrir uma conta, na maioria dos bancos, não era possível. Não abriam conta para uma empresa tão jovem; era preciso ter ao menos dois anos de existência. Claro que você se pergunta: como é possível sobreviver os primeiros dois anos se não pode ter uma conta bancária antes? Houve muitos obstáculos a superar desde o primeiro dia.»[90]

A Casa da Rua Califórnia

Três Fundadores, Cinquenta Cadeiras e um Cão

O fato de o dinheiro não estar disponível de imediato os levou a serem ainda mais cuidadosos com as despesas. Mesmo que pudessem ter alugado uma modesta sala em um prédio comercial, os fundadores decidiram alugar uma pequena casa, para manter forte controle de custos e evitar surpresas. Depois de procurar várias opções com certas especificações, encontraram uma casa antiga de dois andares na Rua Califórnia, nº 492, no bairro do Brooklin, em São Paulo. Era uma casa muito simples, de arquitetura sem graça, mas seria o quartel-general do Nubank durante os primeiros anos.

O segundo andar caiu como uma luva para Edward Wible, que se instalou ali para morar. Pouco depois chegou seu

---

[90] Cfr. Novak, Turner. The Peel. Entrevista. Jan 2024. "Building Nubank, The World's Largest Neobank with Co-founder Cristina Junqueira". https://www.youtube.com/watch?v=kUPi7aGbY3Y

cachorro, e algum tempo mais tarde um dos primeiros programadores também passou a viver lá.

O endereço «Rua Califórnia» encantou os três fundadores, já que remetia sutilmente a San Francisco. Pagavam apenas 500 dólares por mês por pouco mais de 100 metros quadrados. Ali começaram a trabalhar os primeiros 12 colaboradores do Nubank: 9 funcionários e os 3 fundadores. Michael Abramson, sócio da Sequoia, ficou surpreso com o baixo custo do aluguel — impressionado com a economia que isso representava. O que ele não sabia era que havia outros 20 colaboradores trabalhando de casa, numa espécie de «home office» pioneiro do Nubank.[91]

Tudo estava sendo improvisado. Não podiam nem comprar cadeiras: muitos trabalhavam no chão. Para resolver, começaram a conseguir móveis de todo lado, a maioria fruto de doações obtidas por Cristina.

Mesmo assim, apesar das condições apertadas, todos estavam entusiasmados com a ideia de construir a maior instituição financeira da América Latina, mesmo que, naquele momento, nada parecesse indicar isso.

O Código Não se Escreve Sozinho

De acordo com o plano, o passo seguinte era contratar os primeiros programadores do Nubank. David e Edward acharam que seria relativamente simples. Para atrair candidatos,

---

[91] Nota: Naquela época, o trabalho remoto estruturado e regulamentado ainda estava em suas primeiras etapas, limitado por barreiras culturais e organizacionais. Esse modelo era menos comum e mais experimental, especialmente quando comparado ao adotado por empresas multinacionais ou por instituições tradicionais do setor financeiro.

pensaram em oferecer 20% a mais de salário em relação ao que ganhavam na época. Mas não era só uma questão de remuneração. De cada 10 interessados que apareciam na casa, 9 desistiam só de ver o local. E mesmo aqueles que chegavam a bater na porta, minutos depois agradeciam e iam embora. *«Essa não é a sede de uma instituição financeira»*, ouviam, e de fato a casa não inspirava confiança.

David recordava: *Víamos da janela quando se aproximavam, conferiam se o número estava certo e... davam meia-volta.*

Sem querer, a casa se transformou no *melhor filtro de entrevistas*. O segundo filtro era o projeto em si: ao ouvir que queriam construir um banco do zero, muitos se desanimavam e recusavam a proposta, achando a aventura descabida, complicada, talvez impossível.

Enquanto isso, todos — programadores e fundadores — estavam 100% focados no que seria o primeiro produto do Nubank: o MVP (produto mínimo viável) de um cartão de crédito digital.

Conquistando Corações... Burocráticos

Tinham dito a David, até à exaustão, que as autoridades jamais autorizariam nada. Para surpresa geral, a parte regulatória acabou sendo acessível. Alguns reguladores chegaram a comentar que gostaram da ideia do Nubank; não gostavam do fato de cinco grandes bancos controlarem 90% do mercado. Queriam concorrência, e a proposta foi bem recebida.

Ainda assim, os reguladores deixaram claro que não abririam mão de nenhum requisito legal. Incentivaram-nos a cumprir toda a regulação, porque desejavam ver crescer uma indústria fintech relevante no Brasil.

Essa abertura inesperada foi um estímulo importante para o Nubank — uma gota de mel em meio a tanta bile. Reforçou a convicção dos fundadores de que estavam no caminho certo para criar uma alternativa moderna e viável aos bancos tradicionais.

De Casa em Casa até o Bastião Roxo

Ficaram na casa da Rua Califórnia durante dois anos, até que já não cabia mais ninguém. Chegaram a ter quase 25 pessoas trabalhando ao mesmo tempo, muitos no chão ou em qualquer superfície disponível. Entre 2013 e 2014, o Nubank operou exclusivamente como Nubank Ltda., que depois foi registrada no Banco Central como Nu Pagamentos S.A., uma instituição de pagamentos.

No período de 2015 a 2018 mudaram-se para escritórios maiores. Em 2016 estabeleceram a sede central em um prédio. Em 2017 já eram cerca de 300 funcionários no Brasil; em 2018 já somavam 1.000 Nubankers, e precisaram de um segundo edifício.

O Nubank já operava como instituição financeira regulada pelo Banco Central do Brasil, mas com licença de «instituição de pagamento», não como banco tradicional. Isso exigiu ajustes na estrutura corporativa: por imposição legal, precisaram criar subsidiárias específicas, como a Nu Financeira (para oferecer empréstimos pessoais, lançados em 2019) e a Nu DTVM

(Distribuidora de Títulos e Valores Mobiliários, para gerenciar investimentos).

Assim, em 2018, a estrutura do Nubank no Brasil consistia em uma matriz fintech (Nu Pagamentos S.A.), focada em pagamentos e cartões, junto com subsidiárias locais para novas linhas (contas de pagamento, investimentos, seguros etc.), todas sob a marca Nubank.

Hoje ocupam um prédio de 8 andares no coração de uma das áreas comerciais mais movimentadas de São Paulo. Essa sede, um antigo imóvel comercial, foi totalmente reformada e fica na esquina da Rua Capote Valente com a Avenida Rebouças, no bairro de Pinheiros.

O edifício, de forma quase cúbica, tem fachada coberta por placas coloridas chamativas — que no início eram amarelas com roxo e depois passaram a roxo e cinza. No interior, cada andar é decorado com inúmeros elementos da cultura Nubank.

O lobby conta com um espaço aberto para visitantes, com wifi gratuito, uma cafeteria e até uma piscina de bolinhas roxas, muito popular para relaxar, trabalhar e tirar fotos.[92]

---

[92] Nubank. Editorial. Ene 2023. "Get to know Nubank's main headquarters in Pinheiros, Sao Paulo/Brazil" https://building.nubank.com.br/nubank-office-pinheiros/

FUNDAÇÃO DO NUBANK

O Cartão de Crédito Roxo

O primeiro produto que o Nubank lançaria no mercado seria um cartão de crédito revolucionário — da cor mais chamativa e desafiadora possível: roxo. David e sua equipe dedicada enfrentaram a tarefa monumental de compreender e atender aos complexos e rigorosos requisitos dos reguladores brasileiros para obter sua primeira autorização, como «Instituição de Pagamento».[93] Tudo foi feito do zero, sem que tivessem, de fato, qualquer experiência prévia.

Esse processo implicou não apenas uma imersão profunda na regulamentação e nos seus trâmites burocráticos, mas também na construção da tecnologia necessária para garantir que o cartão de crédito não apenas cumprisse as exigências legais, mas também oferecesse uma experiência de uso nova e excepcional.

O cartão representava um conceito inovador, baseado em um aplicativo intuitivo e fácil de usar, que permitia aos clientes gerenciar seus gastos, pagar faturas e receber atendimento em tempo real — tudo diretamente pelo celular. Paralelamente, havia uma infraestrutura robusta de suporte, controle e conectividade, assegurando um serviço confiável e eficiente. O cliente não sentiria falta de uma agência física: tudo deveria ser possível a partir do smartphone.

A meta era alcançar um milhão de clientes em cinco anos — embora, naquele momento, isso parecesse completamente

---

[93] Banco Central de Brasil. Instituciones de Pago.
https://www.bcb.gov.br/estabilidadefinanceira/instituicaopagamento

impossível. Mas era preciso tentar, mirar alto.[94] A verdade é que esse milhão de cartões foi conquistado em menos de dois anos, ainda que com muitas pedras no caminho.

Nos detalhes operacionais, havia uma infinidade de processos e acordos a estabelecer — muito mais do que imaginavam. Um dos mais cruciais era escolher com qual processadora de cartões se aliariam: os dois gigantes eram MasterCard e Visa. Inicialmente, David cogitou escolher a Visa.

Um Banco em Forma de App — Zero Tijolos

E afinal, como deveria ser o cartão roxo? Seria um cartão notável por ser fácil de obter. O processo era simples: bastava cumprir quatro requisitos — ser maior de idade, residir no Brasil, estar inscrito no sistema tributário brasileiro e possuir um smartphone. Cumpridos esses pontos, qualquer solicitante poderia obter seu cartão em questão de minutos e recebê-lo fisicamente em casa, dois ou três dias depois.

Isso contrastava fortemente com o processo tradicional, repleto de contratos longos, pilhas de documentos para preencher e assinar, além das tediosas e inexplicáveis oito semanas de espera até receber o cartão — isso, claro, se ele fosse aprovado.

O limite de crédito seria determinado por um sistema de avaliação de risco sofisticado, inteiramente novo e

---

[94] Morris, Nigel Entrevista con David. Fintech Nexus Jun 2022. "How this Digital Bank Brought Millions of People into the Financial System, Nubank (Full Session)" https://www.youtube.com/watch?v=yXLWiqPEt6U

FUNDAÇÃO DO NUBANK

desenvolvido pelo próprio Nubank. Embora, no início, tenham usado um aplicativo genérico até conseguirem programar o sistema definitivo, o objetivo era ir além das consultas aos bureaus de crédito, integrando parâmetros adicionais e criativos para calcular o risco personalizado de cada cliente.

Mesmo antes de o cartão físico chegar, o cliente já podia usar a versão digital, disponível imediatamente no celular, com a promessa atraente de aumentos automáticos de limite com base no bom uso do cartão. Mais simples, impossível.

Foi criado um plano de desenvolvimento minucioso e cronometrado até o último detalhe: metas claras, prazos definidos e uma folga mínima para garantir o lançamento o quanto antes. Ainda assim, o plano era apertadíssimo. Todos trabalhavam em uníssono, seguindo-o à risca.

Domando o Monstro dos Pagamentos

No mundo financeiro, abundam intermediários tecnológicos. No caso dos cartões de crédito e débito, é necessário ter uma rede («Card Network») para que as transações ocorram. A rede é quem solicita autorizações, valida as operações e movimenta eletronicamente o dinheiro entre o banco do cliente (emissor) e o banco do estabelecimento (adquirente).

O sistema global é dominado por três companhias: Visa, MasterCard e American Express.[95]

---

[95] Nota: Existen otros participantes internacionales como Diners, Discover, UnionPay, Link, Pulse o locales como Carte Bancaire, Prosa/Carnet, EBANX.

Quando foram falar com a Visa, receberam um balde de água fria: a proposta foi rejeitada de imediato. Não porque fosse ruim, mas porque a empresa não estava interessada em trabalhar com fintechs.

Esse revés aumentou a tensão como uma corda de violino. Todas as esperanças agora se concentravam na MasterCard — a única alternativa viável, já que a American Express estava fora de questão. Um novo "não" significaria o fim prematuro da aventura financeira.

A postura da Visa era reflexo da sua dominância: preferia trabalhar apenas com instituições tradicionais. Em 2015, a Visa já havia emitido quase 3 bilhões de cartões no mundo, enquanto a MasterCard tinha cerca de 1,5 bilhão. Enquanto a Visa via as fintechs com desconfiança, a MasterCard enxergava nelas uma oportunidade — e abriu suas portas. Assim, a diferença entre as duas foi diminuindo ao longo da década.[96] Hoje, a Visa continua líder, com 4 bilhões de cartões, mas a MasterCard já atingiu 3 bilhões, quase empatando.

A MasterCard aceitou a parceria, embora os requisitos técnicos fossem extremamente complexos. O Nubank precisava de um equipamento específico para processar os cartões — e esse equipamento só podia ser comprado da própria MasterCard, exigindo importação. No Brasil, importar era uma tarefa quase impossível, e o cronograma do Nubank não previa esse tempo adicional.

---

[96] Rodríguez, Christy. Upgraded Points. "U.S. Credit Card Market Share by Network & Issuer–2024 Facts & Statistics" May 2025.
https://upgradedpoints.com/credit-cards/us-credit-card-market-share-by-network-issuer/#:~:text=3

A saída seria encontrar um banco parceiro que já possuísse o equipamento e topasse processar as transações do Nubank. Simples na teoria. Na prática, não. Tiveram de visitar quinze bancos, um a um, e todos recusaram. Mas, no fim, um banco aceitou.

Com o apoio da MasterCard e o novo parceiro bancário, o Nubank voltou a trilhar seu cronograma. A coesão da equipe foi tamanha que o processo de integração foi concluído em tempo recorde — o mais rápido da história da MasterCard.[97]

Enquanto isso, o time de tecnologia seguia em ritmo frenético no desenvolvimento do aplicativo.

Além do processador, eram necessários outros parceiros tecnológicos para garantir conectividade e infraestrutura. No entanto, quase todos recusavam colaborar. Os «nãos» constantes apenas reforçavam a convicção de que estavam no caminho certo — o difícil.

Nubank Contra as Cordas

Em meio a tudo isso, receberam uma ligação "amigável", porém alarmante, da Comissão Bancária: *uma mudança regulatória iminente obrigaria o Nubank a solicitar uma licença bancária se não lançasse o cartão rapidamente.*

---

[97] SE Daily. Software Engineering Daily. Jul 2018. Podcast. "Build a Bank: Nubank with Edward Wible".
https://softwareengineeringdaily.com/2018/07/10/build-a-bank-nubank-with-edward-wible/

E, como em todo o mundo, obter uma licença bancária levaria anos — o que significaria o cancelamento imediato do projeto.

O recado foi direto: se não lançassem até abril de 2014, «estarão mortos».

O plano original previa o lançamento em junho de 2014. Agora, precisariam antecipar tudo em 60 dias críticos. David e a equipe entraram em modo de sobrevivência, ajustando tudo para tentar cumprir o novo prazo.

Edward lembrava:
Colocamos nossos engenheiros em modo de crise total e até oferecemos bônus em ações da empresa se conseguíssemos cumprir o prazo.

E conseguimos!

Finalizar o desenvolvimento significava entregar o aplicativo e toda a documentação exigida pelos órgãos reguladores — incluindo o documento original, assinado pela MasterCard, confirmando que seria o processador do Nubank.

Mas o documento ainda não havia chegado. Estava sendo emitido na Holanda, e o envio por correio internacional seria lento demais. A solução foi simples e drástica: pegar um avião e buscar o documento pessoalmente.

Teste Não Aprovado

O lançamento inicial do cartão de crédito do Nubank foi um momento carregado de tensão e expectativa. Depois de um esforço titânico da equipe de desenvolvimento para cumprir o prazo estabelecido — com jornadas intermináveis e pouquíssimas horas de sono —, pequenos erros começaram a aparecer e os problemas se acumularam, aumentando o estresse e a pressão a cada dia. As folhas do calendário foram passando cada vez mais rápido, até que finalmente chegou o dia das provas finais.

O primeiro lote consistia em emitir 12 cartões, um para cada funcionário. Todos foram cadastrados no sistema e receberam um limite de crédito para poderem ser testados. Com o aplicativo e os cartões prontos, todas as conexões com os participantes do sistema de pagamento revisadas e testadas — uma checagem detalhada, como a de pilotos antes de um voo —, restava apenas um passo: sair e comprovar, na vida real, que tudo funcionava.

Assim, no dia 31 de março de 2014, com enorme expectativa, todo o time, incluindo os três fundadores, foi até uma lojinha da esquina para testar os cartões. A missão era simples: cada um compraria algo — um café, um pãozinho, o que fosse — e pagaria com o cartão Nubank.

Mas, em um cruel golpe do destino, fiel à lei de Murphy, o sistema falhou. O primeiro cartão foi passado, e o terminal exibiu a temida mensagem: *"Não Aprovada"*. Pensando que pudesse ser apenas um erro isolado, passaram o segundo. O mesmo resultado. Depois um terceiro. Nada. Silêncio. Tensão. Frustração. *"Algo está errado, isso não funciona"*, deve ter dito alguém, encerrando o suplício coletivo.

David lembraria mais tarde aquele momento:

Todos decepcionados, todos tristes, fomos para casa. O tempo havia acabado e precisávamos que o aplicativo funcionasse. Sem ele, não haveria lançamento — e tudo teria sido em vão."

A desilusão foi profunda, acompanhada por uma angústia silenciosa. Era preciso esfriar a cabeça e tentar novamente.

De volta aos computadores, o time se debruçou sobre o código, linha por linha, até descobrir o motivo das falhas nas transações. Novamente, todos com os dedos cruzados — e talvez algum amuleto por perto — voltaram à mesma lojinha para tentar mais uma vez.

Desta vez, o momento foi filmado.[98] Todos vestiam camisetas brancas com o logotipo do NU nas costas e a frase "Eu sobrevivi à implantação". Tão confiantes estavam os engenheiros que Edward escolheu comprar uma garrafa de champanhe — porque, claro, era preciso brindar o sucesso que finalmente viria.

Cristina foi a primeira a entregar seu cartão à atendente, explicando que seria a primeira transação real com um cartão Nubank. Digitou seu PIN e... "Não Autorizada".

Espantada, repetiu em voz alta: "Não autorizada!".
O coração de todos afundou.

---

[98] Novak, Turner. The Split. Entrevista. Jan 2024. "From Zero to 90 Million Customers with Nubank Co-founder Cristina Junqueira" ver el minuto 25:50 donde en entrevistador pone el video. https://www.thespl.it/p/from-zero-to-90-million-customers.

Segundos depois, David reagiu em silêncio, tirou seu cartão da carteira e o entregou à atendente. Ela inseriu, esperou... e nada. Recusado novamente.

Então foi a vez de Edward, o último a tentar. Tirou seu cartão — talvez pensando se deveria dar um tapinha para "acordá-lo" — e o entregou à atendente. Ela inseriu o cartão, aproximou o terminal, Edward digitou sua senha e... "Autorizada".

A compra passou. E o grupo explodiu em gritos, abraços e risadas.[99]

A primeira transação Nubank havia sido concluída com sucesso.

Foi um pequeno triunfo, mas com um enorme significado: uma prova de que estavam no caminho certo. O time recuperou a confiança. Haviam construído um sistema do zero, e ele funcionava. Tinham cumprido o prazo, e — como diriam depois — "na terceira foi a vencida".

Assim, na terça-feira, 1º de abril de 2014, foi realizada a primeira operação real com o cartão Nubank, ainda que o lançamento comercial oficial só acontecesse meses depois, em setembro de 2014.

---

[99] De Nuccio, Dony. InvestNewsBR. Entrevista. May 2023. "Nubank mira em alta renda e Inteligência Artificial, diz Cris Junqueira". https://www.youtube.com/watch?v=b2q9BXkXkcQ&t=426s

O Cartão que Ninguém Esperava

Com o aplicativo já funcionando, o passo seguinte era o plano de comercialização — iniciar a rodada de relações públicas para colocar o cartão roxo à disposição dos consumidores. David lembra bem daquele dia:

> *No dia em que anunciamos o cartão e abrimos o site ao público, fizemos uma aposta interna sobre quantos clientes se inscreveriam. Alguém disse 1.500, outro disse 1.000. Outro ainda arriscou 10.000! A média das apostas ficou em 1.000 clientes.*

O plano comercial previa divulgação em revistas de grande circulação. Com muito esforço, conseguiram uma menção em uma revista importante. O resultado? Duzentos clientes.

> *«Ficamos completamente decepcionados e tristes. Já sentíamos o peso de todos aqueles meses de luta: tinham sido muitos problemas, parecia que tudo estava dando errado. Passaram-se três meses e conseguimos apenas mais 150 clientes.»*

E Faz-se a Onda Roxa

> *E então, um dia, inesperadamente, uma publicação de nicho falou sobre nós.*

A matéria saiu na revista INFO Exame, no fim de 2014. Não era uma revista de negócios, nem do setor financeiro. Era uma publicação voltada à comunidade de design, sistemas e engenharia — mas acharam interessante escrever sobre o cartão roxo. Elogiaram a experiência «mágica» de conseguir um cartão sem tarifas nem anuidades, um cartão roxo, sem número, totalmente gerenciado por um aplicativo.

> *De repente, no dia seguinte, tivemos 3.000 novos clientes. No outro dia, 6.000. E no seguinte, 10.000.*

Sem aviso, o crescimento explodiu em questão de dias, pegando todos completamente de surpresa — e expondo, sem piedade, o quanto ainda estavam despreparados para o que viria.

A equipe do Nubank havia deliberadamente excluído qualquer pessoa vinda do sistema financeiro — fazia parte da sua «revolução roxa». Portanto, ninguém ali tinha experiência com cartões de crédito.

Por ora, enfrentavam um problema grave: o sistema interno de avaliação de risco de crédito[100] — essencial para qualquer instituição financeira — ainda não estava pronto. E, além disso, faltavam informações suficientes sobre os novos clientes, impossibilitando avaliá-los corretamente.

Como resultado, só podiam aprovar entre 15% e 20% das solicitações. Ou seja, mais de 80% das pessoas recebiam um

---

[100] Nota: Um modelo de risco de crédito é uma ferramenta estatística e algorítmica usada por instituições financeiras para avaliar a probabilidade de um solicitante de crédito não pagar sua dívida. Esse modelo analisa dados do cliente — como histórico de crédito, renda, comportamento financeiro e outros fatores — para estimar o nível de risco e, assim, tomar decisões sobre a aprovação, o valor e as condições do crédito.

«não» daquilo que era anunciado como uma experiência «mágica».

Com a criatividade de quem ainda está começando, tiveram uma ideia: em vez de dizer «não», passaram a responder: *«por enquanto não podemos aprovar, mas esperamos dizer sim nos próximos seis meses»*.

E dessa ideia nasceu outra: *«e se criarmos uma lista de espera?»*[101]

Logo imaginaram mais uma solução: *e se os clientes atuais recomendassem amigos ou familiares?* Melhor ainda: quem fosse indicado teria prioridade na lista de espera. A equipe entendeu que o fato de ter sido recomendado poderia servir como sinal positivo para o modelo de risco de crédito.

Quando a Rejeição Virou Desejo

A estratégia da lista de espera revelou-se uma solução espetacular. Não apenas reduziu a pressão sobre a aprovação de novos cartões, mas também produziu um efeito colateral completamente inesperado: a viralização.

A lista gerou uma sensação de escassez. Isso ativou nas pessoas o desejo de possuir aquilo que era difícil de conseguir — *e de pertencer ao grupo exclusivo dos poucos que o tinham.* Quanto mais raro o cartão parecia, maior era a demanda.

---

[101] Almeida, Marília. Exame. Minhas Financas. Sep 2015. "Conheça o Nubank, o cartão mais cobiçado do momento".
https://exame.com/invest/minhas-financas/conheca-o-nubank-cartao-mais-cobicado-do-momento/

Mas não parou por aí. Para surpresa geral, no próprio Mercado Livre do Brasil, começaram a aparecer anúncios vendendo «convites» para conseguir o cartão Nubank.[102]

Esse fenômeno, totalmente imprevisto, acabou jogando a favor do Nubank. A estratégia de controle e moderação na emissão não apenas ajudou a empresa a gerenciar o risco e a capacidade operacional, como também criou uma imagem de exclusividade e prestígio em torno do produto.

Essa combinação de escassez e alta demanda impulsionou fortemente a marca, ajudando-a a consolidar sua posição no mercado e a atrair ainda mais clientes ansiosos por ter seu cartão de crédito roxo.

No fim de 2018, o Nubank já contava com cerca de 5 milhões de clientes, que gastavam, em média, 192 dólares por mês.[103] E havia 14 milhões de pessoas na lista de espera.

David recordava:

---

[102] Nota: Tanto fontes arquivadas quanto depoimentos de usuários confirmam que, entre 2014 e 2015, surgiram diversos anúncios no Mercado Livre do Brasil oferecendo "recomendações" ou "convites" para obter o cartão Nubank. Há comentários de vendedores clandestinos em blogs (oferecendo convites por e-mail), referências a anúncios específicos no Mercado Livre (por exemplo, convites vendidos por cerca de R$ 20). O Nubank reconheceu oficialmente essa prática e a classificou como indevida. https://assuntonerd.com.br/2015/06/25/nubank-o-cartao-mais-cobicado-tenho-alguns-convites/#:~:text=Nubank%2C%20o%20cartão%20mais%20cobiçado,seu%20cartão%20em%202

[103] Cfr. Chu, Michael, et al. Harvard Business School. Caso 9-321-068. Rev. Ago 2023. "Nubank: Democratizing Financial Services"

Foi naquele momento que comecei a perceber — naquele exato dia em que tudo explodiu e tanta gente queria o cartão —, pensei:
Uau! Ok... tem algo grande aqui.

Tínhamos criado o cartão de crédito mais democrático, dizendo "sim" àqueles a quem os outros bancos sempre diziam "não".

As coisas iam bem — e muito bem.

A meta original de um milhão de clientes em cinco anos foi alcançada em menos de dois.

Depois, subiram a meta para dez milhões em cinco anos — e também conseguiram, em apenas mais dois.

Mas os problemas não haviam desaparecido. Apenas esperavam sua vez de aparecer.

Ricos em Demanda, Pobres em Liquidez

De repente, tudo estava funcionando melhor do que o esperado. Mas o crescimento foi tão rápido que superou todas as previsões econômicas iniciais — e isso logo se tornaria um grande problema.

A cada novo crédito concedido, a cada cliente conquistado, as necessidades internas de capital aumentavam consideravelmente. Ninguém havia previsto tamanha demanda; esperava-se um crescimento suave, controlado — nunca exponencial. Logo ficou claro que faltaria liquidez para financiar a expansão. A única alternativa era voltar ao mercado em busca de mais capital, mais investidores.

Imaginou-se, desta vez, tentar com investidores locais, já que o sucesso do Nubank era visível. Mas não houve disposição: todos os contatos deram um "não" claro e definitivo. Diziam que era arriscado demais, e, segundo os parâmetros tradicionais da banca, tinham razão — o modelo simplesmente não cabia em seus sistemas de risco.

David teve que fazer as malas novamente e voltar aos Estados Unidos para levantar recursos. Lá também não foi fácil. A situação era desesperadora: de um lado, via o sucesso do modelo de negócios; de outro, faltava dinheiro para sustentá-lo. Os investidores desviavam o olhar — talvez o negócio parecesse "bom demais para ser verdade".

Em fevereiro de 2018, conseguiram fechar uma rodada Série E de US$ 150 milhões, liderada pela DST Global, para apoiar aquela expansão acelerada. Era dinheiro para garantir uma alavanca financeira.

Buscando ainda mais recursos — como já havia se tornado costume —, e após uma avalanche de "nãos", no último momento a Goldman Sachs decidiu conceder uma linha de crédito especial para enfrentar a situação. Isso permitiu chegar a mais 100 mil clientes e, depois, a 200 mil. A ideia funcionou tão bem que foi replicada com o Citi Bank — e continua sendo usada até hoje.

Para o Nubank, a dinâmica essencial do negócio gira em torno do uso cotidiano do cartão. A estratégia consiste em incentivar que os clientes o utilizem para todo tipo de compra, idealmente entre 70 % e 80 % do limite de crédito disponível. A cada transação, o banco recebe uma comissão do estabelecimento. No fechamento da fatura, o ideal é que o cliente pague todo o valor ou uma parte significativa. Assim se ativa o modelo financeiro que gera receitas sustentáveis enquanto mantém sob controle o risco de inadimplência.

Paralelamente, funciona outro eixo fundamental: o ciclo de pagamentos aos lojistas que aceitam o cartão. Seguindo o padrão do setor, o banco deve transferir os valores aos comerciantes cerca de 30 dias após cada transação.

A lógica é simples, mas poderosa: quanto mais clientes o Nubank tiver e quanto mais usarem seus cartões no dia a dia, maior o volume de transações processadas. Isso se traduz em mais receitas de comissão — mas também em maiores obrigações de pagamento aos estabelecimentos. É um ciclo virtuoso de escala, que exige gestão impecável de liquidez.

À Beira do Cheque Especial Existencial

Em julho de 2018, pela manhã, em Washington D.C., David lia o jornal quando quase deixou o café cair: o Senado brasileiro planejava mudar a regulação do prazo que as instituições financeiras tinham para pagar aos comerciantes, reduzindo-o de 30 para apenas 2 dias.

A notícia dizia:

> «*Os comerciantes varejistas e prestadores de serviços terão prazo máximo de dois dias úteis para receber os valores das vendas realizadas por cartão de crédito. É o que estabelece o*

FUNDAÇÃO DO NUBANK

Projeto de Lei do Senado (PLS) 344/2018, que será analisado em decisão final pela Comissão de Assuntos Econômicos (CAE).

Atualmente, o comerciante deve esperar trinta dias para receber o montante correspondente às vendas realizadas com cartão de crédito pelos adquirentes.»[104]

David não podia acreditar — mais um problema. Mas o verdadeiro golpe veio ao fazer as contas: a nova exigência significava que o Nubank precisaria de cerca de R$ 1 bilhão adicional (US$ 300 milhões) — um valor simplesmente não previsto nem disponível. O impacto era imenso.

O projeto era uma bomba-relógio: propunha reduzir o prazo de pagamento de 30 para 15 dias — e, em versões preliminares, até para 2 dias após um período de transição de 18 meses.[105] Para o Nubank, isso não seria um simples ajuste operacional, mas uma ameaça direta à estabilidade financeira. A medida desbalancearia o fluxo de caixa, comprometendo a liquidez e a capacidade de continuar crescendo. Era preciso agir — rápido e com inteligência.

A equipe entrou em contato com investidores e parceiros financeiros para explicar a situação e buscar soluções.

---

[104] Cfr. Agência Senado, Senadonoticias. Jul 2018. "Lojistas terão até dois dias para receber valores de vendas a crédito".
https://www12.senado.leg.br/noticias/materias/2018/07/17/lojistas-terao-ate-dois-dias-para-receber-valores-de-vendas-a-credito
[105] Revista Globo. Empresas & Negocios. "Especialistas contestam propostas de mudança nos Cartões de Crédito" Jul 2018.
https://revistapegn.globo.com/Negocios/noticia/2018/07/especialistas-contestam-propostas-de-cpi-dos-cartoes-de-credito.html

Paralelamente, começou a elaborar estratégias de mitigação, para que, caso a nova regra fosse aprovada, o Nubank conseguisse cumpri-la sem comprometer sua saúde financeira.

Conseguir aquele montante em uma semana era impossível. À época, o Nubank já tinha mais de 6 milhões de clientes. David correu para o escritório: era urgente decidir o que fazer. A pressa em aprovar o projeto era suspeita; afetaria todo o setor, mas as fintechs e os bancos menores seriam os mais prejudicados. Os grandes sobreviveriam — os outros, não.

Diante da impossibilidade de levantar o dinheiro, era preciso pensar fora da caixa. Surgiu então a ideia de combinar pressão social com a busca tradicional por financiamento.

Fiel à sua filosofia de transparência radical e ao princípio de que «*todos são donos*», David fez o que poucos CEOs fariam em uma crise daquela magnitude: reuniu toda a equipe e contou exatamente o que estava acontecendo. Sem filtros. Explicou a gravidade: a mudança proposta no Senado poderia desestabilizar completamente o modelo financeiro do Nubank e ameaçar sua sobrevivência.

A reação foi de choque e apreensão. A maioria dos Nubankers era millennial; para muitos, aquela era sua primeira experiência profissional profunda. Mas eram também criativos, nativos digitais e, acima de tudo, comprometidos com a missão. Em vez de paralisar, agiram.

Como se expressar nas redes sociais fosse natural, sentiram vontade genuína de fazer ouvir sua voz. Não foi uma campanha criada por marketing — foi um impulso coletivo. A ideia era boa, e rapidamente ganhou forma. Primeiro, foram à imprensa:

explicaram que a mudança regulatória seria devastadora, que romperia com a promessa de inclusão financeira e que, no fundo, era uma tentativa dos grandes bancos de eliminar seu concorrente mais incômodo.

O debate ficou claro: de um lado, instituições que há décadas lucravam com tarifas escondidas e mau atendimento; do outro, uma empresa nova, sem taxas, com boas condições, milhões de clientes satisfeitos e uma cultura de serviço genuína. Nessa narrativa, o Nubank era o herói — e os usuários entenderam.

Em seguida, lançaram uma campanha no Twitter, que gerou milhares de mensagens direcionadas ao Banco Central do Brasil, pedindo que o projeto não fosse adiante. O apoio foi massivo. Usuários do Nubank e muitos outros se uniram em defesa da fintech, compartilhando experiências positivas e denunciando o que viam como um ataque injusto dos bancos tradicionais.

A pressão social e midiática funcionou. O Banco Central e os legisladores não puderam ignorar a onda de apoio e a preocupação pública com os efeitos da proposta.

David conseguiu uma reunião com o presidente do Banco Central, que recorda ter ocorrido perto do meio-dia:[106]

Meus cofundadores e eu nos sentamos diante dele, e assim que tomamos assento, o presidente nos disse:

---

[106] Nota: Em janeiro de 2018, o presidente do Banco Central do Brasil era Ilan Goldfajn, que ocupou o cargo de maio de 2016 a fevereiro de 2019.

—*«Calma, calma, não se preocupem, isso não vai acontecer.*
—*Está tudo bem.*
—*Vamos falar agora sobre como vocês podem continuar competindo, porque gostamos da concorrência. Vocês estão tendo um bom impacto no país.»*

O presidente continuou:

—*«Vocês estão economizando bilhões de reais em tarifas para as pessoas, concedendo crédito e produtos a quem nunca teve acesso.*
—*Gostamos do que estão fazendo e queremos incentivar.*
Durante os últimos dez anos, o Brasil trabalhou para fomentar a concorrência, e boa parte da regulação reflete esse compromisso.»

O Banco Central decidiu não levar adiante a mudança naquele momento. Foi um grande susto — e um desastre evitado.

Para David, aquilo foi uma confirmação viva da cultura do Nubank — uma cultura que estava funcionando. Ele repetia, com convicção: *«Queremos fãs, não queremos clientes.»*

Licença para Crescer

O Nubank crescia em ritmo acelerado, e seu elegante traje de Instituição de Pagamento começava a ficar apertado. Esse modelo permitia oferecer a conta NuConta, um serviço de

FUNDAÇÃO DO NUBANK

pagamentos — não bancário — que possibilitava fazer transferências, pagar contas e até gerar rendimento sobre o saldo, já que o dinheiro era aplicado em títulos públicos federais. Mas esses recursos eram compartimentados, ou seja, não podiam ser utilizados para outras finalidades. Agora, o Nubank precisava oferecer novos produtos — e, para continuar expandindo, precisava de um novo traje.

Em praticamente todo o mundo, há uma regra fundamental do sistema financeiro: qualquer empresa que capta depósitos do público precisa de uma licença bancária ou de uma autorização equivalente como instituição de crédito. Não é capricho; é uma proteção construída ao longo de séculos para evitar fraudes e abusos. A licença bancária é a mais exigente e, ao mesmo tempo, a mais poderosa: quem a possui pode oferecer uma gama completa de produtos — de contas de poupança a investimentos, empréstimos, cartões e muito mais.

Para o Nubank, que ainda dava seus primeiros passos, esse caminho parecia íngreme. Obter uma licença bancária não é fácil em lugar algum: é preciso demonstrar capacidade de capitalização, sistemas tecnológicos seguros, controles rigorosos e plena conformidade com normas de prevenção à lavagem de dinheiro e ao financiamento do terrorismo. A montanha era alta, e o momento ainda não parecia o ideal.

Mas, no Brasil, havia um obstáculo ainda maior: uma cláusula constitucional explícita que proibia empresas controladas por capital estrangeiro de operar como instituições financeiras. E esse era justamente o caso do Nubank, cuja estrutura acionária estava ancorada em uma holding registrada nas Ilhas Cayman, composta por investidores internacionais. O desafio não era apenas jurídico — era também político.

À primeira vista, parecia um beco sem saída. Porém, existiam precedentes: Citi, Santander e HSBC já operavam no país graças a decretos presidenciais que lhes concederam exceções legais. Essa seria a chave. Para atuar legalmente, o Nubank precisaria que o Presidente da República assinasse um decreto autorizando a participação estrangeira em seu caso específico. Não havia outro caminho.

Assim, David e sua equipe iniciaram uma ofensiva diplomática e jurídica. Acompanhados por advogados especializados em direito bancário, bateram a muitas portas no Banco Central, construindo argumentos técnicos, políticos e sociais. Afinal, o Nubank já era visto como uma lufada de ar fresco em um sistema bancário concentrado e pouco amigável com o cliente — e isso jogava a seu favor.

Mas boa vontade não bastava. Também era preciso apoio local. Por isso, começaram a tecer alianças estratégicas com atores-chave do ecossistema financeiro brasileiro e a se posicionar publicamente como um motor de inovação e inclusão.

O decreto presidencial finalmente foi obtido no início de 2018. O documento — curto, mas de enorme impacto — permitiu que o Nubank constituísse a Nu Financeira – SCFI, seu braço formal de crédito. Com essa estrutura, o Nubank deixou de depender de bancos parceiros para financiar empréstimos e ganhou acesso direto aos Recibos de Depósito Bancário (RDB), produtos de renda fixa cobertos pelo Fundo Garantidor de Créditos (FGC), o equivalente brasileiro ao seguro de depósitos.

FUNDAÇÃO DO NUBANK

A banca tradicional, porém, não ficou satisfeita. Alegava que não havia um «terreno nivelado»: enquanto os grandes bancos enfrentavam uma carga regulatória pesada e supervisão constante, as fintechs — diziam — navegavam com menos restrições. A pressão aumentava.

O Nubank entendeu que a única saída era seguir em frente. Passou a trabalhar em paralelo: de um lado, cumprindo meticulosamente cada requisito para operar sua financeira; de outro, reforçando sua presença institucional, destacando os benefícios de permitir que uma empresa ágil, tecnológica e centrada no cliente transformasse o sistema financeiro brasileiro de dentro para fora.

Em 19 de janeiro de 2018, o Presidente Michel Temer assinou o Decreto 9.544, permitindo que o Nubank solicitasse sua licença mesmo sendo uma empresa de capital estrangeiro.[107] O processo completo levou dois anos, e o que mais demorou foi justamente a assinatura presidencial.

O texto, publicado no Diário Oficial da União, dizia literalmente:

> «(...) é de interesse do governo brasileiro a participação estrangeira de até 100% no capital social da instituição financeira a ser constituída por NU Holdings Ltd., sediada nas Ilhas Cayman.»[108]

---

[107] Brasil, decreto presidencial de licencia bancaria a Nubank. Ene 2018. http://www.planalto.gov.br/ccivil_03/_ato2015-2018/2018/dsn/Dsn14509.htm
[108] Baria, Steven. S&P Global. Fintech. Juan 2018. "Nubank's Brazil operation approved by President Temer".

A licença foi efetivamente concedida em novembro de 2018.[109] O documento teria aguardado quase oito meses na mesa do presidente antes da assinatura final. Essa autorização não apenas permitiu criar novos produtos, mas também reafirmou o compromisso da empresa com o país — sua carta de nacionalidade para se sentir cem por cento brasileira.

O passo seguinte veio em dezembro de 2018, quando o Banco Central do Brasil (BCB) autorizou formalmente a Nu Financeira a operar como instituição financeira. Esse combo «decreto + autorização do BCB» destravou o que o Nubank mais precisava: captação direta e concessão de crédito próprio.

É verdade, no entanto, que essa licença também acentuou a tensão já existente no sistema bancário, agora diante de uma concorrência direta e frontal. Anos depois, a discussão evoluiu: se o Nubank não tinha uma licença bancária plena, por que usava o nome "banco"?

Em 13 de fevereiro de 2025, o Banco Central do Brasil lançou a Consulta Pública nº 117/2025, um movimento regulatório que acendeu o alerta no ecossistema fintech. O objetivo era claro: estabelecer regras precisas sobre a denominação das instituições financeiras autorizadas, abrangendo razão social, nome comercial, marca e até domínio web. Em poucas palavras: buscava-se evitar que empresas sem

---

https://www.spglobal.com/marketintelligence/en/news-insights/trending/frgo6ztqrh196ojfnysnrq2
[109] Seu Dinheiro. Dic 2018. "BC autoriza Nubank a atuar como instituição financeira e empresa lança cartão de débito".
https://www.seudinheiro.com/2018/banco-central/bc-autoriza-nubank-a-atuar-como-instituicao-financeira/

licença bancária utilizassem termos como «banco» ou «bank», gerando confusão nos consumidores.

A consulta ficou aberta até 31 de maio de 2025 e recebeu 119 contribuições, segundo o portal oficial Participa+Brasil.[110] Embora ainda não tenha sido aprovada, a minuta propõe três medidas principais:
1. Que o nome da entidade reflita claramente o tipo de licença que possui.
2. Que apenas quem tem licença bancária possa usar termos como «banco» ou «bank».
3. Que os canais de atendimento especifiquem de forma explícita as atividades autorizadas pela instituição.

Algumas análises apontam que, se a norma for aprovada como está, entraria em vigor até junho de 2026, com prazos graduais de adequação. Até o momento, não há resolução final: a consulta está encerrada, mas aguarda decisão do Conselho Monetário Nacional (CMN) e do Banco Central do Brasil (BCB).

Para o Nubank, essa iniciativa regulatória representa mais do que uma obrigação potencial de mudar o nome — pode ser o gatilho definitivo para adquirir um banco local e, assim, tornar-se formalmente uma instituição bancária no Brasil. Um movimento que consolidaria sua posição no mercado e resolveria, de uma vez por todas, o dilema de operar com um pé dentro e outro fora da banca regulada.

---

[110] Participa+Brasil. Portal de participación ciudadana Brasil. Participación N° 117/2025. Propuesta de Reglamentación.
https://www.gov.br/participamaisbrasil/edital-de-participacao-social-n-117-2025-proposta-de-regulamentacao-para-disciplinar-a-denominacao-das-instituicoes-autorizadas

Novas Fundações, o Mesmo DNA

Embora o sistema financeiro pareça semelhante em todo o mundo — com contas de poupança, cheques, cartões, créditos e empréstimos —, a realidade operacional de cada país é profundamente diferente. O que à primeira vista parece um modelo replicável, na prática se torna regional. Cada sistema financeiro é moldado por sua história, cultura, arcabouço jurídico e pelas marcas deixadas por crises passadas.

Os sistemas jurídicos variam — civil, anglo-saxão, misto — e, com eles, as regras do jogo. As cicatrizes de crises econômicas anteriores costumam resultar em regulações mais rígidas. Além disso, o nível de desenvolvimento financeiro, a visão política do Estado em relação ao sistema bancário e a infraestrutura tecnológica local acabam criando ecossistemas únicos. O que funciona em um país não necessariamente pode ser copiado em outro sem uma adaptação profunda. Para uma empresa como o Nubank, essa diversidade não é um obstáculo, mas um lembrete constante de que a inovação precisa ser local, ainda que a ambição seja global.

Entrar em um novo país não é simplesmente um "*copiar e colar*". Embora em muitos aspectos a tecnologia de uma fintech possa ser global, na prática o modelo operacional precisa ser reinventado a cada novo mercado. A razão principal é que é necessário obter uma licença local para operar e, com ela, adaptar-se a uma nova realidade jurídica, regulatória e cultural.

Contratos, taxas, produtos, formas de oferta — tudo precisa ser traduzido não apenas de idioma, mas de estrutura legal. Muda a forma de reportar riscos, constituir provisões, reconhecer receitas e pagar impostos. Cada país exige auditorias, registros e relatórios próprios. Além disso, é fundamental construir relações institucionais com as autoridades locais, o que demanda uma estratégia política e reputacional completamente nova.

Um caso emblemático são as regulações AML[111], KYC[112] e CFT[113]. Embora possam parecer universais, sua aplicação é sempre local, moldada pela legislação de cada país.

---

[111] AML (Anti-Money Laundering), "Prevenção à Lavagem de Dinheiro", refere-se ao conjunto de leis, regulamentos e procedimentos destinados a impedir que o sistema financeiro seja utilizado para lavar dinheiro. Inclui obrigações para bancos, fintechs, seguradoras, entre outros, como reportar operações suspeitas, manter registros e verificar a identidade de seus clientes.
[112] KYC (Know Your Customer), "Conheça seu cliente", é uma parte essencial do AML. Consiste nos processos que as instituições financeiras devem seguir para verificar a identidade de seus clientes, entender a origem de seus recursos e conhecer sua atividade econômica. Seu objetivo é evitar que criminosos ou terroristas utilizem essas instituições para movimentar ou esconder dinheiro ilícito.
[113] CFT (Combating the Financing of Terrorism), "Combate ao Financiamento do Terrorismo", anda de mãos dadas com o AML. Enquanto o AML busca evitar que o dinheiro sujo do crime entre no sistema financeiro, o CFT busca impedir que dinheiro limpo ou legal seja usado para financiar atos terroristas ou grupos extremistas. Após o 11 de setembro de

Em 1989, os países do G7 criaram o Financial Action Task Force (FATF) — ou GAFI, Grupo de Ação Financeira Internacional —, com o mandato de elaborar padrões internacionais para o combate à lavagem de dinheiro.[114]

O FATF publicou então suas "40 Recomendações", que todos os países deveriam incorporar às suas legislações nacionais para se alinhar aos padrões financeiros globais. Esses padrões são considerados "soft law" — ou seja, não têm força legal direta, mas servem como base para que cada jurisdição crie suas próprias leis, regulamentos e autoridades de supervisão, incluindo unidades de inteligência financeira (UIF) e órgãos de sanção e controle.

Em poucas palavras: a expansão internacional de uma fintech não é um desafio técnico, mas estratégico. E é aí que reside sua maior complexidade — cada país acaba sendo uma nova fundação, com o mesmo DNA, mas um corpo inteiramente novo.

México: do Samba ao Mariachi

David contou:
> *«Fui ao México em 2015 e voltei superempolgado, dizendo que tínhamos que ir*

2001, o GAFI (FATF) ampliou seu mandato para incluir explicitamente o CFT, e muitos países adaptaram suas leis para cobrir ambos os aspectos sob um único marco AML/CFT.
[114] Financial Action Task Force. https://www.fatf-gafi.org/

para lá. Que grande mercado! Mas o Conselho de Administração me disse:
—Pare!
—Você não está pronto. Não tem produto de crédito. Não tem licença. Não é rentável. É cedo demais. Vai se desviar.»

E esse foi o conselho certo. Era cedo demais para nós. Suspendemos o projeto completamente e nos concentramos em construir o produto de depósitos.

Três anos depois, em 2018, nosso produto principal já era rentável. Tínhamos uma licença. Já tínhamos depósitos. Estávamos crescendo rapidamente. Nesse momento sentimos que estávamos prontos para enfrentar um segundo mercado. Assim, decidimos iniciar nossa operação no México.[115]

Em maio de 2019, o Nubank começou sua segunda fundação, marcando o início de sua expansão internacional. O México é o segundo maior país da América Latina, com 126 milhões de habitantes na época.

Novas Regras, Nova Fundação

Por causa da regulação mexicana, o Nubank precisou fazer vários ajustes — começando pelo nome. Como a palavra "banco" é de uso restrito às instituições com licença bancária, o Nubank entrou no país como NU México, S.A. de C.V.

---

[115] Cfr. Morris, Nigel Entrevista con David. Fintech Nexus Jun 2022. Nubank (Full Session)"
https://www.youtube.com/watch?v=yXLWiqPEt6U

David explicou, em uma entrevista no México:

> *Estudamos o sistema financeiro mexicano por vários anos e ouvimos de muitos consumidores os desafios e dores de cabeça que enfrentam com os serviços atuais — serviços que se esqueceram de colocar o cliente no centro. Além disso, mais de 36 milhões de mexicanos ainda não têm acesso ao sistema bancário. Queremos ajudar a mudar essa realidade.*[116]

O primeiro diretor-geral de NU México foi Emilio González, engenheiro mecânico formado em Stanford e com MBA em Harvard. Emilio conhecia David desde Stanford; depois de conversar com ele sobre o Nubank, entrou como business analyst em 2016 no Brasil. Em agosto de 2018, ele integrou o time que desenharia o plano de negócios para o México e liderou a criação da subsidiária mexicana, lançando o primeiro produto: o cartão de crédito roxo NU.

A operação começou em 2019, sob a razão social **NU BN Servicios México, S.A. de C.V.**, com um investimento inicial de US$ 135 milhões.[117] Em março de 2020, o Nubank iniciou a transição para operar como SOFIPO (Sociedad Financiera Popular).

---

[116] Nubank, Redacción. NU México. "NU llega a México con servicios financieros digitales"
https://blog.nu.com.mx/prensa-nubank-llega-a-mexico/#
[117] Gutiérrez, Fernando. El Economista. Sector Financiero. Sep 2021. "El unicornio crece, NU México compra sofipo Akala".
https://www.eleconomista.com.mx/sectorfinanciero/El-unicornio-crece-NU-Mexico-compra-sofipo-Akala-20210921-0033.html

Para oferecer produtos de poupança, o NU solicitou aprovação para adquirir uma SOFIPO[118] existente. Assim, em setembro de 2021, comprou a Sofipo Akala, pertencente ao Grupo Progreso, controlador do banco Bankaool, por apenas US$ 3 milhões.[119] A Akala já estava sem clientes e sem operação, o que a tornava ideal para a aquisição. Em fevereiro de 2022, a instituição passou a se chamar NU México Financiera.

Pouco depois, a autoridade regulatória mexicana começou a enviar quase 20 ofícios pedindo informações detalhadas — reflexo do crescimento vertiginoso da empresa. Em pouco mais de um ano, o NU México se tornou líder do setor de SOFIPOs, com 5,1 milhões de clientes e MXN $ 26 bilhões em ativos, cerca de 36 % de todo o segmento. Ao final de 2022, já contava com 1.100 colaboradores, dos quais 90 % eram millennials.

Emilio González deixou o cargo no final de 2022, passando ao corporativo do Nubank como General Manager de Unsecured Loans.

---

[118] SOFIPO é uma Sociedade Financeira Popular, regulada e supervisionada pela autoridade reguladora no México, a Comisión Nacional Bancaria y de Valores (CNBV). Seu principal objetivo é oferecer serviços financeiros a segmentos da população que não são plenamente atendidos pelos bancos tradicionais. Entre suas funções e serviços mais comuns estão: captação de poupança, concessão de crédito, oferta de serviços de investimento e serviços de pagamento e transferências de dinheiro.
[119] Gutiérrez, Fernando. Dia Fintech. Enero 2024. "¿Qué información le ha pedido la CNBV a NU México ya como sofipo?"
https://diafintech.com.mx/que-informacion-le-ha-pedido-la-cnbv-a-nu-mexico-ya-como-sofipo/#:~:text=Recordemos%20que%2C%20en%20septiembre%20del,para%20integrarse%20al%20mundo%20regulado

NOVAS FUNDAÇÕES, O MESMO DNA

Seu sucessor, Iván Canales, engenheiro em Computação por Cornell e com MBA em Stanford, havia sido diretor de produto no México e Colômbia e COO da NU México. Assumiu a direção em novembro de 2022 e permaneceu até agosto de 2025.

Durante sua gestão, promoveu o crescimento do número de clientes e a popular "Cajita", uma funcionalidade de poupança com rendimento de 15 % ao ano — algo inédito no mercado mexicano. Sob sua liderança, o NU alcançou 12 milhões de clientes e obteve, em maio de 2025, a tão esperada licença bancária.

Depois dele, assumiu Armando Herrera[120] como Diretor-Geral, e Guilherme Lago, CFO do Nu Holdings, tornou-se Presidente do Conselho do Nubank México — sinal claro de preparação para a operação bancária plena. Herrera é engenheiro em Ciências, Informática e Economia pelo MIT e possui MBA Executivo pelo IPADE. Antes, havia sido diretor de produtos financeiros e pagamentos da fintech Konfío.[121]

---

[120] Nubank Internacional. Ago 2025. Armando Herrera nuevo CEO de la operación en México. https://international.nubank.com.br/es/compania/nu-nombra-a-armando-herrera-como-el-nuevo-ceo-de-su-operacion-en-mexico/

[121] Konfío, fundada por David Arana e Francisco Padilla em 2014, é uma plataforma online de empréstimos e promoção de investimentos voltada para pequenas e médias empresas (PMEs) no México. A empresa oferece soluções de crédito com um algoritmo próprio que combina dados e tecnologia para avaliar a solvência em questão de minutos. Conquistou o status de unicórnio em 2021, ao atingir uma valorização de 1,3 bilhão de dólares.

Crescimento e Consolidação no México

O NU conquistou 500 mil clientes[122] nas duas primeiras semanas de lançamento do cartão roxo. Em apenas um ano, tornou-se o maior emissor de cartões de crédito do México, com um crescimento anual de 1.243 %.

Ao final de 2023, o NU México contava com 5,2 milhões de clientes, depósitos superiores a US$ 1 bilhão e inadimplência de 10,26 %, menor que os 12,4 % registrados no trimestre anterior.

No primeiro trimestre de 2025, já superava 10 milhões de clientes, e uma grande parte havia recebido sua primeira linha de crédito através do Nubank. No México, apenas 10 % dos adultos tinham cartão de crédito bancário e 20 % usavam cartões de loja — um vasto mercado ainda por explorar.

Investimento e Expansão

O Nubank seguiu investindo pesado no país. Em dezembro de 2022, anunciou um aporte de US$ 330 milhões para ampliar o portfólio e o alcance no mercado. Em 2024, veio outro investimento de US$ 100 milhões,[123] consolidando o México como mercado prioritário. Hoje, o NU México é uma das instituições mais bem capitalizadas do país.

---

[122] InvestNews BR. May 2023. "Nubank mira em alta renda e Inteligência Artificial, diz Cris Junqueira".
https://www.youtube.com/watch?v=b2q9BXkXkcQ
[123] Cota, Isabel. ELPAIS. Abr 2024. "Nubank inyecta 100 millones de dólares a su operación en México"
https://elpais.com/mexico/economia/2024-04-16/nubank-inyectara-100-millones-de-dolares-a-su-operacion-en-mexico.html

David destacou o potencial mexicano não apenas pelo tamanho do mercado, mas pela qualidade do talento local:

> Ficamos impressionados com o nível dos engenheiros mexicanos e queremos fazer um investimento significativo no ecossistema tecnológico do México.

Rumo à Licença Bancária

David também enfatizou as diferenças estruturais:

> O México é diferente dos outros dois países em que operamos. A diferença entre uma SOFIPO e um banco é significativa. Há muitas coisas que um banco pode fazer que a SOFIPO não pode. No Brasil, da forma como a regulação está hoje, há basicamente zero diferença entre o equivalente a uma financeira e um banco (...) no México, vemos claramente essa necessidade, e por isso decidimos dar o próximo passo: solicitar a licença bancária.[124]

O Nubank via o México como uma peça estratégica para o crescimento na região, não apenas por ser o segundo maior país da América Latina, mas também por estar atrás em praticamente todos os indicadores avaliados, como nível de bancarização, alto uso de dinheiro em espécie e baixa penetração de cartões de crédito. Também observaram que, no

---

[124] Juárez, Edgar. El Economista. Sector Financiero. Mar 2024. "NU: "no vemos razón para no poder ser uno de los bancos más importantes de México". https://www.eleconomista.com.mx/sectorfinanciero/NU-no-vemos-razon-para-no-poder-ser-uno-de-los-bancos-mas-importantes-de-Mexico-20240304-0091.html

México, o cartão de crédito é usado muito mais como instrumento de financiamento, ao contrário do que ocorre no Brasil, onde predomina seu uso como meio de pagamento.

Diante disso, David se reuniu com integrantes da Associação de Bancos do México (ABM), que comentaram ver com bons olhos a possibilidade de o NU se tornar um banco. Ainda assim, havia certa pressão no ambiente, pois o NU operava como SOFIPO, uma figura com peso regulatório muito menor que o de um banco tradicional — e isso gerava a percepção de concorrência desigual.

David explicou:
No momento em que pedimos a licença bancária, estávamos deixando claro: queremos jogar o mesmo jogo, no mesmo campo. Não temos nenhum interesse em nos beneficiar ou tentar fazer um negócio bancário sem ser banco. Vemos isso como algo positivo — ser tão regulado quanto os outros membros do sistema — e temos confiança de que, mesmo sob essa regulação, podemos continuar competindo ativamente.

No México, o NU concentrou seus esforços na inclusão financeira, oferecendo produtos como a Conta NU, uma conta digital de poupança com uma funcionalidade chamada "Cajitas". Essa função permite que os clientes criem até 10 compartimentos independentes para separar seus recursos de maneira mais organizada.

Inicialmente, o NU começou oferecendo — com grande sucesso — uma taxa anual de 15 % sobre essas poupanças, algo inédito no mercado financeiro mexicano. No entanto, com as reduções de taxas promovidas pelo Banco do México, o NU teve de ajustar seus rendimentos: primeiro baixou para 14,5 % em junho, depois para 14,25 % em julho de 2024 e, finalmente, para 9 % em junho de 2025.

Surpreendentemente, o NU lançou uma nova modalidade, chamada Cajita Turbo, com limite de MXN $ 25.000, mas que oferece novamente 15 % de rendimento anual.

Essas taxas — que atraíram milhares de novos clientes e evidenciaram as diferenças entre o NU e a banca tradicional — foram duramente criticadas pelo setor bancário, que as considerou arriscadas tanto para a instituição quanto para os clientes.

David, no entanto, defende a viabilidade de oferecer tais rendimentos, destacando os baixos custos operacionais de um modelo 100 % digital.

> *É só fazer a matemática básica: se você capta a zero e empresta a 70 % ou 80 %, está falando de margens gigantescas. A 15 %, ainda há muito espaço — e, no nosso caso, temos uma operação totalmente digital.*[125]

Em outubro de 2023, o NU apresentou oficialmente à Comisión Nacional Bancaria y de Valores (CNBV) seu pedido de licença bancária. Após passar pelas últimas provas operacionais, em abril de 2025, obteve a aprovação — tornando-se a primeira SOFIPO a se transformar em banco.

---

[125] Cfr. Juárez, Edgar. El Economista. Sector Financiero. Mar 2024.

Durante o período de transição, o NU México continuou operando sob sua licença original, mas se preparando para ampliar seu portfólio. O primeiro produto bancário a ser lançado será a conta-salário.

O nome oficial da nova instituição será Nubank México.

A concorrência no México é intensa. Em 2025, havia 36 SOFIPOs, 50 bancos e 803 fintechs mexicanas — somando-se às internacionais, mais de 1.100 fintechs operavam no país.[126]

Colômbia: Recomeçar do Zero

O terceiro país onde o Nubank decidiu continuar sua expansão foi a Colômbia. A fundação da operação ocorreu em 30 de setembro de 2020, em Bogotá. Naquele momento, o país contava com pouco mais de 51 milhões de habitantes.

David comentou sobre esse novo desafio:

> *A Colômbia tem sido o país mais difícil para entrar. Dos três — Brasil, México e Colômbia — é o mais complicado, não apenas do ponto de vista macroeconômico, mas também regulatório.*

---

[126] Finnovista. Radar México Feb 2024.
https://www.finnovista.com/radar/actualizacion-octava-edicion-finnovista-fintech-radar-mexico/.

É o que apresenta mais fricções para poder entrar, ser regulado e competir. É um oceano complexo de navegar, mas estamos tendo boas conversas com os reguladores para construir uma agenda de mudanças que permita facilitar e expandir esse ecossistema fintech.[127]

No próprio 30 de setembro de 2020, durante um evento em Bogotá com o presidente Iván Duque, David Vélez anunciou oficialmente a chegada do Nubank à Colômbia, marcando esse dia como o ponto de partida da Nu Colômbia.

Logo após o evento, foi ativado um formulário online para que os interessados pudessem se inscrever e "reservar" seu pedido do cartão de crédito Nu. Naquela mesma noite, em apenas algumas horas, foram registradas 135 solicitações; no dia seguinte, o número chegou a 3.000 em menos de 24 horas. Ao final do primeiro dia, já havia 20.552 inscritos, e ao término do primeiro mês, mais de 200.000, muito acima das expectativas originais do Nubank.[128]

O Nubank utilizou um algoritmo próprio e ajustável diariamente para avaliar quem receberia o cartão primeiro,

---

[127] Benito, Luis. Infobae. Colombia. Ene 2024. "Nubank, el banco del hombre más rico de Colombia, sacude el mercado: lanzó su cuenta de ahorros en el país".
https://www.infobae.com/colombia/2024/01/17/nubank-el-banco-del-hombre-mas-rico-de-colombia-sacude-el-mercado-lanzo-su-cuenta-de-ahorros-en-el-pais/

[128] Arbeláez, María Fernanda. El Tiempo. Dic. 2020 Entrevista a Catalina Bretón. "¿Cómo le ha ido a NuBank desde su llegada a Colombia?"
https://www.eltiempo.com/tecnosfera/novedades-tecnologia/nubank-en-colombia-resultados-del-2020-y-su-llegada-al-pais-556720?

permitindo uma expansão gradual — começando com critérios rigorosos e, aos poucos, flexibilizando as condições.

Como era necessário adaptar vários aspectos da aplicação principal à realidade colombiana, a empresa decidiu realizar um teste beta antes do lançamento oficial.

A Fase Beta e o Espírito de Co-criação

Catalina Bretón, primeira gerente-geral da Nu Colômbia (2020–2023), comentou em entrevista:

> *Queremos agradecer a todos os colombianos pela acolhida e pela recepção calorosa. Esses dois meses e esse número (mais de 200.000 interessados) nos colocaram para correr, para entregar o produto que vocês merecem. Acreditamos que 2021 será um grande ano para todos. Por enquanto, seguimos apenas com a lista de espera, mas esperamos lançar o produto em breve.*
>
> *Isso está relacionado a algo que sempre dizemos no Nubank: os produtos nunca estão terminados. Vamos lançar uma versão de teste para um grupo reduzido, com o qual aprenderemos; eles nos ajudam a co-criar o produto e, depois, ampliamos a base até aperfeiçoar tanto o produto quanto as operações.*

Catalina liderou a implantação operacional inicial da subsidiária, incluindo o lançamento do cartão de crédito e a obtenção da licença de Companhia de Financiamento. Em março de 2023, deixou o cargo para se dedicar a projetos pessoais, encerrando seu ciclo como fundadora local da equipe.

Marcela Torres é a atual diretora-geral e assumiu o cargo em 20 de junho de 2023. Proveniente da Uber (onde foi Diretora-Geral da Região Andina) e da McKinsey, trouxe uma experiência significativa em expansão e escala de operações regionais. Durante sua gestão, a filial alcançou mais de 2 milhões de clientes e garantiu um investimento relevante para 2025.

O Lançamento da Tarjeta Morada

Assim como no México, o primeiro produto foi o cartão roxo de crédito. A Nu Colômbia não precisava de licença da Superintendência Financeira para oferecê-lo.

O lançamento foi feito ao estilo Nu: naquele mesmo dia, iniciou-se a seleção aleatória dos primeiros 3.000 usuários entre os mais de 250.000 inscritos. O plano inicial era distribuir o cartão a apenas 200 pessoas, mas o sucesso da lista levou a empresa a ampliar o piloto.

Essa fase beta permitiu que os primeiros clientes "co-criassem" a experiência com o uso do app, enviando feedbacks valiosos antes do lançamento massivo.

Em julho de 2021, o Nubank lançou o Kit de Boas-vindas, um dos momentos mais simbólicos da chegada da marca à Colômbia.

Foram entregues 50.000 cartões, dentro de um kit especial, montado manualmente por 60 mulheres. Em vez de um envelope simples, o cartão vinha em uma caixinha roxa, desenhada pela artista Ledania.[129] Cada caixa continha uma ilustração colecionável numerada e assinada, representando Sie, a deusa da água na mitologia muísca,[130] feita em acrílico translúcido.

O kit também incluía uma moeda de 1.000 pesos colombianos com a mensagem:
«*A moeda de 1.000 pesos colombianos representa o dinheiro que usamos todos os dias. No futuro, será uma peça de coleção.*»
— uma alusão ao desaparecimento do dinheiro físico.

As laterais da caixa exibiam grafites da artista, contrastando com o roxo das tampas. O design incluía orquídeas, símbolos muíscas e dinossauros, representando a transição entre a velha e a nova era bancária.[131]

Os 50.000 clientes foram escolhidos aleatoriamente entre os primeiros 300.000 inscritos.

---

[129] Nota: Diana Ordóñez, mais conhecida como Ledania, é uma artista plástica colombiana nascida em Bogotá. Ela se dedica a pintar grafites e murais ao redor do mundo.
[130] Nota: A mitologia muísca pertence à cultura dos muíscas, um povo indígena que habitou a região central da Colômbia, principalmente nos planaltos de Cundinamarca e Boyacá. Sua mitologia é rica em histórias que explicam a criação do mundo, os fenômenos naturais e a vida dos deuses e heróis de sua cultura.
[131] Semana. Bancos. Jul 2021. "NU Colombia repartirá 50.000 tarjetas cargadas de arte"
https://www.semana.com/economia/empresas/articulo/nu-colombia-repartira-50000-tarjetas-cargadas-de-arte-le-contamos-los-detalles-de-la-iniciativa/202150/

Santiago Eastman, designer da Nu e alma do projeto, explicou:
> «Este kit de boas-vindas é a porta de entrada para um novo mundo — o mundo da Nu. Não queríamos criar um objeto, mas uma experiência que surpreendesse e despertasse curiosidade, refletindo a transição entre o passado e o futuro do dinheiro na Colômbia.»

Em maio de 2024, a Nu Colômbia já tinha 900.000 clientes. Em março de 2025, superou os 3 milhões, mostrando um crescimento rápido e expressivo.

Crescimento e Expansão de Produtos

O segundo produto foi a conta de poupança, que já contava com uma lista de espera de 500.000 pessoas.[132] Em janeiro de 2024, a Superintendência Financeira da Colômbia autorizou a constituição da Nu Colômbia S.A.S. Companhia de Financiamento, criada para suportar esse novo produto.[133]

A conta foi lançada com uma rentabilidade de 13 % ao ano (EA)[134] — a mais alta do mercado colombiano — e transferências gratuitas para qualquer instituição financeira.

---

[132] NU, NU Colombia. May 2024. "NU Holdings Ltd. reporta los resultados financieros del primer trimestre del 2024"
https://blog.nu.com.co/resultados-nu-holdings-2024-1/
[133] Sánchez, Camilo. El País. América Colombia. Jun 2024. "El digital Nubank irrumpe como principal banco de América Latina"
https://elpais.com/america-colombia/2024-06-03/el-digital-nubank-irrumpe-como-principal-banco-de-america-latina.html
[134] Note: The term "E.A." is commonly used in finance in Colombia to express annual interest rates that take into account the compounding of interest.

Segundo uma análise feita pela própria Nu, mais de 50 % dos colombianos enfrentam barreiras para poupar com os produtos existentes, seja por rendimentos baixos, seja por comissões e taxas que corroem seus ganhos.[135]

O Nubank também construiu na Colômbia um centro de engenharia, produto e ciência de dados, com foco no desenvolvimento da próxima geração de serviços financeiros.

Desde o início, a empresa investiu fortemente no país. Em dezembro de 2022, anunciou uma capitalização de US$ 330 milhões para expandir o portfólio e ampliar sua penetração de mercado — consolidando-se como uma das instituições mais bem capitalizadas da Colômbia.

Desafios e Futuro

Os maiores desafios do Nubank incluem atingir as camadas de maior renda, além de continuar crescendo no México e na Colômbia, replicando os produtos do Brasil, com as devidas adaptações locais.

São apostas ambiciosas: com o cartão de crédito é possível crescer, mas no início apenas parte dos clientes é aprovada — outros são rejeitados por falta de histórico ou alto endividamento.

---

[135] Benito, Luis. Infobae. Colombia. Ene 2024. "Nubank, el banco del hombre más rico de Colombia, sacude el mercado: lanzó su cuenta de ahorros en el país".
https://www.infobae.com/colombia/2024/01/17/nubank-el-banco-del-hombre-mas-rico-de-colombia-sacude-el-mercado-lanzo-su-cuenta-de-ahorros-en-el-pais/

Para mudar isso, o Nubank passou a oferecer a conta de poupança associada ao cartão de débito, permitindo que todos os clientes pudessem guardar e acumular dinheiro, criando um relacionamento financeiro que expande o potencial de originação de crédito.[136]

Fiel à tradição, a Nu também enfrentou obstáculos operacionais na Colômbia.

As principais fricções estão nos circuitos fechados de transferências interbancárias,[137] na escassez de informações de crédito e na taxa máxima de juros permitida ("tasa de usura")[138].

David acredita que a expansão além dos serviços financeiros tradicionais é uma das maiores oportunidades — e talvez a menos óbvia.

Tenho visto muitos exemplos de empresas comerciais ou de tecnologia que ingressam no

---

[136] InvestNews BR. Entrevista Cristina Junqueira. May 2023. "Nubank mira em alta renda e Inteligência Artificial, diz Cris Junqueira".
https://www.youtube.com/watch?v=b2q9BXkXkcQ
[137] Nota: Na Colômbia, os "circuitos fechados" em transferências interbancárias referem-se a redes específicas de bancos que possuem acordos entre si para facilitar as transferências de fundos diretamente entre seus clientes, sem a necessidade de passar por uma câmara de compensação centralizada. O sistema funciona apenas entre os bancos que fazem parte do circuito, não sendo público, como no caso do México.
[138] Nota: A taxa de usura na Colômbia é um instrumento de regulação. Representa o limite máximo permitido por lei para os juros que as instituições financeiras podem cobrar por empréstimos e créditos. Essa taxa é calculada trimestralmente e estabelecida pela Superintendência Financeira da Colômbia. O problema é que não se trata de uma taxa de mercado — é fixa, e nem sempre contribui para melhorar o acesso ao crédito, o custo do financiamento e a inclusão financeira.

setor financeiro — Alibaba, Tencent,[139] WeChat Pay, Riot Games, Epic Games — mas não o contrário. Há um enorme potencial para os bancos e fintechs ampliarem seu papel para o comércio e o consumo.

Ele acrescenta que a grande vantagem das instituições financeiras está na marca e na confiança:

«*O simples fato de administrar o dinheiro e as contas das pessoas cria um laço emocional fortíssimo. E é a partir dessa confiança que podemos construir o futuro.*»

Estados Unidos: No Coração do Capital

David Vélez, em uma entrevista concedida durante o Fórum de Davos,[140] comentou que o Nubank estava considerando transferir sua sede legal para o Reino Unido antes de iniciar uma expansão global que poderia incluir os Estados Unidos. Mais adiante, ele falou sobre o potencial do mercado norte-americano, destacando que determinadas tendências de desregulamentação — especialmente voltadas às fintechs, ao setor cripto e à simplificação das normas bancárias — poderiam ser altamente favoráveis.

---

[139] Nota: A Tencent Holdings Ltd. é um conglomerado tecnológico multinacional chinês e uma holding com sede em Shenzhen. É uma das empresas de mídia e tecnologia mais lucrativas do mundo em termos de receita. https://www.tencent.com/en-us/about.html

[140] Martinuzzi, Elisa. Reuters. Jan 2025. "Nubank CEO considers moving domicile to Britain, expanding in US".
https://www.reuters.com/business/finance/nubank-ceo-considers-moving-domicile-britain-expanding-us-2025-01-20/

Naquele momento, Washington avaliava flexibilizar as exigências do acordo de Basileia III (Basel III endgame),[141] o que tornaria o sistema bancário dos EUA mais atrativo para o Nubank. David via aí uma janela de oportunidade única.[142]

Depois dessas declarações, o tema da mudança de domicílio para o Reino Unido não voltou a ser mencionado publicamente.

Mas em 30 de setembro de 2025, o Nubank reacendeu seus motores fundacionais: anunciou que havia apresentado seu pedido de licença bancária nacional ("national bank charter") ao Office of the Comptroller of the Currency (OCC), para constituir o Nubank, N.A. nos Estados Unidos.[143]

Essa carta constitutiva federal é a autorização necessária para atuar em solo americano e jogar em grande escala: depósitos, cartões, crédito — e, no futuro, custódia de ativos digitais, quando o marco regulatório permitir.

Há vários anos, o Nubank mantém um hub tecnológico em Durham, na Carolina do Norte, parte essencial de sua operação

---

[141] Nota: O Basel III "endgame" (fase final de Basileia III) é o pacote final de regras de capital que os Estados Unidos propuseram em 2023 para alinhar seu arcabouço regulatório ao padrão global definido em 2008. Ele altera os níveis de capital que os grandes bancos devem manter e os critérios para medir o risco de seus ativos. Se for exigido mais capital, os bancos tendem a encarecer ou restringir a concessão de crédito.

[142] Romani, Andre. Reuters. Feb 2025. "Brazil's Nubank expects to unveil new market this year". https://www.reuters.com/technology/nubank-posts-87-increase-fourth-quarter-adjusted-profit-2025-02-20

[143] International Nubank. NU, Newsroom. "Nubank solicita la licencia bancaria en Estados Unidos." https://international.nubank.com.br/es/compania/nubank-solicita-la-licencia-bancaria-en-estados-unidos/

global, que já emprega mais de 150 pessoas. Esse grupo deve oferecer força técnica, suporte e visão estratégica para construir localmente e adaptar-se melhor às exigências do mercado e da regulação norte-americana.

> *Hoje, nosso foco principal continua sendo gerar crescimento nos mercados em que já atuamos, onde seguimos vendo oportunidades substanciais de expansão.*
>
> *Ao mesmo tempo, solicitar uma licença nacional nos Estados Unidos nos ajuda a atender melhor nossos clientes atuais que vivem no país e, no futuro, a conectar com aqueles que compartilham necessidades financeiras semelhantes e podem se beneficiar dos nossos produtos e serviços.*

Para alcançar sua próxima curva de crescimento, o Nubank precisa de clientes, profundidade de depósitos, custo de funding competitivo e de infraestrutura dentro do sistema financeiro norte-americano.

A verdade é que continuar crescendo na América Latina não é tarefa simples — os demais países da região ainda são mercados pequenos.

Embora as ambições do Nubank sejam globais, fazer frente diretamente aos 340 milhões de habitantes dos EUA, dos quais quase 20 % são de origem latino-americana, parece o passo mais lógico.

No México, o banco já obteve sua licença bancária e avança rumo ao início operacional.
No Brasil, é provável que acabe adquirindo um banco local.

NOVAS FUNDAÇÕES, O MESMO DNA

A Colômbia segue em seu próprio ritmo.

E a Argentina... terá sua hora — quando a estabilidade macroeconômica e o marco regulatório estiverem mais consolidados.

O país vive um momento de reformas e de novo programa com o FMI (Fundo Monetário Internacional), mas ainda se encontra em transição.

A Charter da OCC

O charter é a carta constitutiva emitida pela OCC que permite nascer como um banco nacional — o que implica seguir o mais alto padrão de regulação, mas, em contrapartida, abrir o acesso a todo o sistema financeiro federal.

Trata-se de um processo complexo, com múltiplas etapas e revisões.

Por isso, o Nubank contratou assessores de peso para preparar a documentação e acompanhar minuciosamente cada passo da jornada regulatória.

Principais etapas do processo:
1. Com a OCC: apresentar o pedido formal, submeter o plano de negócios e de governança, e realizar uma publicação para comentários do público ($\approx$30 dias). A OCC dispõe de cerca de 120 dias após o recebimento completo do expediente para decidir — podendo levar mais tempo em casos complexos.
2. Com a FDIC (Federal Deposit Insurance Corporation): responsável pelo seguro de depósitos. O prazo estimado é de cerca de 120 dias para pedidos considerados "substancialmente completos". Modelos não comunitários — ou seja, bancos de atuação nacional e

não restritos a uma localidade — costumam levar mais tempo.

3. Com o FRB (Federal Reserve Board): busca-se o reconhecimento como membro do sistema e, se houver uma holding controladora, ela passa a ser supervisionada como BHC (Bank Holding Company), sob o princípio de "source of strength": a holding deve ser fonte de solidez para o banco.

Com todas essas etapas, estima-se que o Nubank EUA possa começar a operar entre 12 e 18 meses, em um cenário realista — sem contar os meses adicionais de organização e testes pré-abertura.

Há precedentes maratonistas: a Varo levou mais de 3 anos para concluir todo o processo.

Como sempre, nada é de graça.

A entrada tem seu custo. Não existe uma tarifa fixa — mas há ordens de grandeza.

Uma fintech como o Nubank, com ambição nacional, precisará investir centenas de milhões de dólares.

Por exemplo:
- A SoFi Bank teve sua aprovação condicionada a US$ 750 milhões de capital integralizado.
- A Varo Bank, a US$ 104,4 milhões.

Com os resultados recordes do segundo trimestre de 2025, o Nubank parece plenamente capaz de suportar o capital necessário.

Quais fintechs já conseguiram entrar nos EUA?
- Varo Bank, fintech norte-americana, foi o primeiro charter fintech "de novo". No início, operava sob a licença do Bancorp Bank; mais tarde, solicitou sua própria licença à OCC e a obteve em 2020.
- SoFi, também norte-americana, conquistou sua licença por meio da aquisição do Golden Pacific Bancorp, com exigências de capital, em 2022.
- Monzo, fintech britânica, tentou, mas retirou o pedido em 2021 e hoje avalia tentar novamente.
- Revolut, também britânica, considera comprar um banco nos EUA para acelerar sua entrada.

Rotas diferentes, mesmo objetivo.

Miami, Governança e Estratégia

Enquanto isso, Cristina Junqueira já se estabeleceu em Miami para liderar essa nova fundação.
Cristina será a diretora do banco norte-americano.

Nas fundações anteriores, ela sempre participou ativamente de todas as etapas, mas cada país teve seus diretores locais, sob sua supervisão.
Dessa vez, sua presença direta reflete a importância estratégica dessa iniciativa para o Nubank.

Fiel ao seu DNA ousado, o Nubank não improvisa. Um exemplo é a governança cuidadosamente estruturada para os Estados Unidos.

Foi criado um Conselho de Administração internacional, composto por nomes que não apenas conhecem o sistema financeiro por dentro, mas também ajudaram a moldá-lo.

À frente estará Roberto Campos Neto, ex-presidente do Banco Central do Brasil e arquiteto de importantes transformações monetárias.

O conselho é formado por:
- Cristina Junqueira, como CEO;
- Youssef Lahrech, ex-presidente e COO do Nu, hoje observador do Comitê de Auditoria e Risco;
- Brian Brooks, ex-Controlador Interino da Moeda dos EUA e atual líder da Meridian Capital Group;
- Kelley Morrell, ex-sócia-sênior da Blackstone, ex-Chief Strategy Officer do CIT Group, executiva do Tesouro americano e atual fundadora da Highline Capital Management.

Esse conselho não é simbólico — é um motor estratégico.

Representa uma síntese de poder regulatório, visão de negócios e experiência global, pronto para guiar o Nubank em sua próxima expansão, com os pés firmes na regulação e os olhos voltados para o horizonte digital.

A Comunidade Latina como Ponto de Partida

A expectativa é que os primeiros a adotar o Nubank nos EUA sejam brasileiros, mexicanos e colombianos expatriados que já conhecem e confiam na marca.

Os Cofundadores

O Nubank nasceu do encontro improvável de três forças complementares: David Vélez, Cristina Junqueira e Edward Wible.

Por sugestão de Doug Leone, David saiu em busca das pessoas que completariam o triângulo fundacional do Nubank. Assim chegaram Cristina Junqueira e Edward Wible: ela, uma brasileira brilhante que conhecia as entranhas do sistema bancário e não temia enfrentá-lo por dentro; ele, um engenheiro norte-americano com a rara habilidade de transformar complexidade em elegância tecnológica.

Juntos, encarnaram o equilíbrio perfeito entre intuição e método, rebeldia e precisão. Enquanto Vélez imaginava a revolução, Cristina e Edward lhe deram forma e estrutura: ela, moldando a experiência humana do produto; ele, construindo o cérebro digital que a tornaria possível.

Cristina Junqueira

Cristina Helena Zingaretti Junqueira é a mente comercial por trás do Nubank. Ocupava o cargo de Chief Growth Officer. Nesse papel, Cristina é responsável por orquestrar as operações e desenhar estratégias de crescimento no México e na Colômbia, levando a inovação financeira da Nu a novas fronteiras. Além disso, lidera as áreas de marketing e comunicação, consolidando a imagem e a presença do Nubank no mercado. Sua visão e liderança são fundamentais para o sucesso contínuo e a expansão da empresa na América Latina.

Cristina Junqueira nasceu em setembro de 1982 na cidade de Ribeirão Preto, SP. Quando criança, mudou-se para o Rio de Janeiro e, depois, para São Paulo, onde cursou a universidade. Junto com o marido, Rubens Pereira, formou uma família com três filhas. A imprensa internacional tem destacado a habilidade de Cristina em equilibrar sua vida pessoal e profissional com uma destreza inigualável.

Cristina comentou que suas filhas nasceram em momentos cruciais — e claramente estressantes — durante a fundação do Nubank. Na primeira rodada de financiamento da empresa, em 2014, Cristina assinou os documentos ainda no hospital, em pleno trabalho de parto! Em 2021, durante a abertura de capital do Nubank, uma foto icônica a mostra visivelmente grávida ao lado de seus cofundadores na Bolsa de Nova York. Sua filha nasceu poucos dias depois desse evento histórico.

A capacidade de Cristina de combinar seu papel de mãe e empresária sem hesitações a tornou uma figura inspiradora em toda a América Latina. Sua história não apenas ressalta seu sucesso financeiro, mas também sua força e dedicação, redefinindo o que significa ser uma mulher empresária no século XXI.

Com uma participação de 3% no Nubank,[144] Cristina alcançou uma fortuna estimada em 1,5 bilhão de dólares,[145] tornando-se a primeira mulher da região a se tornar bilionária por mérito próprio — uma autêntica self-made billionaire.

Cristina iniciou sua trajetória acadêmica na prestigiosa Escola Politécnica da Universidade de São Paulo (USP), onde se formou em engenharia e concluiu um mestrado em economia e modelagem financeira em 2006. Aos 24 anos, ingressou na consultoria Booz Allen e, mais tarde, no Boston Consulting Group, onde acumulou valiosa experiência em consultoria estratégica.

Em 2007, com o desejo de expandir seus conhecimentos e habilidades, cursou um MBA na Kellogg School of Management da Northwestern University.

Ao retornar ao Brasil em 2008, Cristina assumiu um cargo executivo no Unibanco, o maior grupo bancário privado do país na época. Durante sua passagem pelo Unibanco, foi testemunha e participante da histórica fusão com o Itaú, que deu origem ao Itaú Unibanco, um dos gigantes financeiros do Brasil.

---

[144] Forbes Profile. Cristina Junqueira. May 2024.
https://www.forbes.com/profile/Cristina-junqueira/?sh=4f5918c78d9d
[145] Cfr. BBC News Mundo. Dic.2021. "Quién es Cristina Junqueira, la primera multimillonaria de América Latina que fundó una empresa desde cero". https://www.bbc.com/mundo/noticias-59598369

Posteriormente, Cristina transferiu-se para a LuizaCred[146] como Head de Produto e Marketing e, mais tarde, para o Itaú, onde atuou como gerente no Itaucard. Durante esses cinco anos, mergulhou profundamente no mundo da banca tradicional brasileira, adquirindo uma compreensão integral do setor financeiro e das operações de cartão de crédito — conhecimento que aplicaria mais tarde na cofundação do Nubank.

Apesar do sucesso no setor bancário, Cristina sentia que seu verdadeiro propósito não estava sendo alcançado. Em uma ocasião, após o lançamento de uma nova campanha para um produto que, essencialmente, era mais do mesmo, Cristina teve uma revelação: «*Pensei que era um negócio insustentável. O produto era horrível, com tarifas altas e taxas de juros elevadas, e era preciso uma fortuna para impô-lo às pessoas por meio de um telemarketing muito agressivo*».

Decidida a provocar uma mudança relevante, Cristina aproveitou o momento para desenhar um projeto-piloto que melhorava substancialmente o produto que o banco pretendia lançar. Diferente do enfoque tradicional de vendas agressivas (push), seu modelo baseava-se na atração (pull), oferecendo um produto melhor a um cliente mais disposto a comprá-lo.

---

[146] Nota: A LuizaCred era uma empresa criada para facilitar o acesso ao crédito dos consumidores, permitindo que mais pessoas pudessem adquirir produtos nas lojas do Magazine Luiza —uma das maiores redes de eletrodomésticos e eletrônicos do Brasil— por meio de opções de financiamento acessíveis e personalizadas. A empresa era uma joint venture entre o grupo Magazine Luiza e o Unibanco (atualmente parte do Itaú Unibanco).

Com o projeto pronto para lançamento, Cristina o apresentou ao seu vice-presidente sênior. Em menos de meia hora, ele o rejeitou de forma categórica.[147] Para Cristina, foi a gota d'água.

Em março de 2013, tomou uma decisão transformadora: apesar de ter recebido um bônus substancial por seu desempenho, renunciou ao cargo no banco.[148] Refletiu sobre toda sua trajetória e concluiu que havia dedicado seus esforços a enriquecer quem já era rico, sem alcançar o impacto que desejava na vida dos consumidores. *«Tinha acabado. Queria me dar espaço para pensar no que faria nos próximos anos da minha vida».*[149]

O destino interveio — e mudaria a vida de Cristina e de David.

David precisava encontrar um cofundador com ampla experiência bancária no Brasil, e não encontrava ninguém. Com essa ideia em mente, aceitou com entusiasmo a sugestão de um conhecido em comum de apresentar-lhe Cristina, que havia acabado de deixar o Itaú.

Cristina reunia, e de sobra, todas as qualidades que David procurava: era uma profissional completa, com profundo conhecimento do sistema bancário brasileiro e ampla experiência em cartões de crédito. Tinha forte desejo de

---

[147] Chu, Michael, et al. Harvard Business School. Caso "Nubank: Democratizing Financial services" 2020. Rev. Aug 2023.
[148] Leaders. Person Cristina Junqueira. Jun 2023.
https://leaders.com/rankings/person/Cristina-junqueira/
[149] Cfr. International Finance Corporation. Latin Focus. Nov 2023.

empreender e, tendo acabado de sair do banco, estava no momento perfeito para começar um novo desafio.

Eles se encontraram. David contou toda a sua ideia. Cristina ouviu atentamente, sentindo-se atraída pela força da proposta: criar um banco. O que David apresentava não era uma conversa de bar, daquelas de *«vamos montar algo»* ou *«vamos ver o que estão fazendo nos EUA ou na Europa»*. Não eram ideias vagas entre amigos — eram visões concretas.

O que David propunha era algo totalmente diferente, muito sério: um projeto que atacava os problemas e dores reais que os consumidores haviam sofrido por décadas — os mesmos que Cristina havia testemunhado em sua carreira. Problemas tão comuns que se tornaram invisíveis. *«É assim que sempre funcionou»*. David colocava esses pontos sobre a mesa, e ela sentia como se um véu caísse diante de seus olhos: *«Claro, são esses os problemas que precisamos resolver!»*.[150]

Cristina recorda:[151]
—*«Por que aceitei?*
Porque estava no lugar certo, na hora certa.
Foi um desses serendipity moments.[152]

---

[150] Op. Cit. Novak, Turner. The Peel It.
[151] Fortune Magazine. Entrevista. Sep 2019. "Nubank Wants to Break Up Big Banks in Latin America".
https://www.youtube.com/watch?v=Dc4Vg5GBTzU
[152] Nota: Um "momento de serendipidade" é uma situação fortuita em que algo valioso ou agradável acontece de forma inesperada, sem que tenha sido buscado intencionalmente — quando você encontra algo bom por pura coincidência. Esses momentos costumam trazer surpresa e alegria, revelando a beleza das coincidências e das oportunidades imprevistas da vida.

> *Era uma grande oportunidade para provar que muita gente estava errada. Lembro que pensei: bom, se existe alguém neste país que realmente poderia executar isso, era eu. Tinha outras ofertas, mas esta — do ponto de vista financeiro — era a menos atraente, pois eu teria que investir dinheiro. Ainda assim, era uma grande oportunidade».*[153]

E assim começaram a trabalhar juntos.

Cristina quebrou múltiplas barreiras ao longo de sua carreira. Como mencionamos, durante a rodada Série A, teve que voar do Brasil à Califórnia para fazer seu pitch diante dos investidores, e um deles comentou: *Oh, nunca vi uma mulher grávida fazendo um pitch*. Cristina estava com sete meses de gravidez. Ela lembra essa rodada como intensa — para não dizer exaustiva —, mas tinha muita fé de que tudo daria certo. Ainda assim, não foi fácil: quase todos disseram não. O trio acabou levantando 15 milhões de dólares na rodada liderada pela Sequoia, em agosto de 2014. Tudo pronto — só faltava um detalhe. Foi um momento particularmente memorável: faltava a assinatura de Cristina. David levou os documentos de investimento até o hospital para que ela os assinasse literalmente durante o trabalho de parto de sua primeira filha, Elli.[154] Compromisso e determinação em 100%.

---

[153] Op. Cit. Novak, Turner.
[154] Kauflin, Jeff. Forbes. Abr 2021. "How David Built The World's Most Valuable Digital Bank And Became A Billionaire".
https://www.forbes.com/sites/jeffkauflin/2021/04/07/fintech-billionaire-david-velez-nubank-brazil-digital-bank/?sh=195970646b27

Estar grávida três vezes durante o crescimento do Nubank era algo que a preocupava — mas só um pouco. No início, tentava esconder, mas era cada vez mais difícil. Cristina sabia perfeitamente que aquela era sua empresa, e que devia atenção a seus clientes e acionistas.

Foi a primeira mulher a aparecer visivelmente grávida na capa de uma revista de negócios brasileira — às vésperas do nascimento de sua segunda filha — quando foi reconhecida, na edição de 2020, como uma das «Mulheres mais poderosas do Brasil» pela Forbes.[155] Também foi a única brasileira na lista Fortune 40 under 40 de 2020.[156]

O crescimento do Nubank tem sido vertiginoso e exaustivo, mas o resultado, mais do que satisfatório: o Nubank é o maior banco digital do Ocidente em número de clientes, excluindo os bancos chineses. Cristina atribui isso ao fato de que *«as pessoas não gostam dos bancos»* — e, em muitos lugares do mundo, alguns são até odiados. *«Se você digitar no Google, em português, "as pessoas odeiam os bancos no Brasil?", encontrará páginas e páginas de gente reclamando».*[157] Tudo isso é resultado de décadas de abusos, principalmente das tarifas e produtos ruins oferecidos, com experiências péssimas e taxas de juros altíssimas — algumas das mais altas do mundo.

---

[155] Forbes Brasil. Mar 2020. "As mulheres mais poderosas do Brasil em 2020" https://forbes.com.br/listas/2020/03/as-mulheres-mais-poderosas-do-brasil-em-2020/

[156] FORTUNE, Sep 2020. "Fortune's 2020 40 Under 40 List – Finance". https://fortune.com/videos/watch/fortune's-2020-40-under-40-list---finance/b2d4be91-a188-4fe7-a58c-05663670b332

[157] Op.Cit. Fortune Magazine. Entrevista. Sep 2019. "Nubank Wants to Break Up Big Banks in Latin America"

Cristina comenta com frequência que os consumidores estavam cansados dos serviços tradicionais, e o Nubank surgiu como uma alternativa fresca e amigável que rompeu com as velhas práticas do setor bancário.

> *OS BANCOS LUCRAM ENQUANTO AS FAMÍLIAS SOFREM PARA PAGAR AS CONTAS.*
>
> *24 de dezembro de 2019 — O sofrimento financeiro devasta as famílias no Brasil, onde os bancos obtêm os lucros mais obscenos do mundo, mesmo com o país em crise econômica...*[158]

Ela viveu isso e recorda ter dito a seus sócios:
> *Precisamos nos preparar para gastar muito em marketing, porque as pessoas odeiam os bancos.*[159]

O Nubank já havia economizado para seus clientes quase 8 bilhões de dólares em tarifas — as chamadas *junk fees* — em apenas um ano, dinheiro que eles puderam usar para si mesmos, aliviando um pouco o custo de vida.[160]

Na mesma entrevista, perguntaram a Cristina se acreditava que esse modelo funcionaria também na América do Norte:

---

[158] Pinheiro-Machado, Rosana, Intercep_Brasil. Dic 2019. "Bancos lucram enquanto famílias sofrem pagando boletos".
https://www.intercept.com.br/2019/12/24/sofrimento-financeiro-bancos-boletos/
[159] Op.Cit. Fortune Magazine. Entrevista. Sep 2019
[160] MasterCard News, Entrevista. Abr. 2024. "Nubank's incredible journey in financial inclusion with Cristina Junqueira and Linda Kirkpatrick".
https://www.youtube.com/watch?v=GvjKeqQJpmc

É um fato que quem mais sofre com os bancos está na América Latina. No Canadá, nos Estados Unidos e até na Europa, a banca não é tão cara. Para a Nu, é uma questão de sequência e prioridade. Vemos mais oportunidade na América Latina, porque são os que mais sofrem com esse problema.

Mas o fato é que tudo está se digitalizando, e os consumidores querem cada vez mais fazer tudo em seus smartphones — e nunca mais pisar numa agência. E isso vale para o mundo inteiro.

Edward Wible

O terceiro cofundador do Nubank é Adam Edward Wible — peça-chave no sucesso da empresa. A Nu existe porque Ed conseguiu criar uma agência bancária em cada smartphone; ele encontrou a "quadratura do círculo", descobrindo como tornar o aplicativo ultraescalável — e muito, muito mais. Embora a área de tecnologia seja a mais invisível aos olhos do cliente, é o mecanismo essencial que sustenta e dá vida a toda a engrenagem do Nubank.

Edward Wible nasceu em Austin, Texas, em 1983. É uma figura cuja história ressoa com a essência da inovação e da determinação. Como terceiro cofundador do Nubank, Edward possui atualmente 1,98% do capital da empresa,[161] mas foi o

---

[161] De Oliveira, Vinicius. UOL. Economia. Dic 2021. "Junqueira, David e Wible: quem são os bilionários fundadores do Nubank".
https://economia.uol.com.br/noticias/redacao/2021/12/21/quem-sao-fundadores-nubank-bilionarios.htm

arquiteto por trás de todo o seu desenvolvimento tecnológico e de sua infraestrutura.

Formou-se em Ciências da Computação em Princeton em 2005. Após concluir os estudos, ingressou no Boston Consulting Group (BCG), atuando na área de consultoria. Dois anos depois, em 2007, mudou-se para San Francisco para trabalhar na Francisco Partners,[162] uma destacada firma de capital privado especializada em tecnologia.

Em busca de novas oportunidades, Edward transferiu-se para o escritório da Francisco Partners em Londres, onde começou a gestar ideias inovadoras para empreender. Sempre inquieto e movido pelo desejo de aprender mais, decidiu que havia chegado o momento de cumprir um anseio antigo: completar sua formação com um mestrado em negócios. Aproveitando sua estadia na Europa, matriculou-se no prestigiado Institut Européen d'Administration des Affaires (INSEAD), na França, onde obteve seu MBA após um ano de estudos intensos.

Inicialmente, considerou que a França seria um bom lugar para empreender, mas acabou não se convencendo. Fez as malas e partiu para Buenos Aires, com a intenção de lançar uma startup de transporte. No entanto, o projeto não avançou como esperava, deixando-o novamente em busca de uma oportunidade que realmente o inspirasse.

---

[162] Nota: A Francisco Partners Management, L.P., que opera como Francisco Partners, é uma firma americana de private equity focada exclusivamente em investimentos em tecnologia e em empresas de serviços baseados em tecnologia. Foi fundada em agosto de 1999 e tem sua sede em San Francisco, com escritórios em Londres e Nova York.

David conheceu Ed por meio de um amigo de Stanford, que lhe disse que Ed *era a pessoa mais inteligente que já havia conhecido*. Quando David estava na Sequoia, contratou Ed para trabalhar na Scanntech, uma empresa que fazia parte do portfólio de investimentos do fundo. Durante esse projeto, Ed apresentou tantas ideias disruptivas que seus empregadores achavam que ele os estava "desfocando" — e realmente não estavam interessados em fazer experimentos. Por fim, decidiram dispensá-lo. *«Acho que sou um lutador. Gosto de trabalhar duro, continuar tentando, seguir em frente e nunca desistir. Simplesmente continuar»*,[163] disse Edward certa vez.

Quando saiu da Scanntech, Ed tinha 30 anos. David o procurou e lhe apresentou sua ideia: «Anima-te, vamos construir um banco no Brasil». A proposta fascinou Edward, que ficou empolgado com a ideia de liderar a área de tecnologia de uma nova empresa financeira — de um banco.

Sem pensar muito, Ed pegou um avião para Chicago para visitar seus pais. Durante a viagem de carro, decidiu compartilhar a incrível ideia com o pai. Contou tudo de forma direta, enquanto dirigiam pela estrada. Seu pai, surpreso, não teve certeza se havia ouvido bem o que o filho dizia com tanto entusiasmo. Então reduziu a velocidade, encostou o carro e perguntou, olhando-o nos olhos:

—*«O quê? Você vai abrir um banco?*
E em português?»[164]

---

[163] Canaltech. Entrevista Edward Wible. May 2016. "Nubank: o futuro dos cartões de crédito".
https://www.youtube.com/watch?v=UNOlZ2iWg4Y&t=8s
[164] Blog.nu.com.mx. Mayo 2022. *Principios de Ingeniería de Nubank: Entrevista con Edward Wible.* https://blog.nu.com.mx/nu-mexico-una-

OS COFUNDADORES

Ed assentiu, explicando com paixão sua visão de um banco 100% digital que revolucionaria a indústria bancária no Brasil. Seu pai, embora surpreso, pôde ver a determinação e a convicção nos olhos do filho. Conhecia-o bem, era testemunha da quantidade de coisas que já havia conquistado até então. Entendeu que Ed estava decidido a realizar essa ambiciosa empreitada — embora certamente não pudesse imaginar o tamanho do impacto que ela teria, para sempre, no panorama financeiro da América Latina.

De lá, partiu para São Paulo. Apresentou-se a David apenas com uma pequena mala e uma mochila. «Pronto, o que fazemos?»

Quando conseguiram a famosa casa da Rua Califórnia, Ed se instalou ali, no segundo andar, onde trabalhou cerca de 18 horas por dia, durante muitos, muitos meses.

Ed foi o primeiro CTO e, literalmente, também o primeiro engenheiro programador do Nubank. Mais tarde, em abril de 2021, cedeu o cargo a Matt Swan, veterano da Amazon e da Booking.com.[165]

---

financeira-solida-y-regulada-acerca-de-nu/trabajar-en-nu/ingenieria-de-nubank-entrevista-edward-wible/

[165] Nota: A Booking.com é uma empresa de viagens online que oferece serviços de reserva de hospedagem, transporte e atividades turísticas.
Fundada em 1996, nos Países Baixos, a Booking.com é hoje uma das principais plataformas globais do setor, permitindo que os usuários busquem e reservem hotéis, apartamentos, albergues, casas de temporada e outros tipos de acomodação em todo o mundo.
A empresa também oferece opções para aluguel de carros, reserva de voos e atividades locais.

Edward sempre preferiu estar na ação a dirigir corporativamente. Atualmente, lidera as equipes de desenvolvimento de novos sistemas e infraestrutura — um trabalho que parece interminável, pois não se trata apenas de manter e atualizar a infraestrutura existente, que exige milhares de ajustes nos três países, mas também de implementar as tecnologias mais inovadoras da Nu, como o NuSócios, um programa de educação financeira voltado a incluir milhões de potenciais investidores brasileiros na Bolsa de Valores.

Edward foi fundamental no desenho da estrutura do Nubank, especialmente no desenvolvimento tecnológico e na infraestrutura. Seu papel como CTO lhe permitiu influenciar significativamente a maneira como o Nubank utilizou a inovação para revolucionar o setor bancário no Brasil.

Seguindo o exemplo de David sobre a importância de explicitar a cultura do Nubank, Ed também implementou, em sua área, os Princípios de Engenharia do Nubank — que não apenas refletem o que foi aprendido no caminho, mas também estendem os valores fundamentais da empresa ao coração operacional do Nubank, sempre com o objetivo de serem os melhores no que fazem.

Wible explicou em uma entrevista:

> *Os princípios de engenharia do Nubank surgiram do que aprendemos, do que queremos cristalizar e comemorar como importante.*

Com uma ampla variedade de opções e foco na facilidade de uso, a Booking.com facilita o planejamento e a gestão de viagens para milhões de clientes em todo o mundo.

Uma equipe com mais experiência, coletivamente, em 2013, quando nascemos, poderia ter começado com determinados princípios, mas nossa equipe humilde precisou aprendê-los na prática.

Eu contrastaria isso com os valores da empresa, que são de um nível mais alto e foram muito claros desde o início da história da empresa. Penso nos princípios de engenharia como uma extensão desses valores — um pouco mais específicos — para promover o alinhamento em torno de como construímos tecnologia e o que construímos com ela.

Também tínhamos claro o aspecto-chave do que precisávamos construir. Ou seja, não seríamos os maiores, os mais antigos, os mais politicamente conectados ou os melhor financiados. A estratégia que restava era ser os melhores. Em engenharia, isso exige um compromisso coletivo com a qualidade e um desejo genuíno de fazer o melhor trabalho de nossas vidas.

Ed não é fã de redes sociais e prefere manter um perfil discreto. Em seu tempo pessoal, gosta de viajar para o exterior — já visitou mais de 60 países. Também foi capitão de um veleiro durante um ano, completando uma viagem de 5.000 milhas náuticas pelo sudeste asiático.[166]

---

[166] SUNO. Perfis. Quem é Edward Wible? https://www.suno.com.br/tudo-sobre/edward-wible/

Uma de suas convicções mais firmes foi eliminar, desde o primeiro dia, a figura do *"engenheiro dono"*: aquela herança arcaica da velha indústria tecnológica, em que o conhecimento se concentra em uma única pessoa e cada sistema se transforma em um castelo murado. É uma prática comum — quase esperada — em estruturas tradicionais: quanto mais complexo o sistema, mais "valiosa" se torna a pessoa que o entende. Mas essa lógica, baseada no controle e não na colaboração, era exatamente o que o Nubank queria romper.

Para o setor bancário tradicional, os sistemas são ferramentas que auxiliam o trabalho da organização; no Nubank, os sistemas são o coração — e, no fim, a alma — do negócio. É o que o cliente vê: não há agências, só a tecnologia.

Assim, para Edward, os sistemas não deveriam pertencer a quem os escreveu originalmente, mas a todos — aqueles que os fariam evoluir. A tecnologia devia ser construída como um bem coletivo: legível, sustentável, compartilhado. Porque, quando o conhecimento vive apenas na cabeça de alguns, o que se constrói não é uma empresa ágil, mas uma armadilha silenciosa.

Esse modelo, típico da velha guarda, leva inevitavelmente à burocracia, à paralisia e ao medo de tocar no que não se entende. E o Nubank, desde sua origem, não podia se dar esse luxo: para desafiar gigantes, é imprescindível mover-se rápido.

Quando tentaram fazer a primeira transação com o cartão roxo, na vendinha da esquina, a compra foi recusada. Não disseram *«João, vá revisar o código, analise todo o fluxo de autorização»*. Quem saiu correndo para resolver o problema foi todo o time. Por quê? Porque ninguém era o "dono" exclusivo do sistema. Todos puderam acessar o código, revisar os logs, reconstruir o erro e corrigi-lo em poucas horas. Essa foi a validação prática de um de seus princípios culturais: se o conhecimento é de todos, a solução também é.

Por isso, em vez de replicar a estrutura vertical e rígida das empresas tradicionais, Edward e sua equipe optaram por algo mais radical: formular *princípios de engenharia*, e não regras. Um manifesto vivo, criado não para impor controle, mas para semear autonomia. Não para centralizar poder, mas para distribuí-lo.

Foi uma decisão silenciosa, porém fundacional: sem ela, o Nubank não teria conseguido escalar sem perder sua essência. Sem ela, a tecnologia teria sido apenas mais um departamento — e não o motor invisível que sustenta, conecta e torna possível toda a experiência Nubank.

Ed já não é a cabeça visível da engenharia do Nubank, mas por trás de todas as iniciativas de fortalecimento da infraestrutura da Nu — como a aquisição da Cognitect (criadora do banco de dados Datomic e da linguagem Clojure) ou a compra da Hyperplane, empresa de inteligência de dados — está sua visão. Prova de que, por trás do Nubank, há ciência e engenho.

Hoje, Edward atua como Individual Engineer, focado em resolver alguns dos maiores desafios técnicos do Nubank.

PURPLE @ NYSE

O Grande Salto do Nubank

O Nubank tinha pelo menos duas razões muito claras para fazer sua estreia na Bolsa de Valores. A primeira e mais óbvia: levantar capital em uma escala muito mais significativa. Esse dinheiro era vital para financiar sua expansão e o desenvolvimento de novos produtos e serviços. E a segunda, também muito importante: consolidar sua posição no mercado.

Abrir o capital não é apenas uma questão de dinheiro; é também uma questão de prestígio. Listar-se em um mercado financeiro global eleva a visibilidade e a credibilidade do Nubank, colocando-o sob os holofotes dos investidores internacionais e destacando-o entre seus pares. O Nubank não era apenas para o Brasil — era para o mundo.

A Oferta Pública Inicial (conhecida como IPO, em inglês)[167] oferece uma oportunidade de ouro para que os primeiros

---

[167] Nota: OPI (Oferta Pública Inicial) é o processo pelo qual uma empresa privada oferece suas ações ao público pela primeira vez em uma bolsa de valores. Esse processo permite que a empresa capte capital de investidores

investidores e funcionários do Nubank vejam o fruto de seu esforço, ao perceberem o aumento substancial de sua participação conforme o valor da ação sobe — recompensando sua confiança e paciência no crescimento da empresa. E, para aqueles que desejassem, também seria a oportunidade de vender parte ou toda a sua participação de forma generosa.

Em 9 de dezembro de 2021, o Nubank escreveu um novo capítulo em sua história ao protagonizar uma estreia dupla: não apenas abriu capital na Bolsa de Nova York (NYSE), sob o símbolo «NU», mas também, simultaneamente, listou-se na Bolsa de São Paulo (B3), com o ticker «NUBR33». Foi um movimento estratégico e simbólico.

Essa jornada rumo ao IPO começou em 27 de outubro de 2021, quando o Nubank apresentou oficialmente a documentação necessária na Bolsa de Valores de Nova York. Com a meta de estar listado antes do final do ano, as expectativas eram altíssimas.

No entanto, o roadshow[168] revelou uma realidade menos entusiasmante do que os fundadores imaginavam. Apesar dos modelos de avaliação otimistas apresentados pelos bancos coordenadores —que sugeriam um preço por ação significativamente mais alto—, o apetite real dos investidores foi menor do que o esperado. O entusiasmo não veio como se

---

públicos para financiar seu crescimento, expandir suas operações ou pagar dívidas.
[168] Nota: Roadshow: dias antes da data da Oferta Pública Inicial (OPI), os executivos da empresa realizam um "roadshow" —uma série de apresentações destinadas a apresentar a companhia a potenciais investidores institucionais e gerar interesse na oferta de ações.

previa — e não apenas por ceticismo, mas também por incompreensão do modelo.

Muitos analistas tentavam enquadrar o Nubank nas categorias tradicionais, aplicando as mesmas métricas usadas para avaliar bancos convencionais. A consigna tácita era clara: *se você avalia um banco, avalie-o como banco*. Mas o Nubank não era um banco tradicional. E usar essa lógica era como tentar ler um algoritmo com uma lupa de papel.

A isso somava-se um ruído mais sutil, porém poderoso: o murmúrio dos grandes bancos, que observavam de perto — e com certo receio — a ascensão do novo jogador. Em um ecossistema onde as palavras de alguns atores podem mover montanhas ou derrubar ações, qualquer comentário disfarçado de análise podia se tornar uma semente de desconfiança. O mercado sempre ouve.

O Nubank se propôs a captar até 3,2 bilhões de dólares por meio da venda de 289 milhões de ações, com um intervalo indicativo de preço — price range — entre 10 e 11 dólares por ação. A capitalização-alvo era estimada em cerca de 50 bilhões de dólares.[169]

Sob intensa pressão de diversos analistas e estimativas divergentes, o Nubank decidiu adotar uma postura mais conservadora. O importante era garantir o sucesso do IPO. Assim, optou por reduzir o price range para 8–9 dólares por ação, evitando o risco de não atingir a meta.

---

[169] Nota: A capitalização de mercado (market capitalization) é o valor total de mercado de uma empresa listada em bolsa.
É calculada multiplicando o preço atual de suas ações pelo número total de ações em circulação.

As estimativas avaliavam o Nubank em aproximadamente 29,3 bilhões de dólares — valor derivado da última rodada de financiamento, a Série G (ou G2 e G3), seis meses antes, quando foram captados 750 milhões de dólares. Nessa Série G2, a Berkshire Hathaway investiu 500 milhões de dólares. Para quem duvidava que investir no Nubank fosse um bom negócio, bastou ver que, após a abertura de capital, essas ações da Berkshire passaram a valer 1,278 bilhão de dólares.

Comparando esses números, a avaliação projetada de 50 bilhões de dólares para o IPO refletia um crescimento extraordinário e as altas expectativas depositadas no Nubank. A oferta foi coordenada por Morgan Stanley, Goldman Sachs, Citigroup e NuInvest.

Edward teve a ideia de que fosse oferecido a um certo número de clientes do Nubank um Brazilian Depositary Receipt (BDR),[170] como forma de agradecimento. Isso significava que clientes sortudos do Nubank poderiam se tornar pequenos acionistas da empresa, sem custo algum. Assim nasceu o programa NuSócios, que convidava os clientes do Nubank a se tornarem sócios do banco. A adesão não era automática: era preciso se inscrever voluntariamente pelo aplicativo dentro do período estabelecido, antes da oferta pública.

O Nubank distribuiu 7,5 milhões desses BDRs gratuitamente a todos os inscritos no programa NuSócios —

---

[170] Nota: Um BDR (Brazilian Depositary Receipt) é um certificado que representa ações de uma empresa estrangeira, permitindo que investidores brasileiros participem de bolsas de valores internacionais sem precisar operar diretamente no exterior.

um por cliente. Cada BDR tinha um valor, em reais, de R$ 8,36, o preço definido na oferta no momento da distribuição. O custo total do programa foi de R$ 63,2 milhões, pago pelo Nubank.

Cada BDR equivalia a um sexto de uma ação classe A listada na NYSE.

Quando o Nubank estreou na bolsa, em dezembro de 2021, cada ação foi precificada em 9 dólares. Assim, cada BDR tinha aproximadamente o valor de 1,50 dólar. A condição era que os sócios mantivessem esses «pedacinhos de Nu» por pelo menos 12 meses antes de poderem negociá-los. Essa estratégia não apenas incentivou a participação dos clientes no mercado de capitais, mas também reforçou o vínculo entre o Nubank e sua ampla base de usuários.

Dia do IPO

No dia da oferta pública, David, Cristina e Edward chegaram cedo pela manhã, acompanhados de executivos, colaboradores e convidados, ao edifício da NYSE, para a icônica cerimônia de abertura do mercado. Era um grupo de cerca de 60 pessoas, todas vestidas com calça azul e jaqueta roxa com o pequeno logotipo da NU no peito e, na manga esquerda, as palavras «NU / Listed / NYSE» impressas em branco — tingindo o evento inteiro de roxo. A energia era palpável, e o ambiente festivo refletia o entusiasmo e a expectativa diante desse marco histórico na trajetória do Nubank. Simbolizava a passagem da juventude à maturidade da empresa.

Momentos antes de tocar o sino, David — com alegria visível e grande expectativa — aproveitou para fazer um último «comercial» e animar os investidores:

> «Esta abertura de capital aumentará nossa capacidade de inovar, crescer, criar novos produtos e alcançar mais clientes».[171]

O toque de abertura foi realizado pontualmente, como todos os dias, às 9h30 da manhã, marcando o início das negociações em todo o mercado. Desta vez, a Nu — a recém-chegada — seria quem tocaria o sino. Na parede atrás do balcão, uma enorme tela exibia um imenso «Nu» branco sobre um fundo roxo — o roxo Nubank. Era um momento de grande celebração, e todos estavam radiantes. No balcão lotado, havia 15 pessoas. À frente, um grande sino redondo de bronze polido, reluzente, com quase meio metro de diâmetro, aguardava silenciosamente sua função.

A honra de tocá-lo coube a David, que, com a mão esquerda, pressionou o botão enquanto levantava o punho direito — tocou o sino com entusiasmo. O som grave e poderoso ecoou, impondo-se ao burburinho do pregão e captando a atenção de todos. Um segundo depois, outras duas mãos se juntaram à dele: as de Cristina e Edward. Pronto — oficialmente, a negociação começava.

Uma cena semelhante se repetiu em 11 de dezembro na Bolsa do Brasil, quando os três cofundadores, vestindo

---

[171] Latam Fintech. Forbes Dec. 2021. "Nubank empieza a cotizar en la NYSE y se convierte en el banco más valioso de América Latina" https://www.latamfintech.co/articles/nubank-empieza-a-cotizar-en-la-nyse-y-se-convierte-en-el-banco-cotizado-mas-grande-de-america-latina

camisetas roxas com a inscrição branca «NUBANK B3 Listed», tocaram simbolicamente o sino da B3 no início das operações daquele dia.[172]

O Nubank finalmente deu o salto para a Bolsa de Nova York, tornando-se uma das estreias mais importantes do ano em Wall Street. Foram negociadas 289 milhões de ações, alcançando uma capitalização de 48 bilhões de dólares. As ações começaram a ser cotadas a 11,25 dólares — 25% acima dos 9 dólares previstos. Durante o dia, houve intensa movimentação, com oscilações até o fechamento a 10,33 dólares por ação. Em junho de 2024, menos de três anos após a estreia, o papel chegou a ser cotado a 13,16 dólares. No fim de agosto de 2025, a empresa atingiu uma capitalização de 67,36 bilhões de dólares, com o valor por ação em 13,67 dólares — mantendo-se no intervalo entre 9,01 e 16,15 ao longo do ano.

A Influência de Anitta

Em junho de 2021, o Nubank surpreendeu o mundo ao anunciar que Anitta,[173] a renomada cantora brasileira, se juntaria ao seu conselho de administração. A notícia gerou tanto interesse quanto controvérsia. Conhecida por sua influência na

---

[172] Fusões & Aquisições, dic 2021. "Nubank sobe 32% em dois dias, e Vasta dispara 52% na Nasdaq. Entenda"
https://fusoesaquisicoes.com/acontece-no-setor/nubank-sobe-32-em-dois-dias-e-vasta-dispara-52-na-nasdaq-entenda/

[173] Nota: Larissa de Macedo Machado, conhecida profissionalmente como Anitta, é uma cantora, compositora, dançarina, atriz e apresentadora de televisão ocasional brasileira, de 31 anos. Recebeu numerosos prêmios, incluindo quatro Latin American Music Awards e oito indicações ao Grammy Latino. No Instagram, conta com 65 milhões de seguidores.

música e sua capacidade de se conectar com um público diverso, Anitta foi escolhida para ajudar o Nubank em sua estratégia de marketing e na promoção de produtos financeiros, como cartões de crédito e contas digitais.

Durante seu período no conselho, Anitta teve um papel significativo. Sua vasta experiência em marketing e profundo conhecimento do comportamento do consumidor foram extremamente relevantes para o Nubank, ajudando a definir e executar campanhas que ressoaram com o público jovem e conectado. Além disso, como membro do Comitê de Stakeholders,[174] Anitta contribuiu para a definição da estratégia de ESG (Environmental, Social and Governance)[175] da companhia e para o lançamento do Instituto NU, uma iniciativa focada em educação financeira e inclusão.

Anitta também teve participação ativa nas campanhas de marketing que promoveram o IPO do Nubank, usando seu carisma e sua conexão com o público para gerar interesse e confiança na marca. O objetivo de ampliar a visibilidade do Nubank foi plenamente alcançado — e, ao mesmo tempo,

---

[174] Nota: Comitê de Stakeholders ou Comitê de Grupos de Interesse.
Os stakeholders são os indivíduos ou grupos que possuem interesse e exercem impacto sobre uma organização e sobre os resultados de suas ações. Entre eles estão os colaboradores, os acionistas, os clientes, os fornecedores, os governos e as comunidades.
[175] Nota: Uma estratégia ESG é uma abordagem abrangente que uma empresa implementa para operar de forma sustentável, avaliando seu desempenho por meio de três pilares: Ambiental (E), Social (S) e de Governança (G). O objetivo é integrar práticas que minimizem o impacto negativo no meio ambiente, promovam a responsabilidade social e assegurem uma gestão ética e transparente, o que, por sua vez, melhora a reputação, a competitividade e o valor de longo prazo da empresa.

reforçou ainda mais o compromisso da empresa com a inovação e a inclusão.

Em agosto de 2022, Anitta deixou o conselho de administração para assumir o papel de Embaixadora Global da marca Nubank. Nessa nova função, continua trabalhando de perto com as equipes de marketing da empresa, contribuindo com sua visão estratégica para expandir a marca tanto no Brasil quanto internacionalmente.

Força Roxa: Cultura e Valores

O Sonho Fundacional

A visão do Nubank, desde o dia zero, sempre foi audaciosa: *democratizar os serviços financeiros*, fazer com que deixassem de ser um privilégio para poucos.

Os fundadores reconheciam a necessidade urgente que os países emergentes tinham de serviços financeiros acessíveis e tecnologicamente avançados. A meta era digitalizar o setor bancário — e, para isso, era preciso torná-lo mais acessível, mais barato e mais amigável para milhões de pessoas na América Latina.

Hoje, o Nubank gasta apenas 7 dólares para adquirir um novo cliente, enquanto seus concorrentes gastam, em média, entre 150 e 350 dólares por cliente — alguns chegam a gastar até 760 dólares.[176] De certa forma, o Nubank tem confirmado

---

[176] Fist Page Sage. SEO Blog. Ago 2024. "Average Customer Acquisition Cost (CAC) in Banking". https://firstpagesage.com/seo-blog/average-customer-acquisition-cost-cac-in-banking

sua tese de que existe um enorme público em busca de algo diferente: com muito pouco, consegue atrair muitos, em um ritmo de um milhão e meio de novos clientes por mês.

Ou seja, seu modelo realmente tornou o sistema bancário mais acessível — e isso foi possível graças a uma estratégia cuidadosamente desenhada de digitalização, simplicidade e facilidade de uso, além de cumprir seu propósito de eliminar tarifas excessivas e burocracia desnecessária. Tudo isso somado a campanhas publicitárias frescas e criativas, que tornaram a marca amplamente conhecida.

Operacionalmente, desde a fundação do Nubank, David implementou uma estratégia disruptiva centrada totalmente no digital. Esse enfoque permitiu à Nu otimizar quase todos os aspectos operacionais da banca tradicional — e, como já foi dito, não apenas reduzindo custos, mas melhorando de forma significativa a experiência do cliente.

No entanto, há algo ainda mais poderoso. A filosofia de que "*o cliente vem em primeiro lugar*" não é apenas um slogan publicitário, como poderia parecer — é um pilar inquebrantável dentro do Nubank. O mandamento é claro: toda decisão deve ser matizada pela conveniência e pela satisfação do cliente, garantindo que suas necessidades sejam sempre prioridade.

Assim, a **estratégia fundacional** do Nubank foi criar uma alternativa 100% digital, sem tarifas e sem agências físicas, colocando o cliente no centro por meio de uma experiência simples, transparente e tecnológica — desafiando o domínio da banca tradicional com um cartão de crédito gratuito como porta de entrada.

Missão

Eliminar a complexidade do sistema financeiro para empoderar as pessoas.

O Nubank nasceu com o propósito de oferecer uma experiência bancária simples, transparente e acessível, especialmente para aqueles que haviam sido ignorados ou maltratados pela banca tradicional.

Sua missão não era apenas criar um aplicativo bonito, mas transformar a relação entre as pessoas e o dinheiro, rompendo com a lógica dos cobros abusivos, da burocracia e da falta de serviço humano.

Visão

Ser a principal plataforma de serviços financeiros da América Latina, liderando uma revolução contra a banca tradicional.

Desde o início, o Nubank não aspirava a ser apenas mais um banco digital. Sua visão era construir uma nova forma de fazer banca, do zero, sem repetir os erros do passado.

Buscava escalar em grande escala, mas sem perder o foco na experiência do usuário. Queria construir o banco que todos gostariam de usar.

Estratégia

Sua estratégia fundacional foi começar com um único produto — um cartão de crédito sem tarifas e sem agências físicas, oferecido 100% via aplicativo —, construindo confiança passo a passo, crescendo organicamente e demonstrando que é possível fazer um banco melhor com tecnologia e foco no cliente.

Seguindo uma sequência estruturada e acadêmica, Vélez definiu primeiro sua Missão e Visão e, logo em seguida, delineou o que seria sua estratégia geral inicial. Para sustentar tudo isso, estabeleceu o que se tornaria o núcleo do sucesso de longo prazo do Nubank: sua **Cultura Corporativa**.

O Código-Fonte: Cultura

David disse em repetidas ocasiões que:

> ...a cultura é o motor; não há nada mais importante, porque a cultura permite contratar pessoas, as pessoas constroem produtos, e os produtos trazem clientes.[177]

No processo de construir o Nubank, David precisou antecipar centenas — se não milhares — de temas cruciais. Mas havia uma prioridade que ele tinha perfeitamente clara: a

---

[177] Stromeyer, Christopher, Stanford Graduate School of Business. May 2022. Insight by Standford Business. Entrevista con David. https://www.gsb.stanford.edu/insights/david-velez-position-yourself-scarcity-not-oversupply

cultura do Nubank precisava ficar firmemente semeada nos primeiros seis meses de vida da empresa. E, para isso, deveria ser transmitida com força aos primeiros 10 ou 15 funcionários — os portadores originais desse DNA cultural.

A razão de sua insistência tinha raízes profundas em sua passagem por General Atlantic e Sequoia. Lá, aprendeu uma lição-chave: os fundadores devem definir e cuidar da cultura desde o primeiro dia, porque, uma vez que ela cria raízes — ainda que de forma inconsciente — é quase impossível mudá-la. David tinha visto isso de perto. As empresas sempre desenvolvem uma cultura, queiram ou não. E, se não se escolhe conscientemente qual será, acaba se impondo "a que der"... e ela fica.

É como o velho ditado: *"Pau que nasce torto, morre torto."* Embora — reconhecia ele mesmo — *se o desvio for detectado a tempo, é possível corrigi-lo...*, mas com muito esforço e desgaste. Uma cultura mal fundada, dizia, pode arrastar até o melhor modelo de negócios. Porque uma empresa com cultura torta, por dentro, é um desastre inevitável.

A cultura corporativa é o sistema operacional de uma empresa, seu sistema nervoso central. É o que dita como se age no cotidiano e, sobretudo, como se deve responder em tempos de crise. Não é um conjunto de frases na parede, e sim um tecido vivo de valores e crenças que guia comportamentos, decisões e relações — dos líderes ao último colaborador.

A cultura conecta todos a uma missão compartilhada e a uma visão inspiradora. Coordena não só tarefas, mas também atitudes. Fomenta a colaboração, a transparência e o senso de pertencimento. Nesse ambiente, a comunicação flui, a diversidade é celebrada e cada voz conta.

O clima de trabalho torna-se um espaço seguro, onde o esforço é reconhecido e a conquista é celebrada. Tradições internas e rituais cotidianos reforçam o espírito de equipe, enquanto a abertura a novas ideias alimenta a inovação constante. Porque uma cultura bem cultivada não apenas sustenta o presente, impulsiona o futuro.

Quando aconteceu a crise da redução dos dias para liquidar pagamentos aos estabelecimentos, David considerou que aquela era uma situação gravíssima para o Nubank, que no mínimo danificaria a credibilidade da empresa com os lojistas e com a opinião pública. Tão grave que a Nu poderia estar, muito provavelmente, à beira de uma quebra iminente. A primeira coisa que lhe passou pela cabeça foi se deveria ou não comunicar a todos os colaboradores. Sabia que seria uma notícia angustiante para muitos. Valia a pena semear preocupação por algo que ainda não tinha acontecido? A dúvida era legítima: proteger a calma ou antecipar a tormenta. No fundo, ele sabia que qualquer decisão teria um custo — e que, às vezes, o silêncio não é a melhor solução.

Mas David havia dito que os colaboradores deviam ser tratados como donos — um dos valores mais importantes da Nu. Era preciso tratá-los como adultos, com total transparência; eles tinham que saber o que estava acontecendo na empresa deles.

Por isso, David decidiu comunicar a todos a situação que estavam enfrentando. Reuniram-se e explicaram o problema; claro que algumas pessoas se apavoraram. Mas, quando finalmente nada aconteceu e a mudança não foi adiante, no dia seguinte, ao chegar ao escritório, David encontrou todos os funcionários vestindo a camiseta roxa que dizia *"The Future is Purple"*. Ele os reuniu e contou o que havia acontecido, que estava tudo bem, que tinham conseguido estancar a crise.[178]

São precisamente nesses momentos que a cultura se fortalece; reforça-se a confiança interna entre todos, e fica claro que não se deve esconder nada, especialmente quando a adversidade bate à porta.

Para que essa ideia fundacional, esse DNA, não se perdesse, os três fundadores redigiram a seguinte declaração de valores:[179]

> *A Companhia nasceu para lutar contra a complexidade do sistema financeiro e ajudar as pessoas a estabelecer uma relação verdadeiramente saudável com suas finanças.*
>
> *Essa missão tem sido a força orientadora por trás de tudo o que fazemos — desde o nascimento de produtos inovadores até a prestação de um serviço humano, colocando sempre o cliente no centro de nossas ações.*
>
> *(...) Nosso objetivo é revolucionar a forma como as pessoas lidam com suas finanças e estamos comprometidos em continuar nessa jornada.*

---

[178] Cfr. Op.Cit. Knox, ForttEntrevista con David.
[179] Código de Ética do Nubank.

> *(...) Juntos, sigamos moldando o futuro das finanças e fazendo uma diferença significativa na vida das pessoas em todo o mundo.*
>
> *Com os melhores desejos,*
> *David, Cris e Ed*

> *Nossa missão é lutar contra a complexidade para empoderar as pessoas. Nossa motivação é o impacto que criamos na vida de nossos clientes.*[180]

Essa mesma cultura de *estar pelo cliente* os leva a oferecer mais e melhores produtos aos seus usuários.

O Nubank queria gente com muitas perguntas, *não pessoas com a cabeça cheia de respostas*; gente aberta a entender, diversa, com vários pontos de vista, que fomentasse a participação — e que todos estivessem dispostos a escolher a melhor resposta, mais do que defender a própria.

Esse tema era tão importante para David que ele mesmo se dava o tempo de explicá-lo aos novos funcionários no Onboarding. Ele queria que todos ouvissem diretamente de sua voz o que realmente significa a cultura do Nubank, quais são os valores que devem guiar o trabalho e o que se espera de cada um desde o primeiro dia.

Ele falava de rituais, hábitos e práticas concretas que ajudam a manter esses valores vivos no dia a dia. Por sua parte, a Nu começou a documentar cuidadosamente essa cultura em vídeos e materiais em que os próprios funcionários explicavam como

---

[180] Ibidem. Código de Ética do Nubank.

se trabalha, como se colabora e como se constrói, juntos, esse espírito roxo que tanto os distingue.

Ele explica que as pessoas querem estar com quem as trata bem, que ofereça bom serviço a preço justo — ninguém quer ficar com instituições que as tratam mal.

O Innegociável: Valores

Como dissemos, no coração do Nubank há uma filosofia vibrante e ousada que guia cada passo — é uma verdadeira Cultura Revolucionária. Essa mentalidade está destilada em cinco princípios fundamentais:

1. Queremos que nossos clientes nos amem fanaticamente.
2. Temos fome e desafiamos o status quo.
3. Construímos times fortes e diversos.
4. Agimos como proprietários, não como inquilinos.
5. Perseguimos a eficiência inteligente.

Esses cinco valores funcionam como *a constituição* do Nubank e orientam tanto o comportamento diário quanto as decisões estratégicas. Cristina Junqueira resume com clareza: *Nossa estratégia é a nossa cultura.*

Foco obsessivo no cliente. O Nubank busca *que os clientes nos amem de forma fanática*, oferecendo produtos e serviços que realmente resolvem problemas. Isso se traduz em práticas como dar autonomia ao time de atendimento para tomar decisões excepcionais que surpreendam o usuário. Para isso, os

Xpers — responsáveis pela experiência do cliente — têm um orçamento para fazer coisas "*uau*" em casos especiais.[181] A lógica é que uma base encantada recomenda a Nu organicamente — de fato, mais de 80% do crescimento inicial foi boca a boca. A fanatização do cliente é o norte da empresa, e para medi-la, usam o NPS (Net Promoter Score) de forma constante — e têm mantido índices de NPS líderes desde o começo.

Desafiar o status quo. A cultura do Nubank incentiva a questionar as convenções da banca tradicional e "desafiar o consenso" quando necessário. Os Nubankers têm permissão — e até dever — de perguntar por que as coisas são assim e, se fizer sentido, propor formas diferentes de fazê-las. Esse *espírito inconformista* foi chave para inovações como o cartão de crédito sem tarifas — algo inédito no Brasil de 2013 — ou recursos de segurança como Modo Rua e Me Roubaram. Também implica flexibilidade e humildade na tomada de decisões: reconhecer erros rápido e corrigir o rumo sem apego ao ego. Promove-se a *mentalidade de melhoria contínua e não aceitar o "sempre foi assim"*.

Mentalidade de proprietários (não inquilinos). O Nubank espera que cada colaborador aja como dono do negócio. Para cimentar essa visão, desde os primeiros dias concedeu opções de ações a todos — de modo que literalmente todos viraram donos de uma parte da empresa. Esse esquema foi mantido e ampliado: ninguém recebe bônus em dinheiro por metas de curto prazo; em vez disso, pacotes acionários que podem ser

---

[181] Caparroso, José. Forbes Colombia, Editors' Picks. Jul. 2024 "Los secretos de la 'cultura' que llevó este banco a ser el más valioso de America Latina". https://forbes.co/2024/07/11/editors-picks/los-secretos-de-la-cultura-de-nubank

exercidos no tempo, mediante condições.[182] A mensagem cultural é: *trabalhe como se a empresa fosse sua*. Isso fomenta um profundo senso de pertencimento e responsabilidade pelos resultados coletivos. Exemplo concreto: muitos funcionários júnior sentem-se capacitados para decidir sem "pedir licença", desde que alinhados aos objetivos — agem como proprietários que cuidam dos clientes e dos custos como se fossem seus.

Nas palavras de David: *"os clientes, na verdade, consomem cultura... a cultura atrai pessoas, as pessoas criam produtos, e os produtos atraem clientes."* Ter owners comprometidos em cada cadeira se traduz em melhor serviço e experiência para o usuário final.

Eficiência inteligente. Desde a fundação, o Nubank declarou um "mandato de eficiência": usar tecnologia e inovação para operar com o menor custo possível e transferir essas eficiências aos clientes. Isso surgiu para *combater a complexidade* e o alto custo da banca tradicional. Na prática, significa que cada produto ou processo novo deve ser simples, escalável e de custo marginal reduzido, evitando burocracia e sobrecarga. Exemplo: automação e autosserviço digital para mais de 120 milhões de clientes. A Nu gerencia um volume enorme com uma base de funcionários relativamente pequena,

---

[182] Nota: O vesting é um mecanismo comum no mundo das startups que regula como e quando uma pessoa adquire a titularidade plena de um ativo —geralmente ações ou opções de ações. Em vez de ser concedida imediatamente, a propriedade é consolidada gradualmente ao longo do tempo ou ao atingir determinados marcos previamente definidos (como tempo de permanência na empresa ou cumprimento de metas). Até que essas condições sejam atendidas, o beneficiário não tem controle total nem pode dispor livremente do ativo. Esse modelo busca alinhar os incentivos entre fundadores, colaboradores e investidores, promovendo a permanência e o comprometimento de longo prazo.

graças a IA e sistemas próprios — como Precog, sua plataforma de eventos em tempo real baseada em machine learning, que permite atender consultas e transações de forma eficiente e proativa.[183] Eficiência não é desculpa para sacrificar qualidade; ao contrário, trata-se de fazer mais com menos, de forma engenhosa. Isso aparece também na estrutura de custos: o Nubank tornou-se o banco com maior número de clientes no Brasil mantendo um custo de serviço por cliente em torno de US$ 0,80/mês, algo impossível de igualar para bancos tradicionais — evidência de uma cultura focada em eficiência operacional sustentável.

Times fortes e diversos. O Nubank atribui grande parte de sua capacidade de inovar à diversidade do seu talento. Desde cedo, formou equipes com pessoas de indústrias, nacionalidades, gêneros e trajetórias muito variadas. A crença é que *pontos de vista diferentes debatendo levam às melhores ideias*. Embora, no começo, fosse "proibido" contratar gente do setor financeiro, hoje convivem ex-banqueiros tradicionais com programadores do Vale do Silício, designers e cientistas de dados, em um ambiente de responsabilidade e liderança compartilhadas.

Um caso ilustrativo foi o NuBolão, funcionalidade social lançada na Copa de 2022: um pequeno time multidisciplinar — 6 engenheiros, 2 designers, 1 analista de dados e 3 gerentes (produto, marketing e técnico) — teve liberdade para cocriar e lançar, em poucos meses, a primeira função social do app da

---

[183] Building Nubank. Cultura y Valores. Ago. 2020. "Como os valores e a cultura da Nu moldam os produtos que criamos".
https://building.nubank.com/pt-br/nubank-cultura-valores/#:~:text=No%20Nubank%2C%20o%20crescimento%20não,com%20soluções%20simples%20e%20escaláveis

FORÇA ROXA: CULTURA E VALORES

Nu. O sucesso (milhões de usuários montando bolões e compartilhando resultados) mostrou o poder de times diversos.

O Nubank complementa esse valor com políticas humanas e inclusivas — por exemplo, 120 dias de licença parental remunerada para todos os gêneros, algo ainda raro. Isso ajudou a atrair e reter talento de alto calibre que busca respeito e crescimento. Não surpreende que a Nu seja constantemente reconhecida como um dos melhores lugares para trabalhar em seus principais mercados.

Em resumo, esses valores não ficaram no papel: vivem no dia a dia e se ajustam continuamente, criando transformações organizacionais de acordo com as circunstâncias de uma empresa multinacional.

Ao crescer, o Nubank codificou ainda mais sua cultura: criou um *deck cultural* já nos primeiros seis meses, com princípios-chave, e o atualiza conforme evolui. Esse deck funciona como uma "Bíblia interna" e ponto de referência para decisões difíceis. A empresa crê firmemente que **a estratégia pode mudar, mas a cultura não deveria** — é a base estável sobre a qual se sustentam todas as táticas. Ter valores claros simplifica decisões complexas — desde quem contratar ou promover até quais produtos lançar — porque a pergunta recorrente é: *"isso é consistente com a nossa cultura?"*. Isso deu robustez à Nu para navegar diferentes fases sem perder sua essência.

Engrenagem Púrpura

Nubankers

A NU mantém uma cultura organizacional muito completa, começando por um branding interno potente, o que fomenta um forte senso de pertencimento, motivação e alinhamento com seus valores e objetivos.

> *Um Nubanker é qualquer pessoa que trabalhe dentro da NU, independentemente da nacionalidade, do cargo ou da área em que atue. Todos somos igualmente importantes. Longe de sermos engrenagens de uma máquina, somos pessoas com autonomia e liberdade. Trabalhamos por um mesmo fim, sempre com a capacidade de contribuir e participar das decisões que estão transformando a vida de milhões.*[184]

Em 2025, a Nubank contava com aproximadamente 8.800 colaboradores, conhecidos como Nubankers, representando

---

[184] Nubank. Blog. Sobre la voz Nubanker. "Ya somos más de 1000 Nubankers en México" https://blog.nu.com.mx/ya-somos-mas-de-1000-nubankers-en-mexico/#

mais de 30 nacionalidades. Desse total, 45% eram mulheres e 55% homens, com uma meta clara no horizonte: alcançar pelo menos 50% de mulheres em cargos de liderança. Naquele ano, já haviam obtido um avanço importante, atingindo 42% de representação feminina em posições diretivas.

Desde seus primeiros dias, a diversidade não foi apenas um valor aspiracional na Nubank, mas uma estratégia central de sua cultura organizacional. Para eles, diversidade não se limita a gênero: também significa pluralidade de pensamento, trajetórias profissionais, credos, visões de mundo. É uma meritocracia cimentada nas ideias,[185] onde as melhores propostas surgem da interseção de pontos de vista distintos. Times pequenos, altamente especializados, trabalham em conjunto sob um princípio simples, porém poderoso: uma ideia pode vir de qualquer pessoa e deve ser ouvida com respeito, independentemente do cargo ou do tempo de casa.

A ênfase está na diversidade cognitiva,[186] porque a Nubank acredita firmemente que equipes diversas — em formação, experiências, mentalidades — são mais criativas, mais ousadas e melhores para resolver problemas complexos. Não se trata de "pensar igual", e sim de colocar à mesa convicções firmes, com humildade intelectual suficiente para reconhecer que alguém pode estar errado. Ouvir, debater e, se necessário, mudar de opinião não é apenas bem-vindo: é esperado.

Esse enfoque humano se entrelaça com outro de seus grandes diferenciais: a eficiência tecnológica. Embora possa

---

[185] Cfr. Blu Radio. Colombia. Jun 2023. Entrevista a David. https://www.youtube.com/watch?v=cc1XVbb1TJ8&t=1159s
[186] Cfr. Op. Cit. Trava, Oswaldo, Podcast. Abr. 2020.

parecer surpreendente que uma empresa com mais de 123 milhões de clientes opere com menos de 9.000 funcionários, esse número é testemunho de uma arquitetura baseada em automação inteligente e processos radicalmente otimizados. A tecnologia não substitui o talento — ela o amplia. A experiência do cliente, frequentemente elogiada, não é apenas produto do software, mas do pensamento por trás dele: desenhar com empatia, resolver com clareza, escalar sem perder proximidade.

Esse compromisso em atrair o melhor talento levou, por exemplo, à abertura de um escritório na Alemanha após uma rodada de investimento de 80 milhões de dólares em 2016, com o objetivo de acessar desenvolvedores altamente qualificados.[187] Com o tempo, a Nubank estabeleceu hubs internacionais em Berlim, Buenos Aires, Cidade do México, Bogotá e também em Durham, Carolina do Norte, onde opera um centro tecnológico dentro do Research Triangle Park, uma das zonas de inovação mais relevantes dos EUA. Esses escritórios não são meros satélites: atuam como peças-chave do ecossistema Nubank, focados em infraestrutura, engenharia, produto e experiência do cliente. Operam com a mesma cultura ágil e colaborativa de São Paulo, integrados em squads globais que permitem escalar soluções com velocidade sem perder coerência. Essa rede internacional de talento tem sido crucial para sustentar o crescimento exponencial da empresa sem sacrificar qualidade nem cultura.

---

[187] Cfr. Kauflin, Jeff. Forbes Abr 2021. "How David Built The World's Most Valuable Digital Bank And Became A Billionaire".
https://www.forbes.com/sites/jeffkauflin/2021/04/07/fintech-billionaire-david-velez-nubank-brazil-digital-bank/?sh=195970646b27

Deck de Valores

Os primeiros funcionários da Nubank eram apenas uma dúzia, mas não por muito tempo. A velocidade de crescimento foi tão vertiginosa que, muito em breve, tornou-se imperioso ampliar o time. Contudo, encontrar o tipo de talento de que precisavam não era tarefa fácil: não buscavam simplesmente programadores, designers ou financeiros. Buscavam pioneiros.

David entendia que as primeiras contratações marcariam o DNA da empresa. Por isso, dedicou especial cuidado a cada incorporação, convencido de que essas primeiras pessoas seriam a semente cultural dos próximos 20 ou 30 anos.

A consigna era clara e urgente: implantar a cultura desde o início. Os valores culturais de desafiar o status quo e as crenças convencionais — como *quando alguém diz que não dá, nós dizemos que dá* — converteram-se no DNA revolucionário que impulsiona a não se conformar e a buscar constantemente melhorar o que vivemos.

Assim, aquele pequeno time inicial de 12 pessoas não apenas construiu o produto: construiu a cultura. Foram eles que contrataram os próximos 100 e depois os 200 seguintes, ajudando a escalar o negócio sem diluir sua essência. E, embora pudesse soar paradoxal, esse grupo tão inquieto, tão cheio de iniciativa, não era difícil de alinhar: o que buscavam era justamente isso — pessoas com a cabeça cheia de perguntas,[188]

---

[188] Endevor Colombia. #HighImpactGala2023. Oct 2023. "David de Nubank: Impulsando la Transformación Financiera en Latam". https://www.youtube.com/watch?v=W7zGGhpKnu4

com humildade para aprender com os outros e abertura para aceitar que talvez não tenham a melhor resposta.

Essa forma de pensar e trabalhar permitiu que, mesmo em meio ao crescimento acelerado, a Nubank conservasse uma coerência cultural pouco comum: uma mistura entre rebeldia e rigor, entre autonomia e colaboração, que segue marcando sua maneira de crescer até hoje.

> À medida que as organizações crescem, a inércia e a burocracia tendem a infiltrar-se — algo se rompe. O instinto costuma ser criar novos processos, os quais, por sua vez, geram mais inércia, e assim segue-se num ciclo de criação de processos.
>
> Por isso, é fundamental ser muito intencional ao identificar onde o mau processo se infiltra e eliminá-lo. Em primeiro lugar, trata-se de habilitar todos na organização para que levantem a mão e se oponham quando veem uma burocracia desnecessária.
>
> Em segundo lugar, é crucial manter esse DNA de empreendedorismo dentro da organização. Isso assegura que, apesar do crescimento e da expansão, se preserve o espírito inovador e ágil que caracteriza a Nubank desde seus inícios.
>
> (...) temos um canal no Slack[189] que se chama «caçadores de burocracia». E, literalmente, as

---

[189] Nota: O Slack é uma ferramenta de comunicação e colaboração empresarial, pertencente à Salesforce, que se tornou um elemento fundamental na gestão de equipes e projetos em muitas organizações.

pessoas entram e dizem "não entendo por que este processo existe" — e nós vamos lá e o eliminamos.[190]

Desde o princípio, a Nubank não buscava pessoas com a cabeça cheia de respostas, e sim com o coração disposto a fazer perguntas. O que queriam eram mentes de principiante, no conceito Zen do *Beginner's Mind*:[191] gente com humildade, curiosidade e abertura; sem preconceitos nem rigidez, capaz de olhar os problemas com olhos novos e sem medo de questionar tudo.

Essa filosofia não apenas ajudou a construir melhores produtos, mas também uma forma distinta de trabalhar. Uma cultura em que aprender vale mais do que aparentar saber, e onde cada interação, cada desacordo, cada decisão é uma oportunidade de crescer. Com essa mentalidade, as pessoas eram tratadas com respeito, ouviam-se mutuamente e contribuíam não por hierarquia, mas por ideias. E assim, a Nubank não crescia apenas em clientes ou funcionários, mas em qualidade humana e força comunitária.

David sabia disso desde o primeiro dia: a cultura seria a coluna vertebral do sucesso. Por isso, além do clássico *Pitch Deck* para captar investimento, criou um segundo documento tão ou mais importante: o *Deck de Valores*. Junto com Cristina e Edward, definiu os princípios que deveriam guiar cada passo

---

[190] Cfr. Morris, Nigel Entrevista con David Vélez. Fintech Nexus Jun 2022.
[191] Nota: O conceito de "Beginners Mind" (Mente de Principiante) vem do budismo zen japonês e refere-se à atitude de manter a mente aberta e receptiva, livre de pré-concepções e julgamentos, como a de um iniciante que vê as coisas pela primeira vez. Essa postura permite experimentar e aprender de forma mais profunda e autêntica. Simples.

da empresa, desde seus primeiros funcionários até os que chegassem uma década depois. Esse manifesto cultural não era acessório: era a alma do projeto. E continua sendo.

Esse Deck de Valores não é apenas um conjunto de palavras bonitas. É um documento vivo, que David apresenta pessoalmente a cada novo funcionário durante o processo de Onboarding.[192] É sua maneira de se conectar com as novas gerações de Nubankers e demonstrar a importância da cultura na empresa. Cada membro do time ouve, diretamente da voz de David, *os valores que definem quem vai bem na Nubank — e quem não vai.*[193]

Os Rituais da NU

Na Nubank, a cultura não se limita ao que está escrito em um documento — ela é vivida através de rituais. Desde os primeiros dias, David e sua equipe entenderam que valores não bastam por si só: precisam ser encarnados em práticas cotidianas que lhes deem vida. No contexto organizacional, um ritual não é uma cerimônia solene, mas uma ação recorrente, significativa e simbólica que reforça aquilo em que a empresa acredita e valoriza.

---

[192] Nota: O Onboarding é o processo pelo qual novos colaboradores são apresentados e integrados a uma empresa. Engloba desde os trâmites legais e fiscais iniciais até o acompanhamento do progresso durante todo o período de integração. É nesse processo que os novos funcionários adquirem os conhecimentos, habilidades e comportamentos necessários para se tornarem membros eficazes da organização e parte do seu interior. Esse processo também é conhecido como "integração" ou "indução".
[193] Cfr. Op.Cit. Trava, Oswaldo, Podcast. Abr. 2020.

A Nubank cultivou uma cultura organizacional viva e dinâmica, que fomenta a inovação, a colaboração e o bem-estar dos funcionários. Por meio de uma série de rituais e práticas internas, garante que esses valores estejam sempre ativos — não apenas como frases bonitas nas paredes (embora as tenha, e por toda parte), mas como comportamentos reais e consistentes no dia a dia.

Esses rituais vão desde a sessão de boas-vindas com David Vélez — o Onboarding — para todos os novos funcionários, até os Coffee Breaks globais quinzenais, em que equipes de diferentes países se conectam para compartilhar avanços, celebrar conquistas e manter a coesão cultural. Há também a videoconferência semanal do CEO, onde são comunicadas diretamente as prioridades estratégicas. E, no cotidiano, práticas como o trabalho sem escritórios privados — nem mesmo para os fundadores — e o uso flexível de espaços colaborativos reforçam uma cultura de horizontalidade, confiança e abertura.

Cada um desses rituais transforma os valores em experiências vividas, e não em meros adornos discursivos. São o adesivo invisível que mantém unida uma comunidade de milhares de pessoas, dispersas geograficamente, mas alinhadas em propósito.

Onboarding Cultural

Onboarding
O primeiro passo para a cultura Nubank.

Desde o primeiro dia, os novos funcionários mergulham em um programa de integração que não aborda apenas aspectos técnicos do trabalho, mas também a essência da cultura e dos valores da Nubank. Líderes da empresa compartilham histórias inspiradoras e exemplos concretos de como esses valores se manifestam no dia a dia.

O objetivo é garantir que todos os Nubankers, independentemente de sua função, compreendam e se alinhem à missão e aos princípios fundamentais da empresa desde o início. Ao envolver os líderes nesse processo, reforça-se a importância da cultura organizacional e estimula-se que os novos membros contribuam ativamente para a evolução da Nubank.

All Hands Meetings
A transparência como pilar.

Essas reuniões — presenciais ou virtuais — reúnem toda a equipe para compartilhar conquistas recentes, enfrentar desafios e alinhar os próximos passos. São momentos cruciais que promovem a transparência, reforçam o propósito comum e mantêm todos na mesma direção.

Mais do que simples atualizações, são oportunidades para garantir que todos estejam na mesma página, fortalecendo o senso de comunidade em meio ao crescimento acelerado. Essa comunicação aberta e constante permite à Nubank adaptar-se com agilidade, manter o foco e continuar inovando em um ambiente financeiro altamente competitivo.

Nubank Way Week
Uma Semana de Inovação e Colaboração.

Durante essa semana especial, são realizadas atividades, workshops e palestras que reforçam a cultura da empresa. Promovem-se iniciativas que enfatizam colaboração, inovação e diversidade, criando um ambiente propício ao crescimento pessoal e profissional.

Feedback Contínuo
Melhorando sempre.

Na Nubank, o feedback contínuo é essencial. Os funcionários têm a oportunidade de dar e receber feedback regularmente, o que fomenta um ambiente de melhoria constante e respeito mútuo.

Reconhecimento e Celebrações
Valorizar o melhor de nós.

A Nubank celebra as conquistas e reconhece os funcionários que exemplificam seus valores. Esses reconhecimentos vão desde menções em reuniões até prêmios formais, garantindo que esforço e dedicação nunca passem despercebidos.

RITUAIS

Cuidando do corpo e da mente.
A empresa oferece programas e atividades voltados ao bem-estar físico e mental, como sessões de meditação, yoga e ambientes de trabalho flexíveis. O bem-estar dos funcionários é uma prioridade, e essas iniciativas refletem isso.

Videoconferência Semanal do CEO
David Vélez compartilha atualizações da empresa, decisões estratégicas e reflexões com todos os colaboradores, promovendo liderança transparente e comunicação direta.

Espaços de Trabalho Sem Hierarquias Formais
Não há escritórios privados — nem mesmo para os fundadores —, mas sim espaços abertos e colaborativos, símbolo de uma cultura horizontal e acessível.

Espaços de Inovação – O Laboratório de Ideias
Hackathons[194] e outros eventos de inovação permitem que os funcionários trabalhem em projetos criativos e experimentem novas ideias. Esses espaços fomentam uma cultura de inovação contínua, mantendo a Nubank na vanguarda do setor financeiro.

Esses rituais e práticas não apenas promovem os valores da Nubank, mas os integram profundamente na vida cotidiana de cada funcionário. Assim, a empresa não apenas mantém sua cultura forte e vibrante, mas também cria um ambiente onde inovação e colaboração florescem naturalmente.

---

[194] Nota: Um hackathon é um evento intensivo, geralmente de curta duração (podendo durar de algumas horas a vários dias), em que programadores, designers, desenvolvedores de software e outros profissionais de tecnologia se reúnem para colaborar no desenvolvimento de projetos tecnológicos inovadores. O termo hackathon é uma combinação de "hack" (no sentido de explorar e experimentar com tecnologia) e "marathon" (maratona). O objetivo é estimular a inovação, fortalecer o networking, resolver problemas específicos e consolidar a cultura de colaboração e trabalho em equipe.

Experiência ao Longo do Tempo

Formando líderes, não apenas contratando talentos.

Para definir o tipo de talento de que precisavam — e transformá-lo em um autêntico Nubanker —, o foco nunca foi em títulos ou credenciais acadêmicas, mas em mentalidade de aprendizado, humildade e comportamentos-chave. Procuravam pessoas dispostas a comprometer-se com uma visão de longo prazo, e não "mercenários" pensando apenas na próxima oportunidade.

Mas atrair o perfil certo era apenas metade do desafio. A outra metade consistia em formar líderes resilientes, principalmente porque grande parte da equipe era composta por jovens em início de carreira.

À medida que a Nubank crescia, também crescia sua consciência sobre a importância de proteger sua cultura. Começaram então a implementar dinâmicas formais e informais para avaliar a saúde organizacional: encontros para compartilhar aprendizados com os erros, incentivo a um ambiente onde assumir riscos não fosse penalizado e uma régua alta de desempenho para todos.

A meritocracia não era apenas discurso: havia planos de incentivos bem estruturados, com metas claras compartilhadas desde a alta liderança até os níveis operacionais.

No entanto, em meio a essa determinação de ser diferente do setor financeiro tradicional, cresceu uma desconfiança em relação ao talento vindo de bancos ou instituições financeiras.

A obsessão por romper moldes acabou gerando resistência à incorporação de perfis com experiência "convencional".

Em retrospectiva, o próprio David Vélez reconheceu que demoraram demais para integrar executivos com conhecimento profundo do mercado financeiro — e que essa omissão custou aprendizados que poderiam ter sido evitados.

> *Embora fôssemos muito conscientes sobre a diversidade em nossos times — de todo tipo —, a experiência foi um dos fatores que nos faltou.*
>
> *Eu era um pouco dogmático nesse tema: se alguém vinha do setor bancário, eu não o queria na equipe. Isso nos causou problemas, nos tornou mais lentos.*
>
> *Cometemos erros que, se tivéssemos aprendido antes com especialistas, não teríamos cometido.*

Ele citava um exemplo:

> *Levamos quase três anos tentando inventar um sistema de cobrança para clientes inadimplentes. Tentamos reinventar a roda. Se tivéssemos trazido alguém do mercado, um especialista, em poucas horas nos teria dito o que funcionava e o que não.*[195]

Por sua vez, Cristina Junqueira comentou em uma entrevista:

> *"Se há algo que eu mudaria?*

---

[195] Op.Cit. Trava, Oswaldo, Podcast. Abr. 2020.

Acho que demoramos demais para ter a pessoa certa em Recursos Humanos — alguém realmente bom, competente, experiente. Devíamos ter feito isso antes. Ficamos muitos anos com a mentalidade de principiante, que adorávamos, mas percebemos que precisava haver um equilíbrio entre a experiência enriquecedora e essa mentalidade de iniciante — aquela que ajuda a ver as coisas de forma simples.[196]

Muitos Remos, Uma Direção: OKRs

A boa prática nas empresas é que, definida a Visão e a Missão, é necessário estabelecer qual será a Estratégia Corporativa a seguir: onde competir, como ganhar e o que fazer para conseguir. Em um ambiente cheio de opções e com recursos limitados, devemos decidir o que vale a pena fazer e como será feito.

A estratégia corporativa não é fixa como a missão; ela muda conforme as circunstâncias do momento. Embora o rumo — a missão — esteja claro, é preciso escolher as rotas e os métodos mais convenientes.

O Nubank passou por transformações internas importantes para sustentar seu rápido crescimento global. Uma peça central

---

[196] Suarez, Karem. Entrevista. Jun 2024. "De Cero a Billones, la HISTORIA REAL de Nubank contada por David y Cristina Junqueira".
https://www.youtube.com/watch?v=1tMJYqgQbe0

dessa evolução foi a implementação de OKRs (Objectives and Key Results), hoje seu sistema de gestão e que, junto com alguns ajustes culturais em linha com seus valores fundacionais, tem ajudado a Nu a navegar os mares complexos das finanças nos três países onde opera.

Uma boa estratégia define objetivos claros e ambiciosos — o "para onde vamos". Define prioridades-chave para alcançá-los e precisa os recursos e capacidades que serão mobilizados para isso.

A estratégia define o destino. Os OKRs traduzem a estratégia em ação diária, traçam o caminho e ativam a organização para chegar ao destino proposto. São a ponte entre a visão e a execução.

O Nubank trabalha basicamente com ciclos trimestrais de OKRs, mas realiza acompanhamentos frequentes (semanais ou quinzenais) do progresso.[197] Cada objetivo qualitativo se desdobra em 2 a 5 resultados-chave quantitativos, seguindo a filosofia de metas ambiciosas, porém mensuráveis.

Um princípio fundamental é a total transparência: todos os colaboradores têm visibilidade completa dos OKRs da empresa, e a liderança comunica claramente quais são as prioridades e como cada resultado-chave contribuirá para a estratégia global. Esse alinhamento garante que cada equipe entenda o porquê das suas metas e como seu trabalho contribui para o objetivo comum, o que aumenta compromisso e

---

[197] NU. Afonso, Joyce. "O que é OKR e como aplicar essa metodologia na sua empresa?". Actualizado Abr 2025. https://blog.nubank.com.br/o-que-e-okr-e-como-usa-lo-na-empresa/

coordenação interna. A Nu também reforça uma cultura data-driven (baseada em dados), em que as decisões se apoiam em dados concretos e, por consequência, os OKRs são revisados periodicamente para recalibrar a rota quando necessário.

Outro traço distintivo na cultura do Nubank é a ambição deliberada na definição de objetivos. O próprio David Vélez costuma dizer que, *se uma meta não dá "frio na barriga", então não é ambiciosa o suficiente*.[198] Essa mentalidade de *shoot for the moon* vem desde a fundação: propor desafios tão altos que especialistas externos chamavam de impossíveis — e torná-los realidade — empurra os times para fora da zona de conforto. Nas palavras de Vélez, *é preferível mirar alto e falhar do que mirar baixo e acertar, porque mesmo sem atingir 100%, o progresso será muito maior.* Esse enfoque audacioso permeia a definição anual de OKRs, desafiando a organização a romper limites e a não se conformar com metas modestas.

As Prioridades de 2024

Entender como o Nubank estabelece seus objetivos anuais é interessante porque revela suas prioridades e como pretende alcançá-las. Em 2024, o Nubank traduziu sua estratégia em quatro prioridades estratégicas — seus OKRs corporativos — focadas em consolidar mercados e expandir a oferta. Esses

---

[198] Velez, David. Nubank. Nu Videocast. 2025 priorities. Feb 2025. https://youtu.be/pHTRPWWgcRw?si=Mo0CM_s9YTEb6k8W

objetivos exemplificam como a Nu aplica OKRs em diferentes áreas do negócio:

1. **Consolidar o México como segundo mercado.**
   Transformar o México em uma base de clientes massiva e sólida. O OKR implicava quase dobrar o número de usuários no país durante 2024. Resultado: em um ano, o Nubank passou de 5,3 milhões para 10 milhões de clientes no México, construindo uma das maiores bases de usuários de uma instituição financeira no país. Essa expansão agressiva — acompanhada do lançamento de novos produtos e de uma licença de entidade financeira em processo — fortaleceu sua posição internacional.

2. **Crescer em crédito com garantia no Brasil.**
   Entrar e escalar no segmento de empréstimos com garantia (como consignado), o nicho mais lucrativo do mercado tradicional, dominado pelos bancos incumbentes. O Nubank partia praticamente do zero no início de 2024. Seu OKR era capturar uma parcela significativa do mercado em um ano. Ao fim de 2024, alcançou um portfólio de mais de US$ 1 bilhão em créditos com garantia, o que significou crescimento de 650%, chegando a 30% de participação nas novas originações da subcategoria empréstimos FGTS.[199] Além disso, firmou 9 convênios com entidades públicas

---

[199] Nota: O FGTS (Fundo de Garantia do Tempo de Serviço) é um fundo brasileiro que funciona como uma reserva de segurança para o trabalhador. Todos os meses, o empregador deposita o equivalente a 8% do salário bruto do funcionário em uma conta vinculada ao seu contrato de trabalho.
Esse fundo pode ser sacado em situações específicas, como demissão sem justa causa, doença grave, aposentadoria ou aquisição de imóvel próprio.

para oferecer o produto a seus funcionários. O avanço mostrou a capacidade da Nu de desafiar os grandes bancos em seu próprio terreno com OKRs agressivos e execução rápida.

3. **Expandir no segmento de alta renda.**
Aumentar a adoção do Nubank Ultravioleta (cartão premium) e de outros produtos voltados a clientes de alta renda — um público onde a Nu já estava presente, mas com baixa participação. O objetivo era crescer a base e elevar o engajamento com a plataforma. Em 2024, foi o segmento de maior crescimento: o Nubank alcançou mais de 700 mil clientes Ultravioleta e obteve um dos NPS mais altos do mercado nesse público: 84%. Também aumentou consideravelmente o volume transacionado e os saldos de investimento desses clientes. *Embora seja uma jornada de longo prazo*, os resultados iniciais validaram a estratégia de experiências diferenciadas (por exemplo, benefícios de viagem ampliados, cashback em cripto e acesso ilimitado a um lounge exclusivo no aeroporto de São Paulo; um eSIM com 10 GB por 30 dias em 195 países para manter conectividade em viagens).

4. **Construir uma plataforma além dos serviços financeiros ("money platform").**
Com uma base massiva no Brasil (a Nu alcança cerca de 60% da população adulta como clientes), a empresa decidiu oferecer novas verticais não bancárias dentro do seu ecossistema. O OKR incluiu iniciativas em e-commerce, viagens e telecom ao longo de 2024. O avanço foi notável: a Nu integrou um marketplace (Shopping no app) onde mais de 1 milhão de clientes

compraram no primeiro ano; lançou o Nu Viagens (agência digital) e um serviço móvel próprio, o NuCel. Esses passos marcam o início da evolução da Nu para uma plataforma digital integral, aproveitando a confiança de dezenas de milhões de usuários para oferecer valor além da banca tradicional.

Em conjunto, os exemplos mostram como os OKRs do Nubank abrangem tanto crescimento de mercado (expansão geográfica e de clientes) quanto metas de produto e tecnologia. Cabe destacar que a excelência operacional e tecnológica é um pilar subjacente em muitos OKRs. Por exemplo, a Nu impõe objetivos contínuos de eficiência e escalabilidade da plataforma: historicamente mantém o custo operacional por cliente abaixo de US$ 1/mês, indicador extraordinário que reflete o foco em automação e controle de gastos para ser provedor de baixo custo. Isso não é casualidade, e sim fruto do valor corporativo de *buscar eficiências inteligentes* — usar tecnologia para crescer de forma simples e barata, transferindo economias aos clientes.

Da mesma forma, em tecnologia e segurança, a Nu fixa OKRs para reforçar confiança e experiência do usuário. Exemplo: o Modo Rua no Brasil. Pesquisas identificaram que muitos clientes tomavam medidas extremas (sair do app, baixar limite do cartão etc.) por medo de assaltos ao usar o app na rua.

Em resposta, um time multidisciplinar propôs e desenvolveu rapidamente o Modo Rua, que permite pré-definir redes Wi-Fi confiáveis (ex.: casa) e, quando fora delas, ativar restrições automáticas de segurança. O projeto nasceu como OKR de produto focado em segurança e, em menos de seis meses, estava operando para mais de 100 milhões de usuários no

Brasil. Casos assim mostram como os OKRs na Nu também impulsionam inovação técnica e operacional, atacando problemas fundamentais com soluções criativas (outro mantra cultural é construir produtos "fundamentalmente diferentes, não apenas um pouco melhores").

Nem Tudo é Roxo

A marcha firme e acelerada do Nubank é também apressada: há metas a cumprir e o tempo é limitado. Isso faz parte da identidade da empresa. Mas às vezes se esquece que são pessoas que movem as organizações — não há robôs capazes de fazer qualquer tarefa, a qualquer momento, sob qualquer circunstância. As pessoas se cansam, sentem pressão, se frustram, precisam de descanso e... apoio. A energia não é infinita.

Em 9 de agosto de 2025, Jessica Reis publicou no LinkedIn uma nota intitulada: "Pedi demissão do Nubank".[200] Em apenas 5 dias, viralizou — tanto pela coragem e empatia que gerou quanto pelas razões com as quais muitos se identificaram. Mais de 13.740 reações positivas e mais de 327 comentários.

O que dizia o post?

Pedi demissão do Nubank.

---

[200] Reis, Jessica. LinkedIn. Ago 2025. "Eu pedi demissão do Nubank". https://www.linkedin.com/posts/jessicacamreis_liberdade-carreira-transição-activity-7359731318399602688-U_UI/?originalSubdomain=pt

Essa frase ressoou na minha cabeça por semanas antes de finalmente sair.

Foram quase quatro anos.

No começo, tudo era novo, desafiador, estimulante...

Trabalhar no banco roxo era como vestir uma armadura brilhante e dizer: "Faço parte disso".

E, de fato, conheci mentes brilhantes. Pessoas que mudaram minha forma de pensar, que eram parceiras e mereciam o mundo.

Mas, com o tempo, percebi que a armadura pesava muito. Muito.

Depois vieram as metas inalcançáveis.
Natal e Ano-Novo eram dias úteis.
Trabalhei domingos e mais domingos. A equipe antifraude protegeu milhões de clientes.

Mas... quem protegeu a equipe antifraude?

A realidade virtual foi ótima.
O plano de saúde, excelente.
Mas eles não compram um sono tranquilo, um corpo sem dor nem uma mente em paz.

Sair do meu trabalho foi libertador.
Hoje eu durmo.
Hoje eu descanso.
Hoje eu existo sem um crachá.

E aqui vai uma pergunta:
Quanto vale sua saúde física e mental?

Se a resposta for "menos do que seu trabalho", talvez seja hora de repensar suas cores.

O mundo não é todo roxo.
E eu estou pronta para descobrir minha próxima cor.

Jessica Reis

Sua última frase ficou no ar como uma provocação silenciosa.

O que Jessica escreveu tornou-se, para muitos, um espelho. Porque mesmo as melhores culturas podem vacilar se os detalhes cotidianos não forem cuidados.

Enquanto eu escrevia este livro, muitas pessoas compartilharam suas experiências na Nu. Algumas lembram como uma das etapas mais empolgantes da carreira. Outras, como a mais exaustiva.

Conheci um ex-colaborador que me confessou:

> *Estou cansado. Esse pessoal tem uma energia imparável, mas eu já não acompanho esse ritmo. Ideias demais, velocidade demais, mudanças demais, indefinições demais.*

Ele ficou apenas um ano e, como Jessica, sentiu alívio ao sair.

Outros me contaram, com o entusiasmo de quem acabou de chegar, que finalmente entraram no Nubank... mas poucos meses depois já estavam exaustos. Uma história que lembra o que já foi o Google: um lugar onde milhares sonhavam trabalhar, mas poucos aguentavam o ritmo.

E nem Google, nem Nubank, nem Meta foram o paraíso do empregado. O próprio Laszlo Bock,[201] ex-diretor de Pessoas do Google, reconhecia:

> *Passamos mais tempo trabalhando do que fazendo qualquer outra coisa. Não é justo que essa experiência seja desmotivadora ou desumanizante.*

O fato é: nem todos estão felizes na Nu, mas isso também acontece em qualquer empresa. No entanto, ao ler ou ouvir histórias, percebe-se quando há algo sob o ruído. O trabalho no Nubank, como no Google, é intenso e extenuante — e não é para qualquer um.

Um artigo recente no Business Insider retrata esse fenômeno — uma virada de 180°. O que antes eram dias de benefícios abundantes, flexibilidade e "cuidado com o empregado", virou modelos de produtividade radical. Acabaram os dias de comida grátis e horários relaxados. Agora se exige mais, com menos.

> *... empresas como Meta, Amazon, Google e Microsoft ... exigiram maior rendimento e eficiência. (...) funcionários relatam alto estresse e burnout. A era dos "mimos e equilíbrio" parece ter terminado.*[202]

---

[201] Bock, Laszlo. Work Rules! Insight from inside Google. Abr. 2001. Ed. HODDER & STOUGHTON. ISBN-13: 978-1444792386
[202] Stewart, Ashley. Business Insider. Mar 2025. "Tech employees are getting the message: Playtime's over".
https://www.businessinsider.com/tech-industry-amazon-microsoft-meta-google-companies-intensity-hardcore-2025-3

Isso pode funcionar no curto prazo, mas tende a ser insustentável se não vier acompanhado de apoio emocional e reconhecimento. Promove-se a intensidade — o que pode ser bom —, mas o pêndulo não deve ir ao extremo. Essa nova narrativa centrada na intensidade exige resultados, porém corre o risco de ignorar o custo humano. Aí, se a cultura não for forte, o discurso começa a trincar.

O Nubank tem uma cultura sólida, poderosa, magnética. Mas até valores fortes se desgastam se não forem atualizados com empatia. Gestores excessivamente zelosos por cumprir metas podem desgastar seus times. Alcançar objetivos não deveria significar esgotar quem os atinge. Trata-se de chegar com inteligência, e não de empurrar até a exaustão.

E tudo começa por reconhecer alguns sinais claros:

1. **Cultura declarada vs. cultura vivida.**
   A Nu projeta uma cultura vibrante, centrada nas pessoas. Mas depoimentos como o da Jessica revelam jornadas excessivas, pressão constante e desgaste emocional difícil de ignorar. A lacuna entre o que se proclama e o que se vive por dentro torna-se um risco silencioso, porém profundo.

   Parafraseando Drucker: *o esgotamento devora a cultura, assim como a cultura devora a estratégia.*

2. **Uma cultura de "heroísmo constante".**
   Trabalhar domingos, feriados e não parar nunca não deveria ser medalha. Recompensar a sobre-exigência termina punindo o equilíbrio. A longo prazo, isso desgasta, afasta talento sênior e corrói o pertencimento.

3. **Da armadura ao desencanto.**
   Vestir a armadura roxa é uma metáfora poderosa. Mas, se ela vira fardo, algo saiu do trilho. Quando a identidade de marca não coincide com a experiência interna, a narrativa se desfaz.

4. **Uma história que pode ensinar.**
   O caso da Jessica não é só um depoimento individual. É um alerta. Um lembrete de que a cultura se constrói todos os dias — em cada reunião, em cada decisão, em cada meta que se impõe.

O Nubank continua sendo uma história admirável. Mas também é um experimento vivo. E, como tudo o que está vivo, precisa de revisão constante. Não basta ter valores claros e um propósito inspirador. Sem estruturas reais de apoio — descanso, comunidade, liderança empática — a cultura, por mais forte que pareça, começa a se desgastar por dentro.

Uma Sílaba: NU

A história do Nubank não se conta apenas por meio de seus resultados financeiros e sua tecnologia inovadora, mas também através de sua identidade visual. Tudo começou com uma recomendação crucial de Doug Leone sobre mudar o primeiro nome da empresa: EOS.

David, sempre atento às oportunidades de melhoria, pôs mãos à obra para encontrar um novo nome que encapsulasse melhor a missão e a visão da empresa que tinha em mente. Assim nasceu o Nubank.

A criação dessa nova identidade parece ter sido encomendada a uma agência de design em São Paulo, a Epigram Brand Union.[203] Um design baseado na palavra NU — banco NU. O resultado foi um símbolo formado pelas letras «nu» unidas em um traço contínuo. O design foi concebido como um ambigrama, de modo que o logotipo pode ser lido de cabeça para baixo quase da mesma forma que de cima para baixo. As linhas geométricas e entrelaçadas do logo transmitem

---

[203] Comunidad Fandom. Logopedia. Logotipo Nubank. 2025. https://logos.fandom.com/es/wiki/Nubank#:~:text=2014

solidez e fluidez, enquanto a cor roxa — pouco usual no setor bancário tradicional — reforçou a ideia de modernidade e diferenciação.

A escolha da cor roxa e o desenho do logotipo não foram decisões aleatórias. Foram estrategicamente pensadas para diferenciar-se dos bancos tradicionais, que normalmente utilizavam cores conservadoras como o azul e o cinza. O roxo, por outro lado, simbolizava uma alternativa fresca e verdadeiramente disruptiva no setor financeiro.

Fiel à sua intenção original, a marca Nubank evoca alegria e simplicidade. O nome «NU» não é apenas um jogo de palavras: significa «nu» em português, refletindo transparência e honestidade.

A Renovação Visual do Nubank

Para o Nubank, a marca é tudo. E o logotipo também. Se se trata de uma rebelião contra o obsoleto, de uma promessa de simplicidade e dignidade financeira, então sua imagem precisa expressar isso.

Oito anos depois de seu nascimento, com milhões de clientes e uma expansão que já alcançava vários países, o Nubank sentiu que sua imagem precisava crescer no ritmo de sua ambição.

O mundo financeiro se tornava mais competitivo, os gigantes despertavam e a percepção precisava acompanhar o impacto. A Nu precisava parecer — e sentir-se — mais forte, mais próxima, mais global.

UMA SÍLABA: NU

Assim, em 2021, o Nubank renovou sua identidade visual. Não era um simples redesenho; era uma reafirmação de caráter:

> *As curvas que formam «NU» agora são mais suaves e menos quadradas, mostrando nosso lado humano.*
>
> *A fluidez também mudou: é como se duas fitas girassem, representando um movimento que nunca para — assim como nós nunca paramos de evoluir.*
>
> *As cores ganharam mais peso nas letras, tornando a leitura mais acessível e representando nossos produtos mais maduros.*
>
> *Tudo isso se traduz no mais importante: nossa proximidade com as pessoas.*[204]

Para essa tarefa, o Nubank colaborou estreitamente com os sócios da Pentagram, Eddie Opara e Marina Willer, e suas equipes em Londres e Nova York — o mesmo estúdio de design que criou o novo logotipo da MasterCard.[205]

A nova identidade de marca do Nubank representa uma evolução significativa em relação à imagem anterior, eliminando a palavra "banco" para refletir sua visão de um novo tipo de negócio e de fazer bancarização.[206]

---

[204] Cfr. Nubank Editorial. https://building.nubank.com.br/new-logo-nubank/
[205] Fernández, Laura. Graffica. Branding. Jul 2016. "El rediseño de MasterCard. Simplicidad y conectividad". https://graffica.info/el-rediseno-de-MasterCard/
[206] Pentagram Nubank, Identidade de Marca. https://www.pentagram.com/work/nubank/story

A nova identidade mantém o icônico roxo, famoso pelos cartões do Nubank apelidados de roxinho, mas agora amplia a paleta de cores, permitindo seu uso em diversos setores e audiências.

Os Fãs do Nubank

Comprar um celular ou uma televisão é simples: você escolhe o produto, paga e leva para casa. Se não gostar, pode devolver e pronto — ou até decidir nunca mais comprar daquela marca e contar a outros sobre sua má experiência. Nesse tipo de compra, a transação é rápida e o valor do produto é imediato e tangível.

Os serviços financeiros, por outro lado, são outra história. Abrir uma conta, solicitar um cartão ou um empréstimo não é apenas uma compra: é o início de um relacionamento. Você está confiando seu dinheiro, sua tranquilidade e parte do seu futuro a essa instituição. Não basta que funcione bem uma vez; deve funcionar bem sempre, sem surpresas.

Por isso, o atendimento ao cliente no mundo financeiro não pode se limitar a ser apenas eficiente. Precisa ser empático, constante e confiável. O que está em jogo não é apenas uma compra: é a confiança.

Clientes, não Números

Em uma entrevista, David refletia sobre um dos temas mais cruciais para qualquer empresa: a retenção de clientes.

É simples, mas claro. As pessoas querem estar com quem as trata bem, e os clientes querem estar com as instituições que os tratam bem.[207]

Para desenhar a fórmula com que o Nubank trataria seus clientes, David e seus cofundadores não improvisaram. Passaram meses estudando profundamente as empresas que haviam elevado o atendimento a outro nível. Visitaram a Zappos[208] e passaram dois dias imersos em sua cultura, entendendo como funcionavam, como pensavam, como estruturavam tudo. Também analisaram a magia por trás da Disney,[209] a calidez operacional da Southwest Airlines e a precisão obsessiva da Amazon.

---

[207] Cfr. Op.Cit. Trava, Oswaldo. Abr 2020. Podcast Nubank.
[208] Zappos é uma empresa de varejo online conhecida principalmente por sua ampla seleção de calçados. Fundada em 1999, Zappos se destacou por seu foco no atendimento ao cliente e por uma cultura corporativa única. Oferece uma variedade de produtos que incluem roupas, acessórios e muito mais. Em 2009, a empresa foi adquirida pela Amazon. Zappos é reconhecida por sua política de devoluções fáceis e serviço ao cliente excepcional, fatores que contribuíram significativamente para sua popularidade e sucesso no comércio eletrônico.
[209] O Disney Institute dedica-se a oferecer treinamentos e consultorias para empresas e profissionais externos, ensinando práticas empresariais e princípios de liderança baseados nas estratégias e no sucesso da Disney. Oferece seminários, workshops e programas personalizados em áreas como liderança, cultura organizacional, atendimento ao cliente e inovação. Esses programas se baseiam nos métodos e filosofias que tornaram a Disney uma referência mundial em excelência e experiência do cliente.

OS FÃS DO NUBANK

O Nubank chegou a enviar vários de seus colaboradores para treinamentos especializados na Disney, para absorver diretamente essa experiência tão icônica. Mas, no fim do dia, não se tratava de copiar, e sim de se inspirar para criar algo próprio. E assim foi: o Nubank encontrou sua própria fórmula, sua maneira única de transformar cada interação com o cliente em uma oportunidade de gerar confiança, proximidade e admiração.

Atualmente, o Nubank já ultrapassou 123 milhões de clientes, um feito colossal que o coloca na mesma conversa que os maiores bancos do mundo. Apenas seis instituições financeiras superam essa marca — três chinesas, uma europeia e uma indiana.[210]

Fora da Ásia, o panorama é diferente: Santander conta com 172 milhões de clientes, JPMorgan Chase com 80 milhões, BBVA com 78 milhões, e Bank of America e Wells Fargo com 69 milhões cada.[211]

Para uma empresa que nasceu há apenas 13 anos, esse nível de tração é extraordinário. Mas há algo ainda mais importante do que conquistar milhões de clientes: é mantê-los — e mantê-los felizes.

---

[210] Nota: Não é possível obter um número exato de clientes por instituição bancária, pois esses dados nem sempre são reportados corretamente — às vezes as instituições separam ou somam clientes individuais e empresariais, ou simplesmente não divulgam publicamente esses números.
[211] Cfr. Jimenea, Adrian et al. Abr. 2024. S&P Global. "The world's largest banks by assets, 2024".
https://www.spglobal.com/marketintelligence/en/news-insights/research/the-worlds-largest-banks-by-assets-2024

E, se isso já é um desafio em qualquer setor, no mundo bancário é uma prova de fogo. Na corrida por conquistar o mercado, muitos bancos movem céu e terra para atrair usuários. Lançam campanhas espetaculares, fazem promessas, distribuem bônus... até panelas. Mas poucos entendem que o realmente difícil não é atrair clientes, e sim atendê-los bem. Escutá-los de verdade. Resolver seus problemas com empatia. Ganhar sua confiança dia após dia.

Não basta ter um app bonito ou um design limpo. O que se precisa — o que realmente importa — é oferecer segurança, transparência, humanidade... e respostas quando elas são necessárias.

É aí que o Nubank alcançou algo mais profundo. Enquanto a média de satisfação dos clientes no setor bancário gira em torno de 41 pontos de Net Promoter Score (NPS),[212] o Nubank atingiu um NPS de 90. Não é um número qualquer: é o reflexo de que seus clientes não estão apenas satisfeitos, mas dispostos a recomendar o serviço. Ou seja, confiam.

E confiança, em banco, é tudo.

Crescimento sem qualidade de serviço é promessa vazia. O Nubank não compete apenas por volume, mas por relacionamento. E é nesse enfoque que está a verdadeira revolução: ter crescido tanto sem perder a alma.

---

[212] Gocheva, Cvetilena. Customer Gauge. Experience Benchmarks. NPS Financial Services / 27 Banking NPS Scores 2025. https://customergauge.com/benchmarks/blog/financial-services-nps-benchmarks

No campo das curiosidades, embora pareça ilógico, justamente por ser a Nu um banco no Brasil, com uma imagem jovem, millennial e "pouco tradicional", ela possui 60% dos idosos como clientes.

David refletia sobre essa metade da população adulta brasileira:

> *«Sim! É desse tamanho a oportunidade que temos em nossas mãos! Nem o JP Morgan pode se orgulhar de algo parecido nos Estados Unidos!»*[213]
>
> *Estamos falando de uma base gigantesca de consumidores que depositou sua confiança e suas economias em nós, transformando-nos em uma das marcas mais valiosas e leais do Brasil e da América Latina.*[214]

E assim, na Nu, realmente tudo gira em torno do cliente. Cristina comentava:

> *Nunca devemos presumir que o cliente está ali e é nosso. (...) Todos os dias devemos continuar merecendo esse cliente, porque ele pode ir embora a qualquer momento. Ele deve escolher ficar conosco.*
>
> *Não queremos prender o cliente com truques e contratos. Queremos que ele queira estar aqui*

---

[213] Op. Cit. NPS Financial Services. O banco J.P. Morgan possui um NPS (Net Promoter Score) de 31.
[214] Cfr. Op.Cit. Trava, Oswaldo. Entrevista. Abr 2020.

conosco, que escolha estar conosco, que nos ame. Acho que esse é o grande segredo.[215]

De Reclamações à Lealdade

O Nubank considera que sua diferença em relação a outras instituições financeiras está em sua determinação inabalável de melhorar continuamente. Muitas das insatisfações de um cliente acontecem porque algo não funcionou como deveria, e ele busca alguém para ajudá-lo a resolver. No caso da Nu, a meta é que isso ocorra cada vez menos — e a melhor forma de conseguir é automatizar tudo, fazendo com que o app consiga resolver tudo — e bem.

Se surge um erro, uma dúvida ou algo que não funciona como deveria, a empresa se compromete a resolver sem demora. É uma questão de cultura. Acreditam firmemente que esse enfoque os distingue no setor, pois muitas empresas param de buscar soluções eficazes quando crescem demais.

Para muitos bancos, delegar tudo ao call center parece suficiente — deixar que eles tentem encontrar o nó e desatá-lo, e assunto resolvido. Mas isso, claro, nunca funcionou — e nunca vai funcionar. (Uma das queixas recorrentes sobre o cartão de crédito da Apple, operado pelo Goldman Sachs, é que o call center não resolve os problemas).

---

[215] InvestNews BR. May 2023. "Nubank mira em alta renda e Inteligência Artificial, diz Cris Junqueira".
https://www.youtube.com/watch?v=b2q9BXkXkcQ

No caso do Nubank, eles querem elevar constantemente o padrão, porque estar perto o suficiente do cliente não basta para a Nu.

A meta é melhorar sempre, resolver os problemas pela raiz e gerar mais eficiência. É isso o que se propõem — e é isso o que querem alcançar.

Os Xpeers

Falar sobre o "Atendimento ao Cliente" do Nubank é uma experiência diferente. Eles respondem de forma muito informal, extremamente amável e, de fato, buscam resolver sua dúvida ou problema. As pessoas que trabalham no atendimento têm um perfil muito diferente daquele que normalmente é contratado nos bancos tradicionais.

A Nu as chama de Xpeers, e elas se dedicam exclusivamente ao serviço aos clientes. Sua função é atender, responder perguntas, resolver problemas e entender o que realmente está acontecendo. São a ponte entre os clientes e o banco.

É um time grande, formado por mais de 25 nacionalidades diferentes, o que lhes permite atender em vários idiomas: português, espanhol, inglês, francês e italiano.

Cristina contou uma vez, em uma entrevista, uma anedota reveladora sobre como funcionam os Xpeers.

Um dia, um cliente ligou para o atendimento, visivelmente emocionado, pedindo um aumento no limite de seu cartão de crédito. Seu entusiasmo tinha uma razão muito especial: ele queria comprar um anel para pedir a namorada em casamento.

O Xpeer que o atendeu não apenas aprovou o aumento, como também se comoveu com a história. Demonstrando um nível de empatia pouco comum, decidiu acompanhar o desfecho desse momento tão importante. De alguma forma, a história chegou aos ouvidos de outros membros da equipe, que receberam uma foto do casal.

Sem pensar duas vezes, imprimiram a foto, emolduraram com cuidado e, pouco depois, enviaram ao cliente em nome do Nubank — criando uma lembrança tangível de um momento único.[216]

Esse tipo de gesto reflete uma ideia simples, mas poderosa: os clientes não devem ser tratados como números, e sim como pessoas com histórias e sonhos próprios. Dizer isso é fácil — implementá-lo é outra história.

Esse serviço é tão fundamental para o Nubank que, em setembro de 2017, decidiram criar um evento anual em que todos — de analistas a diretores — participariam como Xpeers. Durante esse evento, todos atuam no atendimento, inclusive os próprios fundadores: Cristina, Edward e David assumem turnos de quatro horas para escutar diretamente os clientes.

Edward, apesar do desafio de entender o sotaque do nordeste brasileiro, conseguiu atender cerca de 25 ligações.

---

[216] De Nuccio, Dony. InvestNews BR. May 2023. "Nubank mira em alta renda e Inteligencia Artificial diz Cris Junqueira".
https://youtu.be/b2q9BXkXkcQ?si=l-t-GCjctnRcQI62

David, com seu entusiasmo habitual, respondeu a aproximadamente 30 chamadas.

Cristina, sempre dedicada, também atendeu um número significativo de clientes.[217]

A iniciativa tinha como objetivo inspirar todo o time a manter o foco no serviço e na empatia.[218] Hoje, o Nubank incentiva todos os Nubankers a participar do call center — é a melhor maneira de estar perto dos clientes.

A visão por trás do conceito Xpeers é ainda mais ambiciosa: o time de atendimento é composto não apenas por profissionais de suporte, mas também por engenheiros de aplicações.

O objetivo vai além de atender os clientes: é fazer com que os engenheiros compreendam, de primeira mão, os problemas que podem surgir nos sistemas.

Queriam que os engenheiros ouvissem diretamente dos clientes o que viam, o que não funcionava, o que os frustrava. Assim, todos podiam ter uma visão mais clara de como os times de Xpeers e de engenharia poderiam colaborar para resolver os problemas juntos.

O mais interessante era entender tanto a frustração quanto a emoção dos clientes.

David comentava que é muito fácil para um engenheiro ou diretor esquecer o quão frustrante pode ser para o cliente

---

[217] NZN. The Brief Sep 2017. "O CEO do Nubank senta na cadeira do SAC" https://www.youtube.com/watch?v=w0cwc99WcDw
[218] Cfr. NZN. The Brief Sep 2017.

quando algo não funciona bem. Essa iniciativa era uma oportunidade única para compreender e servir os clientes como eles realmente desejam ser atendidos.

Com isso, o Nubank não apenas se compromete a oferecer soluções, mas também garante que cada membro da equipe — independentemente do cargo — entenda a importância da experiência do cliente.

Essa abordagem colaborativa e empática não apenas melhora os serviços, como fortalece o vínculo com os usuários, garantindo que se sintam ouvidos e valorizados em cada interação.

A cultura do Nubank é jovem, mais informal e com ênfase na honestidade.

A regra é tratar os clientes como amigos, eliminando aquela formalidade de "o senhor / a senhora".

É uma equipe bem remunerada para garantir um serviço de qualidade.

Para o Nubank, o atendimento não é uma obrigação, é uma prioridade — uma forma de oferecer o melhor cuidado possível.[219]

O objetivo final é resolver problemas, não apenas ouvi-los e registrá-los em um sistema.

Os Xpeers se concentram em entender e encontrar soluções, evitando jargões técnicos que possam confundir o cliente.

---

[219] Canaltech. Entrevista Edward Wible. May 2016. "Nubank: o futuro dos cartões de crédito".
https://www.youtube.com/watch?v=UNOlZ2iWg4Y&t=8s

OS FÃS DO NUBANK

A premissa é simples: 99,9% dos problemas podem ser resolvidos, sempre buscando a maneira mais fácil e econômica, em tempo e dinheiro.

O Nubank conta com sistemas que fornecem informações em tempo real e um processo contínuo de feedback sobre o serviço e o funcionamento dos produtos. Durante uma ligação, dois times trabalham juntos: um atende o cliente e outro, da área de sistemas, ouve os problemas. Isso ajuda os engenheiros a fazer os ajustes necessários para melhorar o desempenho, identificar padrões e resolvê-los.

Para treinar os Xpeers, o Nubank utiliza muito a observação e imitação dos colaboradores mais experientes, ensinando o tom de voz, a forma de falar e a maneira de tratar os clientes. Embora existam manuais e documentação, a filosofia final é: tratar o cliente como você gostaria de ser tratado.

David comentava sobre o evento:

> *Não é pedir muito que todos, pelo menos uma vez por ano, passem um dia ouvindo os clientes. Isso nos aproxima deles e nos mantém focados.*

Até agora, o Nubank preferiria concentrar seus esforços em um atendimento 100% humano, mas isso está se tornando cada vez mais difícil.

Por isso, vem experimentando diversas soluções para continuar resolvendo os problemas dos clientes.

A primeira medida foi rotear as chamadas de forma mais inteligente, tentando, por meio de perguntas iniciais, encaminhar o cliente para a área mais preparada para ajudá-lo.

«É uma responsabilidade enorme, porque estamos lidando com o dinheiro dos clientes — e levamos isso muito a sério», afirmava Edward.[220]

Um exemplo revelador da eficácia dessa estratégia está no testemunho de um cliente do Nubank:

«Se eu tiver que escolher qual cartão pagar primeiro, sempre escolho o Nubank, porque é o único que me tratou bem.»

Essa declaração, simples mas poderosa, resume a essência da relação que o Nubank construiu com seus clientes.

Não se trata apenas de oferecer um produto financeiro, mas de proporcionar uma experiência humana e acolhedora.

É essa conexão emocional — e a sensação de ser valorizado — que leva os clientes a priorizar o Nubank acima de outros concorrentes.

Marketing sem Gravata

Uma campanha de marketing não é apenas um conjunto de ações dispersas; é uma orquestra perfeitamente sincronizada de táticas projetadas para promover um produto, serviço ou marca, alcançando objetivos específicos em um determinado período. Sua eficácia se baseia em uma profunda pesquisa de mercado e

---

[220] NZN. The Brief Ed Wible. "O que o CTO da Nubank pensa sobre atendimento ao cliente" https://www.youtube.com/watch?v=uUJ-t7qsQaQ

do público-alvo, utilizando uma combinação coerente de canais e ferramentas de comunicação, como publicidade, relações públicas, marketing digital e promoções. A verdadeira medida de seu sucesso está na capacidade de gerar reconhecimento de marca, atrair e reter clientes e, em última instância, impulsionar as vendas e o crescimento da empresa. Sua missão fundamental é fazer com que o produto seja conhecido por clientes atuais e futuros.

Um produto revolucionário como o da Nubank, de acordo com essa lógica, exigiria campanhas de marketing massivas para conquistar notoriedade e atrair a atenção das pessoas — tarefa nada fácil em um mercado saturado de concorrentes. No entanto, a realidade apresentou um desafio que transformou radicalmente a forma como a Nubank enxergava o marketing.

Quando a Nubank estava pronta para lançar seu cartão de crédito, o passo lógico seria promovê-lo de forma agressiva, com uma grande campanha. Mas a própria natureza dos cartões de crédito complicava essa iniciativa, e a prudência de David quanto aos riscos envolvidos fez com que tudo acontecesse de outro modo.

Antes de qualquer coisa, a Nubank precisava conhecer bem seus clientes, pois ao oferecer um cartão de crédito estaria, na prática, emprestando dinheiro com a expectativa de recuperá-lo — e ganhando uma comissão por transação. Nessa fase, a empresa ainda precisava ajustar seu sistema de análise de risco, portanto não fazia sentido embarcar em uma campanha cara e de grande alcance.

Era hora de começar de forma simples: apenas divulgar a existência do produto. Assim, David optou por uma estratégia mais sutil e direta — conseguir que uma revista escrevesse sobre eles, despertando curiosidade e atraindo possíveis clientes. A primeira menção passou despercebida, mas uma segunda, publicada algum tempo depois em uma revista especializada, chamou a atenção de muitos consumidores. O resultado foi uma avalanche de pedidos: a demanda pelo cartão cresceu de forma geométrica.

O sucesso, porém, trouxe um novo problema. A Nubank não tinha como atender a todos os pedidos de imediato — só conseguia processar entre 15% e 20% das solicitações. Lançar uma grande campanha seria contraproducente. Então, optaram por uma solução criativa: desacelerar o processo e deixar que os pedidos chegassem naturalmente, sem aprová-los de imediato, evitando sobrecarregar o sistema até que estivesse completamente ajustado.

Para responder aos interessados, criaram uma ideia genial: a Lista de Espera. Ela tranquilizava os solicitantes e, ao mesmo tempo, gerava ainda mais desejo, porque criava escassez. E, como dita a economia básica, quanto mais raro algo parece, mais as pessoas o querem.

Com isso, a grande campanha de marketing mostrou não ser indispensável. A Nubank redefiniu sua estratégia, apostando em um marketing baseado em valores, cultura e propósito, consolidando uma identidade única e fortalecendo sua relação com os clientes.

Hoje, a Nubank vive uma nova fase como marca — uma que transcende o funcional e abraça o emocional, o cultural e o humano. Suas campanhas não são simples peças publicitárias, mas experiências narrativas desenhadas para criar identificação, conversando com o cliente em seu idioma, em seu contexto e, muitas vezes, em seus sonhos.

Quando a Nubank atingiu 100 milhões de clientes, lançou a campanha «*Você no Centro de Tudo*»,[221] uma poderosa declaração visual e emocional para celebrar o marco. Em vez de números ou produtos, a campanha colocou as pessoas no centro, ressaltando que a Nubank não é apenas uma empresa financeira, mas um mosaico formado pelas histórias, sonhos e decisões de cada cliente. O ponto alto foi uma ativação espetacular no Exosphere de Las Vegas, a maior tela esférica de LED do mundo, onde rostos reais de usuários dos três países foram projetados envoltos em partículas roxas — uma representação visual de como cada indivíduo molda o todo.

No Brasil, a marca levou sua mensagem ainda mais alto com a presença do ator Matt LeBlanc, conhecido por seu papel como Joey em Friends. O filme publicitário, com 6 minutos e 30 segundos, mostra o ator interpretando a si mesmo, brincando com a ideia de criar seu próprio banco, o "Lebanc" — até perceber que o nome certo era, claro, Nubank.[222]

No México, a campanha «Tinta Nu»,[223] estrelada por Belinda, ícone pop e símbolo do estilo alternativo, apresentou um estúdio de tatuagens onde se ajuda as pessoas a corrigir seus

---

[221] Blog.nubank. May 2024. "Nubank reaches 100 million customers: how we got here". https://blog.nubank.com.br/nubank-100-million-customers/
[222] NU, Newsroom. Nov 2024. "Matt LeBlanc estreia campanha do Nubank" https://international.nubank.com.br/pt-br/consumidores/matt-leblanc-estreia-campanha-do-nubank/
[223] Merca 2.0. Feb 2025. "Belinda y NU lanzan campaña "Toma la Decisión". https://www.merca20.com/belinda-y-nu-lanzan-campana-toma-la-decision/

erros — tanto na pele quanto nas finanças. A mensagem: os erros podem ser transformados em algo novo.

Na Colômbia, a campanha «Cajitas para mi gente»[224] colocou as pessoas no centro. Em vez de usar a linguagem fria das finanças, a Nubank falou no tom cotidiano da comunidade para apresentar as Cajitas, espaços dentro da conta onde é possível guardar e fazer o dinheiro crescer com um propósito. O famoso apresentador Jorge Barón estrelou a campanha, destacando o valor do hábito de poupar. A cada novo cliente que abrisse uma Cajita, a Nubank oferecia $10.000 pesos colombianos[225] como incentivo inicial para começar a economizar.

Outra campanha marcante, lançada no Brasil e no México, foi «Piecito», uma divertida parceria com Netflix, inspirada no universo de Wandinha (Wednesday Addams) e produzida com o apoio de Tim Burton. Em vez de usar o famoso personagem "Mãozinha", a marca criou um novo protagonista: um pé direito sonhador, rejeitado em testes de elenco, mas cheio de esperança. Ele encontra seu lugar no mundo graças às decisões inteligentes que se podem tomar "com o pé direito" — e com a Nubank. A campanha, cocriada pelos times do Brasil e do México, misturou humor, cultura pop e educação financeira, resultando em uma peça tão divertida quanto memorável.[226]

---

[224] NU, Newsroom. May 2025. "Nu Colombia lanza "Cajitas para mi gente" para transformar metas financieras"
https://international.nubank.com.br/es/clientes/nu-colombia-lanza-cajitas-para-mi-gente-para-transformar-metas-financieras/
[225] Nota: Os 10.000 pesos colombianos equivaliam aprox. a US$ 2,50.
[226] Nubank Newsroom. Jul 2025. "Nu lanza campaña en Brasil y México inspirada en Merlina, la icónica serie de Netflix"
https://international.nubank.com.br/es/compania/nu-lanza-campana-en-brasil-y-mexico-inspirada-en-merlina-la-iconica-serie-de-netflix/

O CAC Roxo

Em qualquer empresa, o Custo de Aquisição de Clientes (CAC) é um indicador crucial para avaliar a eficiência das estratégias de marketing e vendas. Ele reflete o custo total incorrido para atrair um novo cliente — desde gastos com publicidade e promoções até os esforços diretos da equipe comercial. Gerenciar bem o CAC permite otimizar recursos, identificar os canais mais eficazes e maximizar o Retorno sobre o Investimento (ROI).[227]

Para calcular o CAC, divide-se o gasto total em marketing e vendas pelo número de novos clientes adquiridos em um determinado período.

O CAC da Nubank

No caso da Nubank, o Custo de Aquisição de Clientes é notavelmente baixo. Segundo dados do primeiro trimestre de 2024, o custo médio para conquistar um novo cliente era de apenas US$ 7 — um número que subiu levemente para US$ 9, provavelmente em razão das campanhas mais elaboradas que a empresa vem realizando.

---

[227] Nota: O ROI (Return on Investment, ou Retorno sobre o Investimento) é uma métrica financeira que mede a rentabilidade de um investimento. É calculado dividindo o lucro líquido obtido pelo custo do investimento e expressando o resultado como uma percentagem. O ROI permite que as empresas avaliem a eficiência de um investimento e comparem a rentabilidade entre diferentes alternativas de investimento.

Esse valor é drasticamente inferior à média do setor financeiro, estimada entre US$ 146 e US$ 173 em setembro de 2023.[228]

Outro indicador relevante é o Custo de Atendimento ao Cliente. A Nubank afirma que seu custo médio de serviço é inferior a US$ 1 por cliente ativo, cerca de 85% menor que o dos bancos tradicionais.

Marketing Orgânico

Uma das principais fontes de aquisição de clientes da Nubank são seus próprios usuários. Desde os primeiros dias — com a famosa Lista de Espera para obter o cartão de crédito — até hoje, a maior parte da expansão vem do boca a boca.

Nesse tipo de marketing, cada experiência positiva se transforma em uma história compartilhada, criando uma rede de confiança e credibilidade que ultrapassa qualquer campanha tradicional. Esse modelo não só reduz o CAC, como também fortalece o vínculo com os clientes atuais, aumentando a lealdade e promovendo um crescimento sustentável e eficiente.

A capacidade da Nubank de manter um CAC baixo e altos níveis de satisfação demonstra a eficácia de suas estratégias de marketing e atendimento. Ao priorizar uma experiência excepcional e um serviço humano, a empresa consegue atrair, engajar e reter clientes, garantindo crescimento contínuo e presença sólida no mercado financeiro.

---

[228] Cfr. FisrtPageSage. Sep 2023. "Average Customer Acquisition Cost (CAC) By Industry" https://firstpagesage.com/reports/average-cac-by-industry-b2c-edition/

O Net Promoter Score

No universo da Nubank, o Net Promoter Score (NPS) funciona como uma bússola: tudo gira em torno do cliente. Medir constantemente o nível de satisfação é parte essencial de sua cultura.

Embora o NPS brilhe por si só, há outro indicador igualmente revelador: o crescimento diário de clientes. Juntos, esses dois números são como o pulso e a respiração da empresa, mostrando sua vitalidade em tempo real.

O NPS — criado por Fred Reichheld em 2006 e apresentado no livro *The Ultimate Question* — tornou-se o principal termômetro de lealdade usado por empresas no mundo todo.

Como se calcula o NPS?
O processo é simples: perguntar, ouvir e classificar.
Tudo começa com uma única pergunta:

> *Em uma escala de 0 a 10, qual a probabilidade de você recomendar nossa empresa/produto/serviço a um amigo ou colega?*

As respostas se dividem em três grupos:
Promotores (9–10): fãs fiéis e entusiastas que voltam a comprar e divulgam a marca espontaneamente.
Neutros (7–8): satisfeitos, mas não encantados — podem trocar de marca se encontrarem algo mais atraente.
Detratores (0–6): insatisfeitos que podem causar dano reputacional com críticas negativas.

Cálculo do NPS

A fórmula é direta:

NPS = % de Promotores − % de Detratores

O resultado varia de −100 a +100.

NPS positivo (> 0): maioria de promotores.
NPS neutro (0): equilíbrio entre promotores e detratores.
NPS negativo (< 0): predominância de detratores, sinal de alerta.

O NPS da Nubank é extraordinário: +90.[229]

David costuma perguntar:[230]

> Qual é o NPS mais alto do mundo? Não é o da Tesla, nem o do iPhone. O mais alto de qualquer produto de consumo é o do nosso cartão roxinho no México: 94 — o maior de toda a indústria bancária mundial.

No Brasil, o NPS da Nubank é 88,[231] também impressionante. Em termos globais, um NPS acima de 70 é

---

[229] Novene, Chloe. Startupeable. Dic 2021. "Nubank IPO: Las Métricas detrás de su salida a la Bolsa". https://startupeable.com/nubank-ipo/#:~:text=Nubank%20tiene%20un%20NPS%20%2B90,%2C%20especialmente%2C%20en%20servicios%20financieros.
[230] Cfr. Stebbings, Harry. Entrevista 20VC. E1059. Sep 2023. "David Velez: How AI Changes The Future of Finance". https://youtu.be/as_iwvokTDI?si=BYdjebgg28wLZoRQ
[231] Cfr. Op. Cit. Knox, Fortt. Entrevista. Ago 2023.

considerado nível de classe mundial. Para comparação, a empresa QuestionPro mostra que o NPS médio do setor financeiro é 34, enquanto o mais alto entre todos os setores é o de Educação e Treinamento, com 71.

Em 2018, o NPS médio dos serviços financeiros no México era 28; em 2019 subiu para 32. Já a Nubank alcançou 94 no segundo trimestre de 2021 e 96 em agosto de 2022.[232]

Esse sucesso se deve, em grande parte, à forte ênfase em atendimento ao cliente. Em 2019, o marketing representava cerca de 10% do OPEX da Nubank, enquanto 30% era destinado ao atendimento e operações — grande parte investida em seu call center.

Mesmo sendo um banco digital, a Nubank entende que as pessoas valorizam falar com pessoas. Poder contar com um atendimento humano, disponível e empático, continua sendo um dos pilares mais poderosos de sua lealdade de marca.

---

[232] NU. Redacción. "Nu México: Una financiera sólida y regulada". https://blog.nu.com.mx/net-promoter-score-de-nu-amamos-saber-que-piensan-nuestros-clientes/

Fábrica de Ideias

Com a missão de eliminar a complexidade e os altos custos típicos da banca tradicional, a Nubank iniciou sua trajetória desenvolvendo um produto simples, mas transformador: um cartão de crédito sem anuidade, gerenciado inteiramente por um aplicativo móvel.

O cartão foi lançado no mercado brasileiro em 2014, após um intenso período de desenvolvimento no qual a equipe se concentrou em criar uma interface amigável, que permitisse aos clientes realizar suas operações financeiras da forma mais simples possível.

A Nubank nasceu como um aplicativo único, 100% móvel, funcionando primeiro em iOS e Android — antes mesmo de existir uma versão web.[233] Isso a tornou uma verdadeira solução bancária digital, projetada especificamente para smartphones. Desde o primeiro dia, a Nubank operava totalmente na nuvem, dispensando a necessidade de construir um data center próprio. Com isso, teve acesso ao software mais moderno e atualizado

---

[233] Cfr. International Finance Corporation. Latin Focus. Nov 2023. Entrevista a Cristina Junqueiras.
https://www.youtube.com/watch?v=G3zjje7jx1k

a custos muito baixos — e, em alguns casos, totalmente gratuitos — sem precisar adquirir licenças caras.

Desde o lançamento do produto e a emissão dos primeiros cartões, a Nubank demonstrou uma eficiência notável: gastou menos de um milhão de dólares de seu capital inicial.

Aproveitando o sucesso inicial com o cartão de crédito, a Nubank continuou ampliando seu portfólio de produtos, mantendo a simplicidade e a experiência do usuário como centro de suas inovações.

O Primeiro Estandarte da NU

Em 1º de abril de 2014, a Nubank realizou sua primeira operação financeira com um produto que revolucionaria o setor: o cartão roxinho Nubank MasterCard.

Tradicionalmente, o primeiro produto que os bancos oferecem a novos clientes são as contas de poupança, por razões óbvias. Mas a Nubank escolheu um caminho diferente: começou diretamente com um cartão de crédito. Essa decisão foi motivada tanto por questões regulatórias quanto pela falta de outras opções viáveis.

Por lei — no Brasil e em praticamente todo o mundo — apenas instituições financeiras devidamente autorizadas podem captar dinheiro dos consumidores. Para isso, seria necessário obter uma licença do Banco Central do Brasil. Assim, a solução mais prática foi oferecer um cartão de crédito e solicitar uma autorização para operar como Instituição de Pagamento.

Essa limitação inicial acabou sendo providencial: obrigou a Nubank a reinventar o conceito do cartão de crédito, surpreendendo as instituições financeiras tradicionais.

Além disso, havia outro fator importante. Se uma nova empresa chegasse ao mercado oferecendo uma conta de poupança, dificilmente alguém confiaria seu dinheiro a ela logo de início. Já ao oferecer crédito, o risco era inverso: quem confiava era a Nubank. Era a empresa quem assumia o risco e precisava escolher com extremo cuidado a quem emprestar e quanto emprestar — um desafio técnico e analítico significativo.

Do ponto de vista do consumidor, David explicava que o cartão era uma forma *de começar a conversa, uma oportunidade de conhecer a marca*. O produto tinha grandes atrativos: sem tarifas, sem anuidades e sem comissões ocultas — apenas os juros das compras parceladas. Se o cliente pagasse o valor total na data de vencimento, não pagava absolutamente nada.

O cartão de crédito, um produto universalmente conhecido, era o cavalo de Troia perfeito para a Nubank — a melhor maneira de entrar pela porta da frente do sistema financeiro, sem alarde. Era a forma direta de demonstrar que a empresa veio para resolver as dores financeiras mais agudas dos consumidores.

O Cartão de Crédito

Desde sua invenção, o cartão de crédito tem sido um dos produtos mais lucrativos da indústria financeira.

Ao longo de quase 80 anos de existência, os bancos foram adicionando "melhorias" que acabaram transformando o cartão em um dos grilhões mais sofisticados para prender clientes. Como comentou Cristina em uma entrevista:[234]

> "Se os bancos são o Darth Vader, os cartões de crédito são a Estrela da Morte. É a terrível arma que eles usam há anos."

Relembrando sua experiência no Banco Itaú, Cristina acrescentou:

> "Eu nunca entendi por que precisávamos empurrar esses produtos horríveis, com taxas altíssimas, goela abaixo das pessoas, através de um telemarketing agressivo. Os clientes odiavam isso."

Caveat Emptor

Todas as cartões de crédito, ao serem entregues ao consumidor, deveriam vir com uma etiqueta bem visível dizendo: **Caveat Emptor**[235] – Cuidado, consumidor! Um alerta

---

[234] Forbes Entrevista con Cristina Junqueira. May 2024.
https://www.forbes.com/profile/Cristina-junqueira/?sh=1258924c8d9d
[235] Nota: A expressão latina "Caveat Emptor", que significa "que o comprador tenha cuidado" ou "cuidado, comprador", é usada no direito e nos negócios para indicar que o comprador é responsável por verificar a qualidade e a adequação dos bens antes de adquiri-los. Em termos gerais, sob esse princípio, o comprador não pode reclamar posteriormente se o produto se mostrar defeituoso, exceto em casos de fraude ou quando houver uma garantia explícita.

direto: «*O uso incorreto deste instrumento pode causar sérios e graves problemas financeiros.*»

A origem dos cartões de crédito remonta à década de 1920, embora tenha sido apenas em 1946 que o Flatbush National Bank of Brooklyn lançou o primeiro cartão de crédito, chamado Charge-it.[236] O programa envolvia clientes selecionados do banco e alguns estabelecimentos locais. No final de um período determinado, as lojas apresentavam os comprovantes de venda ao banco, que lhes fazia o pagamento — e depois cobrava o valor de volta dos clientes.

A ideia se espalhou rapidamente, especialmente depois que Frank McNamara,[237] em 1950, criou um cartão mais universal: o Diners Club, pensado para uso em restaurantes. A inspiração veio de um constrangimento pessoal — McNamara havia esquecido a carteira ao sair para jantar e precisou que sua esposa voltasse em casa para buscá-la. A partir daí, o conceito se tornou um sucesso imediato, dando origem a concorrentes como a American Express e o Bank of America, que lançou o BankAmericard, posteriormente rebatizado como VISA.[238]

Inicialmente, os cartões de crédito foram promovidos como uma conveniência para consumidores e vendedores itinerantes — uma forma de reduzir o uso de dinheiro em espécie e facilitar as transações em um país continental como os Estados Unidos. O modelo era simples: *o banco empresta dinheiro e, se o cliente não paga no prazo, cobra juros sobre o valor devido.*

---

[236] Bellis, Mary. Thought Co. History & Culture. Feb 2019. "Invention of Credit Cards". https://www.thoughtco.com/who-invented-credit-cards-1991484
[237] Cfr. Bellis, Mary. Thought Co. History & Culture. Feb 2019.
[238] Visa. Historia de Visa. https://corporate.visa.com/en

Mas o crescimento explosivo e a competição acirrada entre os bancos logo levaram a práticas abusivas e à falta de transparência, prejudicando os consumidores.

As armadilhas incluíam juros exorbitantes, taxas ocultas e contratos confusos, que prendiam os clientes em dívidas de longo prazo, com pagamentos mínimos de capital e enormes encargos financeiros. Essa falta de clareza e a exploração sistemática acabaram minando a confiança nas instituições financeiras e criaram a necessidade de uma alternativa mais justa e transparente.

Por outro lado, os consumidores também se deixaram seduzir pela facilidade de acesso ao crédito, o que levou a um uso desenfreado dos cartões e a um forte aumento do endividamento pessoal.[239]

A ausência de regulação sobre taxas, comissões e práticas de cobrança agravou o problema. Nas décadas de 1960 e 1970, a situação se tornou tão grave que o Congresso dos Estados Unidos interveio, criando leis como a Truth in Lending Act (1968) e a Fair Debt Collection Practices Act (1977) para proteger os consumidores.[240]

---

[239] Durkin, Thomas A. Reserva Federal de los EE. UU. "Credit Cards: Use and Consumer Attitudes, 1970–2000"
https://www.federalreserve.gov/pubs/bulletin/2000/0900lead.pdf
[240] Drozd, Lukasz. Artículo. Federal Reserve Bank of Philadelphia. 2021. "Why Credit Cards Played a Surprisingly Big Role in the Great Recession"
https://www.philadelphiafed.org/-/media/frbp/assets/economy/articles/economic-insights/2021/q2/eiq221-credit-cards-and-the-great-recession.pdf

No entanto, nem todas as mudanças regulatórias foram benéficas. Em 1996, a Suprema Corte dos EUA, no caso *Smiley vs. Citibank*,[241] decidiu permitir que os bancos cobrassem taxas por atraso em nível nacional, independentemente das leis estaduais. Essa decisão abriu caminho para a escalada das tarifas e dos juros, agravando ainda mais o problema do endividamento.[242]

Em 2017, estimava-se que **192 milhões de norte-americanos — cerca de 76% da população adulta — possuíam pelo menos um cartão de crédito**[243], com uma média de 3,7 cartões ativos por pessoa.[244] O resultado foi um fenômeno de endividamento massivo, com o total da dívida por cartões ultrapassando US$ 1 trilhão.[245]

A concorrência feroz entre bancos também levou à criação de cartões "exclusivos", cheios de benefícios aspiracionais — cashback, acesso a salas VIP em aeroportos, descontos em locação de carros —, mas que vinham acompanhados de anuidades e comissões altíssimas disfarçadas de privilégios.

O que começou como uma solução prática para facilitar pagamentos evoluiu para um sistema que promove o endividamento crônico e normaliza práticas abusivas.

---

[241] Caso "Smiley v. Citibank (South Dakota), N. A.". https://en.wikipedia.org/wiki/Smiley_v._Citibank_(South_Dakota),_N._A
[242] Oyez. Hechos del Caso. 1996. "Smiley v. Citibank (South Dakota), N. A.". https://www.oyez.org/cases/1995/95-860
[243] Census Gov. 2017. https://www.census.gov/quickfacts/table/PST045216/00
[244] Census Gov. 2017. https://www.census.gov/quickfacts/table/PST045216/00
[245] Federal Reserve System. May 2024. "Consumer Credit G.19". https://www.federalreserve.gov/releases/g19/current/

A facilidade de acesso ao crédito, combinada com a regulação insuficiente, acabou criando um problema sistêmico — não apenas nos Estados Unidos, mas em boa parte do mundo —, com milhões de pessoas presas em ciclos de dívida difíceis de quebrar.

Um Relato de Prudência e Inovação

Imaginemos, por um instante, a magnitude do universo dos cartões de crédito nos Estados Unidos. Apenas os dez maiores emissores concentram quase 90% do mercado, o que já revela o tamanho de sua penetração. No total, existem cerca de 572 milhões de cartões de crédito em circulação. E, se somarmos os cartões de débito e os emitidos por varejistas, o número ultrapassa 1,6 bilhão de cartões ativos.

Em 2023, o saldo médio de um cartão bancário nos EUA alcançou US$ 6.360,[246] reflexo de um sistema que normalizou o uso intensivo do crédito como estilo de vida.

Para colocar isso em perspectiva, no México, segundo dados da Comisión Nacional Bancaria y de Valores (CNBV), havia, no final do mesmo ano, 37,8 milhões de cartões de crédito em

---

[246] Thangavelu, Poonkulali. Bankrate. Jul 2023. "Credit card market share statistics".https://www.bankrate.com/credit-cards/news/credit-card-market-share-statistics/

circulação[247] — ou seja, os EUA têm mais cartões ativos do que o México tem habitantes.[248]

O Cartão Roxinho

No Brasil, o cartão roxo da NU foi um sucesso absoluto: o segundo mais popular do país. Em 2023, detinha 12% do mercado;[249] no segundo trimestre de 2025, já havia atingido 15,2%.[250]

No início, a equipe não tinha clareza sobre quais funcionalidades incluir no aplicativo — nem até que ponto deveriam permitir que o consumidor gerenciasse seu próprio cartão. Por um lado, controles demais poderiam tornar a experiência confusa; por outro, era essencial entender o que os clientes realmente queriam, e não apenas o que os programadores achavam que eles queriam.

As modalidades mais difundidas entre os cartões de crédito eram (e ainda são) os "extras" criados para incentivar o consumo: pontos e recompensas, parcelamentos sem juros,

---

[247] Banco de México. Sistema de Información Económica. Dic. 2023. "Número de tarjetas de crédito y débito - (CF256)" https://www.banxico.org.mx/SieInternet/consultarDirectorioInternetAction.do?accion=consultarCuadro&idCuadro=CF256&sector=5&locale=es

[248] Nota: Comparativamente, no Brasil, aproximadamente 40,43% das pessoas com mais de 15 anos possuíam cartões de crédito em 2021. Embora existam muitos bancos e redes de pagamento, os cartões da Visa e da Mastercard são os mais comuns e aceitos, seguidos pela American Express nas grandes cidades.

[249] Rankings Latam. May 2024. "Credit Card Market in Brazil - 2023.12 Rankings" https://rankingslatam.com/en-mx/blogs/industry-news/credit-card-market-in-brazil-2023-12-rankings

[250] Investidores NU. Results Center. Ver 2Q25 Earning Release. https://www.investidores.nu/en/financials/results-center/

pagamentos mínimos flexíveis, entre outros. No caso dos pontos, uma pergunta sempre surgia: *o que realmente os clientes fariam com eles?*

A solução da Nubank foi radical: *zero comissões e zero pontos*. Um produto simples, direto, sem pegadinhas — pensado para o consumidor comum.

Sem tarifas escondidas ou programas de recompensas confusos, os clientes podiam gerenciar seu crédito de forma transparente e sem surpresas desagradáveis.

Capital One e a Ciência do Risco

Fundar um banco do zero, tendo cartões de crédito como primeiro produto, é como andar sobre uma corda bamba acima de um abismo. Um único erro na concessão de crédito pode significar o fim em poucas semanas.

Emprestar dinheiro é fácil. O difícil é receber de volta. — repetia David, com realismo brutal.

O coração desse negócio é o sistema de controle de risco de crédito. Se for rigoroso demais, poucos clientes serão aprovados. Se for permissivo demais, a instituição naufraga sob uma avalanche de inadimplência. Encontrar o ponto de equilíbrio era, literalmente, uma questão de vida ou morte para a Nubank.

O MVP (Minimum Viable Product) era simples na aparência: um app vinculado a um cartão de crédito. Mas por trás dessa simplicidade havia um desafio colossal: como decidir, em segundos, quem merece confiança e quem não merece?

No início, a Nubank se apoiou nos modelos tradicionais dos bureaus de crédito — SAS, FICO, Moody's. Eram padrões de mercado, mas limitados frente ao que David sonhava.

Foi então que ele olhou para o norte e encontrou uma história que parecia um presságio do que seria a Nubank: a de Capital One. [251]

Nos anos 1990, o banco norte-americano desafiou o establishment financeiro dos EUA ao usar dados e algoritmos para conceder crédito com precisão cirúrgica. Em poucos anos, saiu do anonimato de uma filial regional da Virgínia para se tornar um gigante com milhões de clientes.[252]

David quis aprender com os melhores — e foi além da teoria. Procurou diretamente um de seus fundadores: Nigel Morris.

Sua proposta foi tão ousada quanto improvável:

Estamos criando um banco do zero no Brasil.
Preciso da sua ajuda para não morrer tentando.

---

[251] Capital One. About. https://www.capitalone.com/about/corporate-information/our-company/

[252] Nota: A Capital One possui mais de 100 milhões de clientes nos Estados Unidos, segundo informações do início de 2024. Após a recente aquisição da Discover, esse número aumenta significativamente, já que a Discover conta com mais de 300 milhões de clientes no país.

Nigel não apenas ouviu — investiu. E mais: abriu as portas de um verdadeiro tesouro, conectando a Nubank com os melhores especialistas em análise de crédito do mundo, veteranos que haviam aperfeiçoado a ciência do risco nos corredores da Capital One.

Um deles viajou da Virgínia para São Paulo e passou a trabalhar lado a lado com a equipe da NU. Foi ali, na pequena casa da Rua Califórnia, que nasceu o sistema que avaliava e aprovava créditos com precisão quase militar. Era o esqueleto invisível que permitiria à Nubank crescer sem desmoronar.

David impôs uma regra inquebrantável: crescimento gradual e prudente.

"Prefiro avançar devagar e sobreviver, do que voar alto demais e cair."

Com o tempo, essa prudência se tornou o alicerce do que ele próprio chamou de *"a melhor metodologia de crédito do mundo."*

Os limites começaram modestos: US$ 10, US$ 14, US$ 50. Uma forma quase artesanal de permitir que os clientes construíssem histórico. Com o tempo — e com cada dado e algoritmo refinado —, alguns atingiram limites superiores a US$ 10.000.

Tudo era projetado para aprender, ajustar e evoluir.

A chave era a informação. Enquanto os bancos tradicionais se apoiavam em décadas de dados estáticos, a Nubank construiu uma infraestrutura viva, flexível, capaz de rodar experimentos em tempo real e redefinir as regras do crédito continuamente.

Hoje, essa ciência se tornou ainda mais sofisticada: inteligência artificial antecipa cenários e personaliza decisões no nível de cada cliente.

Mas a essência permanece a mesma:
— a ousadia de David em buscar o mentor certo,
— o gênio silencioso de Edward ao construir a tecnologia,
— e a disciplina de uma equipe que compreendeu que no risco mora tanto a glória quanto a ruína.

Inovar em Série

A inovação é, sem dúvida, uma das fibras mais profundas do DNA da NU. A empresa vive em estado permanente de curiosidade e experimentação, sempre atenta a criar novos produtos e serviços que simplifiquem e melhorem a vida dos clientes.

Esse espírito criativo não passou despercebido. Especialmente no campo da segurança, as soluções da Nubank chamaram a atenção internacional: segundo a revista Fast Company,[253] a NU figura entre as empresas mais inovadoras do mundo — 22ª posição global, e 1ª da América Latina — graças a recursos como Modo Rua e Me Roubaram, que oferecem

---

[253] Fast Company. Mar 2024. "The most innovative companies in Latin America for 2024". https://www.fastcompany.com/91039324/latin-america-most-innovative-companies-2024

proteção imediata e controle total ao cliente diante de situações de risco.

No universo financeiro, há incontáveis produtos possíveis — e a Nubank vem incorporando vários deles à sua oferta. A boa notícia é que quase todos ainda têm grande margem para inovação, pois o denominador comum na indústria bancária tradicional é a má qualidade do serviço. Há muito espaço para atrair consumidores descontentes.

Atualmente, os novos produtos da Nubank ainda têm participação de mercado modesta, mas o crescimento trimestre a trimestre tem sido consistente e expressivo. (Ver Anexo 2)

Ultravioleta: Exclusividade Desbloqueada

Em julho de 2021, a Nubank lançou no Brasil sua cartão Ultravioleta — uma proposta ousada envolta em elegância: um cartão metálico, minimalista, com o logotipo da Mastercard em sua versão Black.[254]

Mas o mais disruptivo não estava no design, e sim na promessa: democratizar o acesso ao universo das "Black Cards",[255] até então restrito à elite bancária, com renda alta e exigências quase inatingíveis.

---

[254] Nota: A Mastercard possui dois logotipos para seus cartões: um com os conhecidos círculos laranja e amarelo, e outro semelhante, mas em tons prateados, usado para os cartões de nível premium, chamados Black.

[255] Nota: O serviço Black geralmente se refere a uma categoria de serviços premium oferecidos por instituições financeiras — em geral, bancos — a clientes de alto patrimônio líquido. Esses serviços são projetados para oferecer uma experiência mais exclusiva e personalizada, com benefícios adicionais que não estão disponíveis para o cliente padrão.

Com o Ultravioleta, a Nubank abriu essa porta para um público mais amplo — mantendo o nível de exclusividade, mas sem as barreiras tradicionais. Posicionada como um produto premium, a carta combinava estética refinada com vantagens financeiras reais, como cashback[256] automático que — diferentemente de outros programas de recompensas — é investido imediatamente, rendendo 200% do CDI,[257] um dos principais indicadores de rentabilidade no Brasil.

Com esse movimento, a Nubank não apenas elevou sua oferta, mas questionou o modelo clássico de exclusividade bancária, propondo uma nova forma de viver os benefícios financeiros: sem tapetes vermelhos, mas com inteligência, acessibilidade e retorno real.

Cristina recorda, sorrindo:

"Meu cashback eu nunca tiro de lá! Esse dinheiro é pra se perder de vista. Onde mais você vai achar um rendimento desses? Nunca."

---

[256] Nota: O cashback de um cartão de crédito refere-se a um benefício em que o titular recebe de volta um percentual do valor gasto em compras. Esse percentual varia de acordo com o tipo de cartão e com a categoria da compra. Por exemplo, alguns cartões oferecem um percentual maior de cashback em categorias específicas, como supermercados, postos de gasolina ou restaurantes.

[257] Nota: CDI significa Certificados de Depósito Interbancário. Os CDIs são instrumentos financeiros utilizados entre instituições bancárias para empréstimos de curto prazo e são considerados uma referência fundamental para a taxa de juros no mercado financeiro brasileiro. Em junho de 2024, a taxa estava em 10,40% ao ano.

Mas a Nubank sabia que, para atrair e manter clientes de perfil mais alto, precisava ir além de um cartão bonito e de um cashback atraente. A Ultravioleta era só o começo de uma relação de longo prazo, construída sobre confiança, experiência personalizada e valor tangível.

Principais características do cartão NU Ultravioleta:[258]

- Material: aço inoxidável em tom violeta escuro — mais elegante e durável que os cartões plásticos.
- Recompensas: 1% de cashback em todas as compras, com rendimento automático de 200% do CDI em dias úteis, sem expiração.
- Seguros e proteção: cobertura para viagens, cancelamentos, roubo ou danos de produtos adquiridos com o cartão.
- Salas VIP: acesso a lounges de aeroportos, proporcionando conforto e praticidade em viagens.
- Atendimento prioritário: suporte personalizado e rápido, com equipe dedicada.
- Limites mais altos: valores de crédito superiores aos das versões padrão, ampliando a capacidade de compra.

Caixinhas: Organize, Poupe, Cresça

A conta corrente e de poupança representou um desafio especial, já que exigia uma licença bancária completa. Assim que a Nubank a obteve, lançou rapidamente a NuConta, uma conta digital simples, acessível e sem tarifas.

---

[258] Nubank. Ultravioleta. Abr 2024. https://blog.nubank.com.br/cartao-nubank-ultravioleta-tudo-sobre/

Diferente da complexidade das operações de crédito, a conta foi concebida para ser inclusiva e funcional: receber depósitos, pagar contas, transferir dinheiro e permitir que qualquer pessoa tivesse acesso a um rendimento justo.

Curiosamente, o processo da Nubank foi inverso ao da maioria dos bancos: em vez de atrair clientes com contas para depois oferecer crédito, ela primeiro conquistou a confiança com o cartão — e só então lançou a conta.

Em outubro de 2017, surgiu o segundo produto da NU: uma conta digital com duas características-chave.

1. Os saldos rendiam juros atrelados à taxa interbancária diária (CDI), que variou de 9,93% ao ano em 2017, para 6,42% em 2018, e chegou a 11% em 2024.[259]
2. Não havia tarifas, exceto pelos saques em caixas eletrônicos, cujo custo (cerca de US$ 1,78) era repassado integralmente ao cliente. Todos os outros serviços — pagamentos, transferências, depósitos — eram gratuitos.

A proposta rompia com o padrão dos bancos tradicionais, que exigiam saldos mínimos e cobravam taxas mensais, neutralizando qualquer rendimento obtido.

Explicava Vitor Olivier, então gerente-geral do produto digital em 2018: *Nossa motivação inicial para criar um produto de poupança foi financiar o negócio de cartões por*

---

[259] NU Costos y Comisiones. "Consulta los Costos y las Comisiones de nuestros productos". Abr 2024 https://cdn.nubank.com.br/MX/costos-y-comisiones.pdf

meio dos depósitos dos clientes — e, ao mesmo tempo, oferecer um rendimento justo sobre suas economias e liquidez diária.

O foco na simplicidade foi crucial. Clientes cansados de siglas e jargões encontraram clareza e transparência. O resultado foi impressionante:

"Em poucos meses, já tínhamos mais de 1 milhão de clientes, ouvindo e adaptando o produto às suas necessidades", lembrava Olivier.

Ao fim de 2018, o volume total depositado era de US$ 628,8 milhões. Em março de 2024, chegou a US$ 24,3 bilhões.[260] E, no segundo trimestre de 2025, alcançou US$ 36,6 bilhões.[261]

Cada nova geração de clientes mostrou saldos médios e taxas de atividade mais altas — mais transações, mais pagamentos, mais engajamento.

Assim, a Nubank não apenas criou um produto acessível e rentável, mas construiu um elo de confiança e crescimento contínuo com seus clientes.

Investir é Para Todos

NuInvest, a corretora de investimentos da Nubank,[262] recebeu em abril de 2024 a autorização do Banco Central do

---

[260] NU Q1 2024 Earnings Presentation.
[261] Investidores NU. Results Center. Ver 2Q25 Earning Release.
https://www.investidores.nu/en/financials/results-center/
[262] Nota: Um corretor de investimentos, também conhecido como corretor de valores ou agente de bolsa, é um profissional financeiro que atua como intermediário entre compradores e vendedores de valores mobiliários, como

Brasil para operar no mercado de títulos, ações, fundos, ETFs e câmbio.[263] O anúncio, publicado no Diário Oficial da União,[264] marcou mais um passo na expansão da empresa.

A NU havia adquirido a Easynvest em setembro de 2020 — operação concluída em junho de 2021 —, rebatizando a corretora como NuInvest. Fundada em 1968, a Easynvest possuía 1,5 milhão de clientes ativos;[265] em 2025, a base da Nubank já ultrapassava 36,2 milhões.

Como parte da estratégia global, o acesso à NuInvest foi integrado diretamente ao app da Nubank, centralizando a experiência de investimento para todos os usuários.

O mercado de câmbio no Brasil é vasto, com 175 instituições autorizadas a operar — entre bancos, corretoras, distribuidoras (DTVM)[266] e agências de desenvolvimento.

---

ações, títulos, fundos mútuos e outros instrumentos financeiros. Sua principal função é facilitar as transações no mercado de capitais e oferecer assessoria financeira aos seus clientes.

[263] Nota: O mercado de câmbio, também conhecido como Forex (abreviação de Foreign Exchange), é um mercado global e descentralizado onde são negociadas as moedas de diferentes países. É o maior e mais líquido mercado financeiro do mundo, com um volume diário de transações que supera os 6 trilhões de dólares.

[264] Latam Fintech. Apr. 2024. "NuInvest, el broker de inversiones de Nubank, recibió la autorización del Banco Central para operar en el mercado de divisas en Brasil"
https://www.latamfintech.co/articles/nuinvest-el-broker-de-inversiones-de-nubank-recibio-la-autorizacion-del-banco-central-para-operar-en-el-mercado-de-divisas-en-brasil

[265] Building Nubank. Nubank Press https://building.nubank.com/es/nubank-adquiere-el-broker-digital-easynvest-la-plataforma-de-inversion-lider-en-brasil

[266]

No campo das criptomoedas, a Nubank também se moveu com firmeza. Mais de 2 milhões de brasileiros já compraram Bitcoin ou Ethereum através da plataforma NU — um dado revelador num país onde há mais investidores em cripto do que na bolsa de valores.

A resposta foi instantânea: em apenas um mês, mais de 1 milhão de clientes começaram a negociar criptomoedas pelo app.

A estratégia da NU é clara: evitar moedas especulativas ou *"memecoins"*,[267] concentrando-se em ativos sólidos e de alta liquidez. A razão é simples: proteger o investidor médio, oferecendo uma porta de entrada segura e confiável para o universo cripto.

"Queremos que as pessoas aprendam, invistam e cresçam — sem correr riscos desnecessários."

NuCoin

Em outubro de 2022, a Nubank deu um passo ousado rumo ao universo cripto com o anúncio da NuCoin, um token digital criado na blockchain da Polygon. A iniciativa pretendia revolucionar os programas tradicionais de fidelidade, permitindo que os clientes ganhassem tokens conforme sua atividade financeira dentro do ecossistema Nubank — com a

---

[267] Nota: Um memecoin é um tipo de criptomoeda criada a partir de um meme ou piada da internet, e não necessariamente por sua tecnologia ou caso de uso subjacente. Os memecoins ganham popularidade principalmente devido ao seu apelo viral e, muitas vezes, pelo apoio de comunidades online e de figuras influentes. Um exemplo icônico é o Dogecoin, inspirado no meme do cachorro Shiba Inu.

promessa de trocá-los por benefícios exclusivos, como descontos, experiências ou até outras criptomoedas.

O lançamento oficial ocorreu em março de 2023, posicionando a NuCoin como uma das apostas mais inovadoras da banca digital latino-americana.

Entretanto, a ambição inicial logo encontrou obstáculos. Em setembro de 2024, a Nubank anunciou a suspensão da compra e venda de NuCoins dentro do aplicativo. A medida foi apresentada como uma forma de "proteger os usuários da volatilidade", mas, na prática, refletia um redirecionamento estratégico: parte dos clientes havia começado a usar o token de forma especulativa, desviando-o de seu propósito original de fidelização. Além disso, o cenário regulatório e os desafios operacionais de manter um token negociável levaram a empresa a repensar toda a estrutura do projeto.

Em dezembro de 2024, ainda era possível converter NuCoins em Bitcoin ou USDC, mas não adquirir novas unidades.

Após um intenso processo interno de redesenho, em 21 de julho de 2025, a Nubank relançou a NuCoin com uma nova lógica: o token deixou de ser uma criptomoeda negociável e passou a funcionar como um ativo de recompensas não transferível, totalmente integrado ao app e sem finalidade financeira.

Desde então, as NuCoins só podem ser obtidas por ações concretas dentro do ecossistema — como usar cartões Nubank, pagar contas em dia ou registrar chaves PIX[268] — e são usadas exclusivamente para obter benefícios dentro da plataforma: descontos em lojas parceiras, ingressos para eventos e acesso a níveis superiores de fidelidade.

Essa mudança marcou uma evolução no pensamento da Nubank. O enfoque passou de um modelo cripto-libertário para um sistema de gamificação financeira positiva, em que a blockchain permanece como base técnica — garantindo transparência e rastreabilidade —, mas a especulação foi removida do design.

Assim, a NuCoin encontrou uma segunda vida, mais alinhada à missão da empresa: democratizar o acesso aos serviços financeiros, recompensar a lealdade dos usuários e construir um ecossistema sólido, sem depender das marés do mercado cripto.

Em 26 de setembro de 2025, chegou Michael Rihani como novo diretor de Criptomoedas. Seu objetivo: impulsionar o crescimento e o desenvolvimento da Nubank Cripto, plataforma que permite comprar, vender e armazenar criptoativos diretamente no app, que já contava com 6,6 milhões de usuários.

---

[268] Nota: O PIX é o sistema de pagamentos instantâneos do Brasil, criado pelo Banco Central do Brasil para transferir dinheiro de forma rápida e segura entre contas, disponível 24 horas por dia, 7 dias por semana. Funciona a partir de contas bancárias ou de pagamento e pode ser utilizado por meio do internet banking ou escaneando um código QR. É uma alternativa popular ao dinheiro em espécie e aos cartões, sendo aceito em praticamente todos os estabelecimentos comerciais do país.

Rihani passou a se reportar a Thomaz Fortes, diretor-executivo da divisão de criptomoedas e ativos digitais da Nubank. Com ampla experiência no setor, Rihani foi diretor de produto na Coinbase[269] e trabalhou anteriormente na Cash App,[270] na Tesla — onde colaborou com Elon Musk na integração de pagamentos em Bitcoin no site da empresa —, além da Apple, onde teve papel-chave em projetos como Apple Pay na Web, Apple Card e Apple Cash.

Novos Serviços

Em uma de suas entrevistas mais reveladoras, David Vélez compartilhou que o fato de serem considerados "forasteiros" no setor financeiro acabou moldando a cultura e a forma de tomar decisões da Nubank em seus primeiros anos.

Segundo ele, ouvir repetidas vezes dos veteranos da indústria que o projeto "não daria certo" o tornou relutante em contratar pessoas com experiência bancária tradicional. Por

---

[269] Nota: A Coinbase é uma plataforma norte-americana que facilita a compra, venda e gestão de criptomoedas para pessoas físicas e empresas. Fundada em 2012 por Brian Armstrong e Fred Ehrsam, tornou-se, em 2021, a primeira empresa de criptomoedas a abrir capital na bolsa de valores, o que ampliou significativamente seu reconhecimento. Oferece uma plataforma segura e intuitiva, uma conta de custódia para armazenar criptoativos e ferramentas voltadas a comércios e empresas que desejam aceitar pagamentos em criptomoedas.

[270] Nota: O Cash App é um aplicativo móvel e uma plataforma de serviços financeiros que permite enviar e receber dinheiro, realizar pagamentos, poupar, investir em ações e Bitcoin, além de obter cartões de débito pré-pagos. Foi criado pela empresa de tecnologia Block Inc. (anteriormente chamada Square) e é uma das carteiras digitais mais populares dos Estados Unidos. Embora não seja um banco em si, opera em parceria com instituições bancárias para oferecer serviços financeiros regulamentados.

isso, nos dois ou três primeiros anos, o time era formado por completos outsiders, determinados a recriar tudo do zero.

Um exemplo emblemático foi o sistema de cobrança, desenvolvido literalmente do nada. O processo foi tortuoso — ninguém sabia por onde começar — e levou três anos para ser concluído. David reconheceu mais tarde que foi uma lição cara: algo que um especialista da indústria poderia ter explicado em quinze minutos, eles aprenderam por tentativa e erro.[271]

"Fomos longe demais", admitiu David. *"Não é preciso reinventar tudo — só inovar nas áreas-chave, onde realmente vale a pena quebrar barreiras."*

Com o tempo, entendeu que faltou equilíbrio: a capacidade de questionar sem a experiência para responder. A lição ficou marcada — inovação radical precisa vir acompanhada de sabedoria prática.

Shopping do Nu

O serviço seguinte — e igualmente inovador — foi o Shopping do Nu, um verdadeiro centro comercial digital dentro do app da Nubank, acessível por um ícone em forma de sacola de compras na parte inferior da tela. Por enquanto, está disponível apenas no Brasil.[272]

---

[271] Cfr. Entrevista a David. Fintech Nexus. Jun 2022. How this Digital Bank Brought Millions of People into the Financial System, Nubank. https://www.youtube.com/watch?v=yXLWiqPEt6U
[272] Nubank. Nu Shopping. https://nubank.com.br/nu-shopping/

O conceito é simples e eficiente: um marketplace integrado onde o cliente encontra o que precisa, com segurança, bons preços e controle total dos gastos.

Com mais de 200 lojas parceiras, o Nubank Shopping oferece descontos especiais e cashback creditado diretamente no aplicativo.[273] Embora a Nubank não participe da logística ou das garantias, o modelo oferece uma vitrine poderosa para que empresas alcancem milhões de clientes sem altos custos de marketing.

Lançado em novembro de 2022, o Shopping do Nu inclui categorias como moda, jogos, viagens e produtos para pets. As compras são simples e seguras, com cupons, descontos e reembolsos automáticos.

Em 2023, apenas um ano após o lançamento, o marketplace atingiu 255 milhões de visitas — um marco histórico.[274]

Graças à análise de dados, a NU consegue identificar o que realmente interessa aos consumidores. Entre os produtos mais vendidos dos últimos 90 dias estão eletrodomésticos, smartphones, utensílios de cozinha, smart TVs e itens de beleza e cuidados pessoais.

A empresa também notou um aumento nas buscas por "TV", "ar-condicionado" e "notebook", refletindo as principais tendências de consumo no Brasil.

---

[273] Cfr. Nubank. Nu Shopping.
[274] Nubank. Nubank Shopping. Mar 2024.
https://international.nubank.com.br/consumers/nubank-shopping-reaches-255-million-visits-in-2023/

Oráculo Financeiro Digital

Um projeto que desperta especial entusiasmo em David é a ideia de um conselheiro financeiro inteligente — um assistente baseado em inteligência artificial para orientar os clientes da NU.

Imagine: *quem já deu o passo de obter um cartão Nubank poderá contar com um aliado tecnológico voltado à inclusão financeira.*[275]

No horizonte da empresa, surge uma ambição quase mítica — transformar o smartphone em um verdadeiro oráculo financeiro digital.

Na visão de David Vélez, cada cliente da NU não carregará apenas um banco no bolso, mas também um conselheiro sábio e proativo, capaz de orientar suas decisões financeiras, proteger e fazer crescer seu dinheiro.

A ideia não é nova em termos técnicos, mas é inédita na profundidade e propósito. A Apple, por exemplo, tentou algo semelhante com o Apple Card, que mostra relatórios visuais de consumo (mudando a cor do cartão digital conforme os hábitos de gasto).

Mas o que a Nubank propõe vai muito além: um acompanhamento personalizado, inteligente e contínuo, dedicado à saúde financeira de milhões de pessoas.

---

[275] De la C, Juan Carlos. Entrevista con David. Imagen Radio. May 2024. "Crecimiento de Nubank en México, Colombia y Brasil. https://youtu.be/wPUBO20vxJk?si=rwcEEy92HtYYtDvx

Num mundo onde a educação financeira é privilégio de poucos, a NU quer quebrar o feitiço da exclusão.

"Por que os segredos da banca privada deveriam pertencer apenas ao 1% mais rico?"

Se já é possível abrir uma conta e solicitar crédito pelo celular, por que não ter também um banqueiro pessoal na palma da mão?

Os ingredientes já estão prontos: dados de mercado, informações financeiras dos clientes e inteligência artificial generativa capaz de conectar tudo isso, gerando respostas rápidas, coerentes e personalizadas.

O que antes era um luxo reservado aos salões de mármore da alta banca, agora pode estar no bolso de milhões.[276]

Tranquilidade a cada clique

Escalabilidade e segurança

O desenvolvimento do app não envolvia apenas design e funcionalidade, mas também um planejamento meticuloso que abrangesse aspectos críticos do negócio e da tecnologia. Um dos principais objetivos era construir uma plataforma capaz de escalar sem atritos, preparada para atender milhões de usuários simultâneos sem interrupções. Isso exigia uma arquitetura tecnológica robusta e flexível, baseada em princípios de alta

---

[276] Cfr. De la C, Juan Carlos. Entrevista con David. Imagen Radio. May 2024

disponibilidade e adaptabilidade. A solução incluía balanceamento de carga inteligente, bases de dados distribuídas e uma infraestrutura em nuvem capaz de se ajustar dinamicamente ao comportamento do tráfego.

A segurança era outra prioridade inegociável. Cada componente do app precisava se integrar a uma estratégia de proteção avançada, pensada para salvaguardar informações sensíveis diante de ameaças cada vez mais sofisticadas. Isso implicava criptografia de dados tanto em trânsito quanto em repouso, autenticação multifatorial para acessos críticos e auditorias de segurança frequentes, orientadas a detectar vulnerabilidades e reforçar continuamente a infraestrutura.

Modo Rua

Em 2022, o Brasil enfrentou uma onda de furtos de celulares — roubava-se um smartphone aproximadamente a cada três minutos. Com o número crescente de pessoas vinculando suas informações financeiras aos smartphones, a Nubank viu que era urgente resolver esse problema para seus clientes; era seu mercado maior e de crescimento mais rápido. Assim começou um ano de inovações em segurança, engenhosas e práticas, baseadas em solicitações dos clientes.[277]

Tudo começou com o *Modo Rua*, lançado em janeiro de 2023 antes do Carnaval, época notória pelo aumento de furtos. Essa função foi desenvolvida em resposta aos clientes que,

---

[277] Salazar, David. Fast Company. "How Nubank is making digital transactions safer for cellphone users", Mar 2024.
https://www.fastcompany.com/91040515/nubank-most-innovative-companies-2024

como proteção, saíam de casa encerrando a sessão ou até desinstalando o app. Ofereceu-se uma solução mais conveniente: permitir que o usuário definisse limites de valor e número de transações quando não estivesse conectado a uma rede Wi-Fi confiável. A adoção foi rápida: 300 mil usuários durante o Carnaval e mais de 1 milhão até o fim de 2023.

Temos um padrão muito alto; constantemente nos perguntamos: a função realmente atende a uma necessidade? comentava David em uma entrevista. Era algo inexistente no mercado — e agora quatro bancos adotaram função similar. A popularidade do Modo Rua permitiu à Nubank seguir acrescentando novos recursos, como marcar locais seguros e ocultar saldos no aplicativo.

Me Roubaram

A Nubank também introduziu o *Me Roubaram*, um recurso em uma página web especialmente habilitada, na qual os clientes podiam acessar e desativar rapidamente um cartão perdido ou roubado.

Mais tarde, lançou *Cartões de Crédito Virtuais* temporários que expiram após 24 horas, para proteger os números reais em transações online. Em seguida, apresentou a função *Alô Protegido* para prevenir golpes por telefone, avaliando chamadas recebidas e bloqueando potenciais fraudes.

O objetivo da Nubank com esses recursos de segurança é integrá-los ao cotidiano dos clientes. *Quão bem equipado está um consumidor da Nubank para gerenciar sua segurança neste mundo digital?* perguntava David. Identificar necessidades e construir soluções inovadoras tem sido chave para o crescimento da empresa.

Todos dentro: Inclusão Financeira

David recordou certa vez algo que Cristina lhe dissera:

> *A dor dos clientes é independente do país; (...) há muita dor na América Latina. Provavelmente é o melhor mercado do mundo para o nosso negócio: podemos libertar milhões de pessoas desbancarizadas de sua situação difícil atual, com juros altos e um péssimo atendimento.*

O primeiro objetivo da Nubank era ajudar as pessoas que já estavam dentro do sistema bancário e eram maltratadas — tanto por cobranças excessivas quanto pelo atendimento deficiente da banca tradicional. No entanto, também reconheceram que as pessoas fora do sistema representam um grupo significativo que dificilmente é atendido por bancos e governo. Embora todos estejam conscientes desse problema, na prática faz-se muito pouco, pois, para o governo e para a banca tradicional, enfrentá-lo não é rentável e custa caro. Em muitos países em desenvolvimento há várias iniciativas, mas os avanços são limitados.

Para a Nubank, esse desafio também se converteu em uma valiosa oportunidade de negócio. Descobriram que havia milhões de pessoas que um dia fizeram parte do sistema bancário, mas foram expulsas por um mau histórico de crédito. A banca tradicional faz pouco para reintegrá-las. Uma vez "marcado" pelos birôs de crédito, o consumidor fica fora do radar, como se carregasse um estigma permanente.

Em teoria existe um caminho de volta: a chamada *"cláusula do esquecimento"* dos birôs, que elimina registros inativos após cinco anos ou mais. Mas, na prática, isso não basta. Primeiro, porque muitas pessoas nem sabem que esse recurso existe. Segundo, porque, mesmo que o histórico tenha sido apagado, os bancos desconfiam de quem tem um prontuário em branco — sobretudo quando a idade não combina com a de alguém iniciando a vida financeira. Essa "incoerência" nos dados costuma ser interpretada como novo risco e, com isso, a porta se fecha novamente.

A Nubank, porém, encontrou uma forma de dar uma segunda chance a essas pessoas, mediante um novo modelo de análise de crédito. Primeiro, com um produto de crédito com garantia chamado Função Construir Limite, em que o cliente deposita um valor como caução e, aos poucos — de acordo com o uso da conta —, vai recuperando sua credibilidade no sistema. A outra via é conceder limites baixos, permitindo que, com o tempo, recuperem a confiança e vivam como cidadãos de primeira classe.

Na mesma linha, a Nubank também se concentrou em outro grupo importante: jovens que acabaram de atingir a maioridade ou estão entrando no mercado de trabalho pela primeira vez e, por isso, não têm histórico. A Nubank lhes dá a oportunidade de começar a construí-lo.

Um terceiro grupo inclui pessoas mais velhas que nunca tiveram cartão de crédito — seja por atuarem na economia informal ou por qualquer outra razão —, mas que agora desejam obter um, dadas as facilidades da Nubank. Esse grupo inclui, ainda, quem vive em áreas com poucas ou nenhuma agência bancária.

Isso foi possível graças à sofisticação do modelo de análise de crédito que, ao contrário dos modelos tradicionais, inclui muito mais variáveis na avaliação, ajudando a ponderar com maior precisão e refletir de forma mais fiel as múltiplas circunstâncias dos consumidores.

Graças a essa estratégia, em um único ano, a Nubank conseguiu incluir 5,7 milhões de pessoas no mercado financeiro, fornecendo-lhes um cartão de crédito com serviço de primeira, sem juros abusivos nem tarifas ocultas. E o melhor: sem custos adicionais, sem programas governamentais — e, claro, gerando receita, porque esse é, afinal, seu negócio.

No México, em 2024, 63% da população[278] possuía uma conta de poupança, um aumento significativo em relação à penúltima pesquisa realizada em 2021, quando apenas 49,1% da população declarava ter uma. Ainda assim, 37% da população continuava sem conta de poupança. Felizmente, essa realidade vem mudando. Em 2021, a Pesquisa de Inclusão Financeira[279] indicava que 67,8% da população possuía algum tipo de produto financeiro. Já em 2024, esse percentual subiu para 76,5%, reduzindo a população não bancarizada para 23,5% na faixa etária de 18 a 70 anos.

---

[278] INEGI. 2024. Encuesta Nacional de inclusión Financiera, 2024. https://www.inegi.org.mx/programas/enif/2024/
[279] INEGI. 2021. Encuesta nacional de inclusión financiera (enif), 2021 principales resultados. https://www.inegi.org.mx/contenidos/saladeprensa/boletines/2022/enif/ENIF21.pdf

Para a Nubank, a inclusão financeira é um objetivo importante.

Como temos comentado, trata-se de um grande tema não resolvido. Jay Rosengard,[280] diretor do Programa de Setor Financeiro da Harvard Kennedy School, explicou em uma conferência no Sibos Spotlight:[281]

> *«Inclusão financeira significa garantir o acesso a serviços financeiros formais para todos, especialmente para lares de baixa renda e negócios familiares. Isso é vital, já que, em muitos países, essas pessoas representam a maioria da população e da atividade econômica.»*

Rosengard mencionou que os serviços mais necessários são: pagamentos (transferências, contas, remessas); contas de poupança (para emergências, aposentadoria e gastos específicos); e microcrédito. Sem deixar de lado os serviços que mitigam risco, como seguros de auto, vida e saúde.

A verdadeira inovação está em adaptar esses serviços às condições e preferências dos mercados de baixa renda,

---

[280] SibosTV. Jay Rosengard. Conference Sibos Spotlight. Oct 2014. "What is financial inclusion and why should we care?".
https://www.youtube.com/watch?v=BGNDQtHyasw
[281] Nota: O SIBOS (Swift International Banking Operations Seminar) é uma conferência anual organizada pela SWIFT, a cooperativa global de serviços financeiros. O evento reúne líderes e profissionais do setor bancário e financeiro para discutir tendências, inovações e desafios relacionados a pagamentos internacionais, tecnologia financeira, segurança cibernética e regulamentações.

desenhando produtos e canais de entrega sustentáveis financeiramente. A sustentabilidade é crucial: depender de apoio externo não se mostra viável no longo prazo.

Para a Nubank, porém, essas iniciativas são 100% viáveis. Em 2024, a empresa contava com 21,5 milhões de clientes que nunca haviam tido um produto financeiro.

A Tecnologia Roxa

A Caixa de Ferramentas

A Nubank criou tudo do zero — literalmente, nada existia. Essa foi a missão de Edward Wible: desenhar a arquitetura tecnológica da NU e, ao mesmo tempo, desenvolver imediatamente o seu primeiro produto — o cartão de crédito.

A primeira decisão foi aproveitar o poder da computação em nuvem. Assim, construíram toda a infraestrutura sobre Amazon Web Services (AWS),[282] o que possibilitou escala rápida e flexibilidade total.

A visão de Edward era clara: a Nubank deveria ser uma instituição financeira que assumisse desde o início sua responsabilidade regulatória e financeira de forma integral e rigorosa. Não seria fácil, mas começar do zero lhes dava uma vantagem rara — poder construir todos os processos com base

---

[282] Nota: A AWS (Amazon Web Services) é uma plataforma de serviços de computação em nuvem oferecida pela Amazon. Ela fornece uma ampla gama de recursos — incluindo armazenamento, computação, bancos de dados, análises, redes, ferramentas para desenvolvedores, inteligência artificial, entre outros — que permitem às empresas escalar e crescer de forma flexível e econômica.

em conformidade e transparência, não como remendos posteriores, mas como princípios estruturais.

Isso incluía criar seu próprio sistema de KYC (Know Your Customer / Conheça seu Cliente), implementar controles contra lavagem de dinheiro, manter relações diretas e abertas com os reguladores e desenvolver relatórios sólidos e tempestivos. Além disso, planejavam um sistema de registro de classe mundial, capaz de controlar integralmente a relação financeira com os clientes, garantindo rastreabilidade e segurança da informação.

Esse enfoque — ambicioso, porém meticuloso — estabeleceu as bases de uma empresa que não queria apenas inovar tecnologicamente, mas também redefinir a confiança bancária a partir da sua própria arquitetura.

Edward recorda em uma entrevista:

> *Há uma forte tendência, em muitas fintechs, de evitar serem consideradas bancos. Suas razões podem ser legítimas, mas o que realmente buscam é escapar das regulações de Basileia[283] e dos requisitos de capital, além do custo da*

---

[283] Nota: A sede do Comitê de Supervisão Bancária está localizada na cidade de Basileia, na Suíça. Por essa razão, o conjunto de recomendações emitidas por esse comitê é conhecido como Basileia. Essas recomendações têm como objetivo fortalecer a regulação, a supervisão e a gestão de riscos do setor bancário em nível global. Essas diretrizes, conhecidas como Basileia I, II e III, buscam garantir a estabilidade financeira por meio da implementação de requisitos mínimos de capital, da gestão adequada dos riscos de crédito, operacionais e de mercado, e da melhoria na transparência e divulgação das informações financeiras. O principal objetivo é aumentar a resiliência dos bancos diante de possíveis crises financeiras, promovendo um sistema bancário mais seguro e robusto.

conformidade. Embora esses argumentos façam sentido, a Nubank decidiu que precisava cumprir e controlar todos esses elementos regulatórios e de prudência financeira. Eles são essenciais para manter um modelo de negócio sólido. Modelos que ignoram isso — como os que combinam empréstimos entre pares ou atuam como provedores de serviço — tendem a ser frágeis.[284]

Ele continua:

> *Simplesmente não sabíamos como construir. Nem como fazer escalar. Aprender o modelo e dominá-lo foi, provavelmente, a parte mais difícil. Começamos com uma arquitetura de microserviços, mas erramos ao definir seus contextos."*
>
> *Um dos grandes desafios foi modelar o dinheiro.* "*A primeira ideia foi representá-lo como um número inteiro com centavos", lembra Edward, "mas descobrimos que existem centavos fracionários,*[285] *como nos custos de anúncios do Facebook Ads. Isso foi um pesadelo. Ainda lembro o momento em que o time percebeu que tínhamos cometido esse erro.*[286]

---

[284] SE Daily. Software Engineering Daily. Jul 2018. Podcast. "Build a Bank: Nubank with Edward Wible".
https://softwareengineeringdaily.com/2018/07/10/build-a-bank-nubank-with-edward-wible/

[285] Nota: Normalmente vemos os centavos expressos com apenas duas casas decimais; no entanto, no âmbito financeiro, é comum utilizar até seis casas decimais, a fim de minimizar ao máximo o efeito do arredondamento.

[286] Cfr. SE Daily. Software Engineering Daily. Jul 2018

Outro obstáculo foi dimensionar corretamente os serviços. O que parecia trivial tornou-se uma dor de cabeça. Esses tropeços foram, na verdade, a prova viva da falta de 'décadas de experiência financeira' — o *savoir-faire* que só vem com o tempo. Eles estavam aprendendo fazendo, e essa aprendizagem custava.

No início, criaram um serviço chamado "contas", destinado a gerenciar todas as contas do sistema. Logo perceberam que não poderia ser apenas um, mas sim vários tipos de contas — de faturamento, de pedidos, de cartões, entre outros. Cada uma exigia estruturas específicas. A ideia original era manter microserviços, mas o resultado foi um *monólito acidental*.[287]

Esse problema é comum em startups: começam com uma arquitetura simples para lançar rápido, e o código cresce de forma desordenada conforme novos recursos são adicionados. Em vez de dividir em módulos independentes, tudo é empilhado no mesmo código-base. Com o tempo, isso cria um monólito difícil de dividir e de manter.

Parte da dificuldade do time de Edward era a incerteza sobre a escala e desempenho. Qual seria o tamanho ideal do sistema? Que níveis de carga deveria suportar? Como dividir e organizar

---

[287] Nota: No contexto de sistemas e desenvolvimento de software, um "monólito acidental" refere-se a uma aplicação que, devido ao crescimento rápido e a decisões de design não planejadas, acaba se tornando uma estrutura monolítica. Isso resulta em um sistema com forte acoplamento — ou seja, os componentes dependem fortemente uns dos outros —, tornando-o difícil de escalar e de manter, em razão da falta de modularidade e da refatoração adequada ao longo de sua expansão.

os componentes? Era como construir uma catedral sem saber quantos fiéis ela abrigaria.

Um dos elementos mais críticos foi desenvolver seu próprio autorizador da MasterCard — o sistema que decide, em milissegundos, se uma transação é aprovada ou não. Construí-lo do zero implicava dominar protocolos complexos e atender a exigências técnicas rigorosas: montar um data center físico, criar linhas dedicadas de comunicação e adquirir hardware especializado importado dos Estados Unidos.

E isso era só a parte técnica. O verdadeiro desafio era burocrático: liberar o equipamento na alfândega brasileira podia levar meses — e cada dia de atraso comprometia a janela de lançamento.

Diante desse gargalo, a equipe adotou uma solução pragmática: integrar-se a um terceiro que já possuía um autorizador certificado. Foi uma decisão amarga — quase um *"pacto com o diabo"*, segundo Edward. Não era o ideal, e sabiam que teria custos no futuro. Mas também foi o que salvou a empresa. Graças a isso, conseguiram lançar a tempo.

O preço, contudo, foi alto. O parceiro — um banco tradicional — não só operava o autorizador, como também se tornou o sistema de registro da Nubank. Controlava as informações, os backups e, em grande medida, a soberania dos dados. Durante dois anos, essa dependência foi uma pedra no sapato sempre que queriam escalar ou mudar algo.

A transição para uma infraestrutura própria — o tão sonhado autorizador interno — foi um dos maiores desafios técnicos e organizacionais da história da Nubank. Mas, uma vez concluída, a empresa recuperou o controle total do seu sistema — e, com isso, a liberdade de inovar com a velocidade e a precisão que sempre sonhou.

Clojure e Datomic

O mais importante em uma aplicação financeira são os dados. No entanto, tradicionalmente, o foco sempre foi o processo e as aplicações. Não que os dados não importassem — é claro que sim —, mas sua função se limitava a registrar os movimentos financeiros e armazená-los.

Desde o início, a Nubank teve uma visão diferente: queria que os dados fossem informação viva, acessível em tempo real, pronta para ser consultada, analisada e compreendida. Essa era a única forma de oferecer um serviço verdadeiramente personalizado.

Com essa visão, Edward Wible buscou uma solução capaz de resolver três grandes desafios do setor financeiro na gestão de dados:
1. Conservação íntegra e segura das informações.
2. Auditabilidade completa, sem perda de histórico.
3. Consultas eficientes, mesmo sobre volumes massivos de dados.

Antes, a tecnologia obrigava a escolher apenas um ou dois desses atributos. Wible queria os três. E conseguiu, ao adotar Datomic como base de dados transacional e Clojure como linguagem principal de desenvolvimento — ambas criadas por

A TECNOLOGIA ROXA

Rich Hickey, um dos pioneiros da programação funcional, em 2005.

Hickey desenvolveu o Clojure como uma alternativa mais simples, expressiva e poderosa em relação às linguagens tradicionais. Inspirado em Lisp, o Clojure roda sobre a Máquina Virtual Java (JVM),[288] o que permite aproveitar o vasto ecossistema e as bibliotecas de Java — traduzindo-se em enorme economia de tempo de programação e multiplicação de possibilidades. Seu foco em simplicidade, imutabilidade e expressividade rapidamente o tornou o favorito entre desenvolvedores exigentes e tecnicamente visionários.

O Datomic, por sua vez, é uma verdadeira obra-prima para o gerenciamento de dados transacionais. Projetado para operar com grandes volumes de informação de maneira eficiente e segura, tornou-se peça-chave nas operações bancárias da Nubank. Sua característica mais revolucionária é a imutabilidade dos dados: em vez de sobrescrever registros, cada alteração cria uma nova versão, preservando um histórico completo e confiável. Isso permite auditorias rigorosas, conformidade regulatória e transparência total.

Além disso, a capacidade do Datomic de realizar consultas complexas com rapidez e flexibilidade é inestimável. Sua habilidade de acessar qualquer ponto no tempo dentro da base de dados permite análises históricas detalhadas e insights

---

[288] Nota: A Máquina Virtual Java (JVM) é um ambiente prático de execução que permite que o código de um programa Java seja executado em diferentes plataformas e sistemas operacionais. Ela funciona como um intérprete entre o bytecode compilado em Java e o hardware subjacente, garantindo assim a portabilidade do programa e atuando também como um gerenciador de memória.

valiosos para a tomada de decisão. Essa funcionalidade é crítica para qualquer banco que busque precisão, rastreabilidade e relevância.

Em 2020, a Nubank adquiriu a Cognitect,[289] empresa criadora do Clojure e do Datomic. Com isso, Rich Hickey[290] e sua equipe se juntaram ao time da Nubank. O movimento tinha um propósito claro: fortalecer a capacidade de engenharia para aplicar os princípios de Clojure em larga escala empresarial. Hickey, com sua mente visionária, trouxe um valor imenso à Nubank até sua aposentadoria em agosto de 2023, deixando um legado duradouro na infraestrutura tecnológica da empresa.

Hoje, a Nubank segue utilizando Clojure e Datomic como parte essencial da sua arquitetura. Essa escolha foi fundamental para sua capacidade de inovar, escalar e oferecer um serviço confiável, ágil e personalizado. Graças a esse sólido domínio de dados, a integração de ferramentas de inteligência artificial (IA) tem sido natural e eficiente, mantendo a Nubank na vanguarda da tecnologia financeira global.

Hyperplane

Em um canto do Vale do Silício, um pequeno grupo de engenheiros com raízes brasileiras imaginou uma solução para um grande problema da banca mundial. Eles observavam como os gigantes da internet usavam inteligência de dados para

---

[289] Cognitect. https://www.cognitect.com
[290] Nubank Editorial. Ago 2023. "Clojure's journey at Nubank: a look into the future". https://building.nubank.com.br/clojures-journey-at-nubank-a-look-into-the-future/

antecipar os desejos dos usuários, enquanto os bancos — mesmo sentados sobre montanhas de informações — ofereciam as mesmas opções de sempre.

Assim nasceu a Hyperplane,[291] com a visão de ser a ponte entre os dados esquecidos dos bancos e uma nova geração de experiências financeiras personalizadas. Seus fundadores, vindos do Google e do LinkedIn, sabiam que a chave estava nos modelos fundacionais de IA[292] — sistemas tão poderosos que pudessem digerir o fluxo de transações, cliques e eventos de um banco, gerando previsões e recomendações sob medida.

O objetivo principal da Hyperplane era construir uma camada de personalização bancária, um nível de inteligência capaz de transformar dados em experiências hiperpersonalizadas.

O encontro entre Nubank e Hyperplane parecia predestinado. Após meses de testes com bancos locais e resultados impressionantes, a Hyperplane buscava um lar para escalar sua tecnologia. A Nubank, por outro lado, procurava acelerar sua jornada rumo à era da banca inteligente.

---

[291] Lardinois, Frederic. TechCrunch. Enterprise. Dec 2023. "Hyperplane wants to bring AI to banks".
https://techcrunch.com/2023/12/13/hyperplane-wants-to-bring-ai-to-banks/
[292] Nota: Os modelos fundacionais (foundation models, em inglês) são modelos de propósito geral, grandes e poderosos, que servem como base para diversas aplicações de inteligência artificial. São modelos de IA treinados com grandes volumes de dados e projetados para serem versáteis e reutilizáveis em múltiplas tarefas. Em vez de serem treinados para uma única tarefa específica, esses modelos aprendem padrões gerais de linguagem, imagens ou código, podendo depois ser ajustados ou especializados em funções mais concretas, como tradução, geração de texto, análise de sentimentos, classificação, entre outras.

Em 2024, a Nubank adquiriu a Hyperplane e seu pequeno, porém poderoso, time de 30 especialistas.[293]

Nos meses seguintes, a sinergia começou a render frutos. Com o sólido data warehouse da NU, os modelos da Hyperplane — agora fortalecidos pela infraestrutura da Nubank — começaram a detectar padrões invisíveis até então.[294]

Tradicionalmente, as decisões nos bancos são tomadas por comitês, regras fixas e intuição. Agora, na Nubank, data scientists e engenheiros trabalham lado a lado, monitorando painéis onde os modelos aprendem em tempo real. Cada nova iniciativa começa com uma hipótese: o que o modelo diz sobre as necessidades dos nossos clientes?

A NU vem afinando há anos um enorme motor de dados — e agora, com o Hyperplane, o está aperfeiçoando ainda mais. Um dos primeiros usos é simples, mas poderoso: aumentar os limites de crédito de clientes com bom histórico. Isso gera mais movimentação, mais receita e, ao mesmo tempo, ensina o sistema a reconhecer padrões de bom comportamento.

---

[293] Nubank International. Junio 2024. "Nubank adquiere Hyperplane para acelerar su estrategia global de IA"
https://international.nubank.com.br/es/compania/nubank-adquiere-hyperplane-para-acelerar-su-estrategia-global-de-ia
[294] Building Nubank. Editorial. Junio 2025 "Incorporando Modelos Fundacionales en la Plataforma de IA de Nubank".
https://building.nubank.com/es/modelos-fundacionales-ai-nubank-transformacion/

Mas o Hyperplane vai muito além. É uma plataforma que permite criar e testar múltiplos modelos simultaneamente. É como trocar um único mecânico por um ateliê inteiro de máquinas trabalhando em paralelo.

O que hoje ajusta limites de crédito, amanhã poderá detectar fraudes antes que aconteçam, otimizar cobranças, oferecer o produto certo à pessoa certa, no momento certo. E não apenas no Brasil: o plano é expandir para México e Colômbia.

Equipe Antifraude

A Nubank aprendeu, como toda instituição financeira, que a segurança nunca está "resolvida". Como ironiza Edward Wible, *segurança é uma tarefa que nunca termina*.

Na NU, a segurança é parte da cultura — vai muito além da reação a incidentes. Há uma equipe dedicada exclusivamente a isso, trabalhando de forma proativa e constante. Embora estejam entre as empresas mais seguras do mundo, a incerteza é inerente: o risco é dinâmico e os atacantes evoluem rapidamente — técnica e criativamente.

O adversário muda o tempo todo, ganhando sofisticação e recursos. No setor financeiro, os cibercriminosos usam as tecnologias mais recentes. É um jogo infinito de gato e rato, com uma diferença crucial: aqui, o prêmio é dinheiro real.

A Nubank tem uma vantagem: construiu toda a sua infraestrutura do zero. Sem sistemas herdados ou terceirizados, possui um ecossistema tecnológico sob controle total. Cada componente foi desenhado internamente, bit por bit. Isso evita a dependência de "caixas pretas" externas e permite compreender o sistema em profundidade.

Muitos bancos tradicionais, em contrapartida, operam sobre camadas acumuladas ao longo de décadas, com integrações frágeis e superfícies de ataque extensas. Frequentemente, dependem de sistemas que apenas uma pessoa entende — e, quando essa pessoa sai, deixa um vácuo perigoso.

A NU evita esse risco com uma cultura de engenharia colaborativa, onde várias pessoas conhecem cada sistema em detalhe. Mantêm arquitetura homogênea, facilitando a replicação de soluções em todos os serviços.

A base de sua estratégia de segurança inclui:
- Uso de tecnologia moderna e atualizada.
- Aplicação de patches e melhorias constantes.
- Arquitetura homogênea e compreensível.
- Práticas sólidas de criptografia e autenticação.

Entre as medidas de destaque está o uso de Mutual TLS,[295] tecnologia que protege as comunicações dentro da rede por meio de autenticação mútua entre as partes. Além disso, a

---

[295] Nota: O Mutual TLS (Transport Layer Security), também conhecido como autenticação mútua ou autenticação por certificado de cliente, é um processo de autenticação recíproca entre cliente e servidor. Trata-se de uma forma de garantir a segurança das comunicações em uma rede, autenticando ambas as partes durante o estabelecimento da conexão TLS. Diferentemente do TLS padrão — em que apenas o servidor é autenticado perante o cliente —, no Mutual TLS ambos os lados da comunicação verificam a identidade um do outro.

infraestrutura da NU evolui constantemente, com melhorias que elevam o padrão de segurança.

Um avanço recente foi a implementação de geolocalização dentro do app, que ajuda a detectar se o cliente realmente está no local onde uma compra foi feita. A ferramenta reduz fraudes, ainda que tenha gerado debates sobre privacidade.[296]

Como resume David Vélez:

> *Mais do que um banco, somos uma empresa de tecnologia que opera no setor financeiro.*

E é verdade. A NU funciona como uma empresa de alta tecnologia, com suas "agências" distribuídas em cada smartphone. Tudo gira em torno do aplicativo móvel — sua principal interface e sua arma estratégica mais poderosa.

Arriscado por Natureza

Durante décadas, os bancos tradicionais ergueram fortalezas de aço e concreto para guardar seus dados: centros de dados como bunkers, replicados em locais secretos, preparados para resistir a tempestades e até catástrofes globais.

Mas o mundo mudou. A nuvem abriu um portal para uma nova era. O que antes eram servidores isolados agora são colossos digitais — Amazon Web Services, Google Cloud —

---

[296] Cfr. The Brief. "O que o CTO da Nubank pensa sobre atendimento ao cliente"

que respiram como organismos vivos, espalhados pelo planeta, nunca dormindo.

Com energia redundante, refrigeração constante e defesa contra ciberataques, são os guardiões modernos da confiança digital.

Nenhum sistema é invulnerável.[297] Mas a nuvem oferece resiliência e velocidade que nenhum banco poderia construir sozinho. É um novo campo de batalha onde segurança, escalabilidade e eficiência são armas essenciais.

A Nubank escolheu abraçar o futuro sem medo. Sua existência depende desses gigantes invisíveis. Cada transação, pagamento e decisão no app roxo vive nesse ecossistema — e com isso vem um risco imenso: se um titã cai, a confiança pode ruir em segundos.

Por isso, a NU não espera o desastre — o antecipa. Multiplica redundâncias, distribui cargas entre regiões, simula

---

[297] Nota: A nuvem —como a oferecida pela AWS e pelo Google Cloud— é altamente confiável na prática, com muitos serviços operando próximos de 99,99% de disponibilidade garantida. No entanto, os registros mostram que incidentes raros, mas significativos, ainda ocorrem: falhas regionais que duram várias horas, propagações globais a partir de problemas locais e zonas com maior risco devido à concentração de tráfego ou componentes críticos. Esses serviços costumam ter, em média, de uma a três quedas relevantes por ano — parciais, mas ainda assim quedas. Na AWS, por exemplo, a região US-East-1 tem sido responsável por boa parte das suas interrupções mais graves. Confiar na nuvem é uma boa decisão técnica, mas isso não significa imunidade a falhas. Para mitigar o risco, recomenda-se projetar arquiteturas com redundância (multizona, multirregião ou até multinuvem), boas práticas de backup e planos de contingência. A questão não é se a nuvem vai falhar — porque vai —, mas quão preparados estamos quando isso acontecer.

crises, reforça camadas de proteção. Constrói confiança antes da tempestade.

Afinal, em um mundo onde o banco não é mais um prédio, mas um aplicativo, manter o app vivo, ágil e seguro é tão vital quanto proteger o próprio dinheiro.

A estabilidade tecnológica não é suporte: é o coração da promessa roxa.

Andaime da NU

O motor roxo por trás da expansão global

Desde seus primórdios, a Nubank desenhou uma estrutura organizacional plana e ágil, pensada para acompanhar seu rápido crescimento e sustentar dois pilares fundamentais: inovação constante e atendimento excepcional ao cliente. Com o passar do tempo, porém, esse esquema precisou evoluir: áreas antes unificadas se separaram, outras se agruparam, e as lideranças de várias funções mudaram com certa frequência. Tudo isso foi uma resposta natural ao ritmo vertiginoso de expansão da companhia e à necessidade crescente de atender adequadamente às exigências regulatórias locais em cada país onde atua.

Hoje, a Nubank deixou de ser apenas uma fintech insurgente para tornar-se um grupo financeiro multinacional, com presença em vários países e diversas unidades de negócio sob a marca Nu. A empresa listada em bolsa, Nu Holdings Ltd., atua como holding controladora de todas as suas subsidiárias operacionais.

Entre as principais empresas do grupo estão:

Nu Pagamentos S.A. (Nubank Brasil) — É a filial operacional no Brasil, com sede em São Paulo. Trata-se de uma instituição de pagamento e financeira regulada pelo Banco Central do Brasil, responsável pela conta digital NuConta, pelos cartões de crédito brasileiros e por outros serviços locais. Sob o guarda-chuva da Nu Pagamentos estão também produtos como NuSeguro (seguros, em parceria com empresas terceiras) e verticais de negócio como NuCripto, o serviço de criptomoedas lançado em 2023. Além disso, o grupo possui no país a Nu Financeira, especializada em crédito ao consumo, e a Nu DTVM, uma corretora e administradora de valores mobiliários criada para atender às exigências regulatórias locais.

À medida que a Nubank expandia sua presença pela América Latina e pelo mundo, sua estrutura organizacional evoluiu para um ecossistema de subsidiárias estratégicas, cada uma com uma função bem definida dentro do engrenagem roxa. Por trás do logotipo minimalista e do aplicativo elegante, há um grupo financeiro cuidadosamente articulado para crescer, adaptar-se e operar em contextos regulatórios diversos.

Nu México Financiera, S.A. de C.V., S.F.P. foi a primeira aposta da Nubank fora do Brasil. Fundada em 2019, começou como uma SOFIPO (Sociedad Financiera Popular), oferecendo o agora icônico cartão de crédito roxo Nu e, posteriormente, a Cuenta Nu, uma conta de débito sem tarifas. Mas sua ambição não parou aí: em abril de 2025, a Comisión Nacional Bancaria y de Valores (CNBV) autorizou a Nubank México a converter-se em uma Institución de Banca Múltiple, tornando-se a primeira SOFIPO na história do país a alcançar esse salto.

Durante o processo de transição, a Nu México segue operando com sua licença original, mas já prepara a próxima fase, com produtos como contas-salário. Com sede na Cidade do México e operação 100% digital, já superou os 12 milhões de clientes, posicionando-se como o quarto maior banco do país, atrás apenas de gigantes como BBVA (30 milhões), Citibanamex (23 milhões) e Banco Azteca (23 milhões).

Nu Colômbia Compañía de Financiamiento S.A. nasceu em 2020 como uma fintech focada em cartões de crédito, mas em 2024 obteve a licença de Companhia de Financiamento concedida pela Superintendência Financeira da Colômbia. Com essa aprovação, a Nubank passou a oferecer produtos de depósito como a Cuenta Nu, ampliando sua proposta de valor para os colombianos. Com sede em Bogotá, sua operação é liderada por uma equipe local, em estreita coordenação com as estratégias da matriz. No final de 2025, já contava com mais de 3 milhões de clientes ativos, número que continua crescendo com o lançamento de novas funcionalidades financeiras, como depósitos, pagamentos e gestão de saldos.

Nu Invest representa a entrada da Nubank no mundo dos investimentos. Surgiu após a aquisição da Easynvest, em 2020, e foi integrada como uma plataforma de investimento completamente funcional dentro do próprio app da Nubank. Essa unidade permite aos usuários brasileiros investir em ações, fundos e outros instrumentos financeiros, expandindo a oferta do banco para além dos produtos tradicionais. Legalmente, opera como uma corretora de valores e gestora de investimentos, sob supervisão regulatória brasileira.

Além de suas operações na América Latina, a Nubank construiu uma rede de filiais estratégicas em outras regiões, complementando sua operação central. Nu Holdings USA, com sede nos Estados Unidos, apoia funções corporativas globais. Nu Alemanha, com escritórios em Berlim, tem como principal missão atrair talentos tecnológicos internacionais. Outras unidades, como Nu Tecnologia e Nu Serviços, atuam como braços internos de desenvolvimento e suporte, garantindo que todas as áreas compartilhem infraestrutura, práticas e ferramentas.

Em 2023, a empresa lançou a Nu Plataforma, uma unidade interna de infraestrutura tecnológica, e a Nucoin, seu token de fidelidade, gerido por meio da Nu Cripto, subsidiária dedicada ao universo das criptomoedas. Todas essas entidades estão sob o guarda-chuva da Nu Holdings Ltd., a holding listada em bolsa que controla o conjunto do grupo.

Em conjunto, essas subsidiárias refletem a sofisticação e a ambição do modelo Nubank, e demonstram como uma startup pode transformar-se, em pouco mais de uma década, em um grupo financeiro global — sem perder sua agilidade nem sua essência disruptiva.

Centralizado, mas com sabor local

O que se depreende da estrutura organizacional da Nubank é um modelo híbrido: uma espinha dorsal global e centralizada, combinada com braços locais e autônomos. A partir de sua sede em São Paulo, são traçadas as linhas-mestras da estratégia, do desenvolvimento de produtos e da visão tecnológica. Esse núcleo central assegura coerência de marca, eficiência operacional e escalabilidade tecnológica, o que permite, por exemplo, alcançar 98% dos municípios do México, incluindo zonas rurais historicamente excluídas do sistema bancário formal. Em muitos desses casos, a Nubank foi quem concedeu o primeiro cartão de crédito a quase metade de seus clientes mexicanos, um dado que ilustra como a inclusão financeira pode sair do discurso e tornar-se realidade.

Mas esse desenho central não implica rigidez. Pelo contrário: cada país conta com sua própria estrutura de liderança local, desde o diretor-geral até equipes específicas que compreendem o idioma, o marco regulatório e as práticas culturais de seu contexto. Esse equilíbrio entre o global e o local é o que permite à Nubank manter agilidade, adaptar sua oferta sem perder a essência, e navegar com fluidez entre regulações financeiras diversas.

Com esse mesmo espírito, a Nubank reformulou seu modelo operacional em torno de dois grandes pilares:
- **Global Platforms & Products**, responsável por construir tecnologia escalável, e
- **Local Markets**, encarregado de garantir que os produtos cheguem a cada mercado com pertinência cultural e regulatória.

Ou seja: desenvolve-se uma base tecnológica comum para todos, com adaptações específicas segundo cada país.

Esse enfoque gerou parcerias inteligentes, como a colaboração da Nu México com a Oxxo,[298] que permitiu

---

[298] Nota: Oxxo é uma das maiores e mais reconhecidas redes de lojas de conveniência do México e da América Latina. Pertencente ao conglomerado FEMSA (Fomento Econômico Mexicano, S.A.B. de C.V.), o Oxxo tem sido um ator fundamental na transformação do varejo mexicano desde sua

habilitar mais de 30 mil pontos físicos para depósitos e saques em todo o país. De forma semelhante, a Nu Colômbia ampliou sua rede mediante um acordo com a Puntored, uma rede de correspondentes bancários. No Brasil, integrou o aplicativo com pagamentos cotidianos — por exemplo, em postos de combustível Shell — reforçando sua presença no dia a dia do consumidor brasileiro.

Em resumo, a estrutura da Nubank foi desenhada para pensar grande e executar com precisão local — uma coreografia organizacional que não apenas respeita as diferenças entre países, mas as aproveita como fonte de vantagem competitiva.

Nem Vertical, Nem Horizontal: Matricial

A Nubank adota uma estrutura organizacional matricial. Ou seja, há líderes funcionais e líderes de projetos ou serviços que envolvem várias áreas. Em síntese, existem duas linhas de autoridade: cada pessoa responde a um líder funcional e, ao mesmo tempo, a um líder de produto ou projeto.

---

fundação em 1978. Seu modelo baseia-se em oferecer uma ampla variedade de produtos de consumo rápido —alimentos, bebidas, produtos de higiene, recargas telefônicas, tabaco, entre outros— em locais estratégicos e com horário estendido, geralmente 24 horas por dia, tornando-se uma opção acessível e conveniente para milhões de pessoas diariamente. Oxxo é uma plataforma física de serviços, uma rede logística de última milha, uma alternativa financeira para milhões de pessoas sem acesso a serviços bancários, e um símbolo da modernização do comércio varejista na América Latina.

A Nu Holdings — como dito, a matriz e acionista majoritária — lidera o controle financeiro e estratégico das subsidiárias da Nubank, garantindo a aplicação de padrões comuns em temas como risco, compliance e experiência do cliente.

Um exemplo relevante é a nomeação, em julho de 2025, de Roberto Campos Neto — ex-presidente do Banco Central do Brasil (fevereiro de 2019 a dezembro de 2024) — como Vice-Presidente e Diretor Global de Políticas Públicas. Reportando-se diretamente a David Vélez, sua missão é liderar a expansão internacional da Nubank, as relações com reguladores globais, conduzir análises econômicas e de risco, e co-desenhar a estratégia de longo prazo do banco.

A Nubank também estabeleceu comitês globais essenciais, como os de Auditoria e Risco, que oferecem suporte a todas as regiões. Esses comitês permitem manter uma estrutura organizacional e uma gestão de risco uniformes, indispensáveis para preservar indicadores de inadimplência saudáveis, mesmo com o crescimento em mercados fora do Brasil.

Esse arcabouço de governança global não apenas reforça a coerência e a disciplina estratégica, mas também amplia a capacidade de adaptação da empresa a diferentes ambientes regulatórios e culturais.

Reestruturação para Escalar com Agilidade

Recentemente, a Nubank realizou uma reestruturação organizacional significativa para sustentar sua expansão internacional com mais agilidade. Em maio de 2025, David Vélez anunciou que a companhia havia reduzido os níveis hierárquicos de 14 para cerca de 7, reconhecendo que uma estrutura tão vertical estava desacelerando a tomada de decisões.[299]

Vélez explicou que essa mudança foi fundamental para acelerar lançamentos de produtos e melhorar a eficiência operacional. De fato, afirmou que "não há tempo a perder" e que, nos últimos 90 dias, o ritmo de execução já mostrava melhora significativa.

Paralelamente, o processo coincidiu com a saída de vários executivos seniores que faziam parte da estrutura de liderança nos últimos anos, incluindo o COO Youssef Lahrech e o CPO Jag Duggal. Após a saída de Lahrech, David Vélez assumiu interinamente suas funções operacionais, aumentando o número de colaboradores que se reportam diretamente ao CEO.

Apesar dessas saídas, não se tratou de uma redução em massa de pessoal. As mudanças foram desenhadas para preservar o talento interno: alguns diretores foram realocados em funções individuais, continuando a contribuir com sua experiência sem afetar negativamente a cultura organizacional.

Pouco depois da reestruturação, a Nubank fez dois nomeações-chave que marcam um ponto de inflexão em sua evolução tecnológica e de design.

---

[299] Cancel, Daniel. Bloomberg. Finance. May 2025. Nu simplifica swe estructura y planea contratación de altos ejecutivos. https://www.bloomberg.com/news/articles/2025-05-22/nu-simplifica-su-estructura-y-planea-contratacion-de-altos-ejecutivos.

O Chief Design Officer (CDO)

Em julho de 2025, a Nubank criou o cargo de Chief Design Officer (CDO), uma posição executiva de alto nível com o propósito de consolidar o design como uma função estratégica dentro da companhia.

Esse cargo certamente não é comum, mas também não é tão raro quanto parece. O Chief Design Officer (CDO) costuma aparecer em empresas onde o design não é visto apenas como um aspecto estético, e sim como uma estratégia de negócio. Apple, Airbnb, IBM e PepsiCo são bons exemplos. Sua função é zelar pela coerência do design em todas as suas formas — produto, experiência do usuário, marca, ambiente físico, comunicação — garantindo que tudo isso responda a uma visão unificada.

O que realmente importa nesse cargo é onde ele se posiciona na estrutura organizacional. Quando o CDO se reporta diretamente ao CEO e tem um mandato transversal, o modelo tende a funcionar muito bem: impulsiona a identidade e a experiência como pilares do negócio. Mas, se o CDO é colocado dentro das áreas de Marketing, Produto ou Inovação, as fronteiras se tornam nebulosas e surgem disputas sobre quem define a experiência do cliente ou a narrativa da marca.

Esse cargo faz sentido quando a empresa vive de seu design, quando o design é um diferencial competitivo real. Nos demais casos, pode acabar se tornando um símbolo de status, mais do que uma função clara.

No caso da NU, para liderar essa nova função, Vélez nomeou Ethan Eismann, que se reportará diretamente ao CEO.

Esse cargo é responsável pela estratégia global de design, o que implica:

- Alinhar a experiência do usuário à visão estratégica da empresa.
- Garantir consistência visual e funcional em todos os pontos de contato, independentemente do país.
- Fomentar uma cultura de design colaborativa entre áreas como Produto, Engenharia, Marketing e Negócios.
- Impulsionar inovação centrada na empatia e nas necessidades reais dos clientes.

A trajetória de Eismann é notável: foi SVP de Design no Slack, Diretor Global de Design para o negócio de Homes na Airbnb, General Manager da equipe de clientes na Uber, responsável por produtos-chave como Google Wallet e Android Pay no Google, além de ter sido parte fundamental da equipe que lançou o Adobe Creative Cloud.

Essa nomeação institucionaliza o design como uma alavanca estratégica na expansão internacional da Nubank, garantindo que a experiência do cliente seja não apenas funcional e escalável, mas também emocionalmente coerente e memorável.

O Novo CTO

Em agosto de 2025, Vitor Olivier, então Chief Technology Officer (CTO) e um dos primeiros funcionários da Nubank, anunciou sua saída após mais de uma década na empresa e quase três anos à frente da área tecnológica. Sua saída reflete um momento de transição estratégica e maturidade organizacional. Longe de gerar incerteza, a sucessão foi conduzida de maneira ordenada e respeitosa.

David Vélez destacou seu legado com gratidão, reconhecendo seu papel essencial na consolidação da arquitetura tecnológica da Nubank.

Para sucedê-lo, a Nubank incorporou Eric Young como novo CTO, reforçando sua aposta em uma plataforma tecnológica ainda mais robusta. Young traz mais de vinte anos de experiência em empresas como Snap[300] (SVP de Engenharia), Google (VP de Engenharia responsável por infraestrutura crítica de produtos como Search, Ads, YouTube e Cloud) e Amazon (onde liderou sistemas de cadeia de suprimentos, personalização e precificação).

Com esse perfil, Young chega em um momento chave para escalar a plataforma global da Nubank, acelerar o uso estratégico de inteligência artificial e fortalecer a operação internacional. Sua chegada se alinha à visão de excelência operacional e crescimento global projetada até 2026.

---

[300] Nota: A Snap Inc. é a empresa de tecnologia norte-americana que desenvolveu o Snapchat, o aplicativo de mensagens multimídia que revolucionou as redes sociais ao introduzir conteúdos efêmeros, como os "snaps" e as "Stories", que desaparecem após um determinado tempo. Fundada em 2011 por Evan Spiegel, Bobby Murphy e Reggie Brown, a empresa passou por um rebranding em 2016, adotando o nome Snap Inc. para refletir um escopo mais amplo do que apenas o aplicativo Snapchat, incluindo produtos como os Spectacles (óculos com câmera integrada) e os Bitmoji.

Fundadores e Continuidade Cultural

Apesar das mudanças, os fundadores da Nubank mantêm papéis relevantes na estrutura atual:

- David Vélez continua como CEO global e principal porta-voz junto a investidores.
- Cristina Junqueira, como Chief Growth Officer (CGO), lidera a estratégia de crescimento e a promoção da cultura corporativa.
- Edward Wible segue contribuindo com sua expertise técnica, focado em arquitetura de sistemas, ainda que sem cargo corporativo formal.

Essa continuidade no núcleo fundador tem permitido que a Nubank — hoje com mais de 123 milhões de clientes em três países — preserve seus valores, propósito e visão originais.

Estrutura Organizacional Atual

Atualmente, a Nubank opera com uma estrutura composta por 9 áreas gerais e 26 subáreas, desenhada para manter uma execução ágil, integrada e escalável em nível internacional.

Autonomia, Transparência e Tomada de Decisões

Um traço característico da organização Nubank é seu modelo de equipes autônomas com alta alinhamento. A empresa cresceu adotando um estilo inspirado em companhias de tecnologia do Vale do Silício — squads multifuncionais, tribos e capítulos — adaptado à sua realidade.

Cada equipe tem metas claras (muitas vezes expressas como OKRs) e autonomia para decidir como alcançá-las, dentro dos padrões de qualidade e dos valores da empresa. Os líderes seniores (diretores, VPs, fundadores) evitam a microgestão: seu papel é definir prioridades estratégicas e princípios-guia, e dar liberdade para que os times executem com criatividade.

Por exemplo, em vez de impor uma solução, um líder na Nubank dirá: *Nosso objetivo é reduzir a taxa de churn em 20%. Como vocês fariam isso? Proponham.*

Assim, cada equipe sente propriedade sobre seus resultados e se estimula uma inovação de baixo para cima (bottom-up) alinhada aos objetivos estratégicos (top-down).

Para que essa autonomia funcione em larga escala, a Nubank investiu em mecanismos internos de comunicação e documentação. Jag Duggal (ex-Chief Product Officer) destacou que uma das lições trazidas do Google e do Facebook foi documentar processos de decisão e princípios de produto, garantindo que, mesmo com centenas de gerentes, todos compartilhem a mesma lógica de referência.

Em 2022–2023, a empresa formalizou o Manual Nubank de Desenvolvimento de Produtos, um documento que compila sua filosofia de construção centrada no cliente, melhores práticas e padrões esperados. Esse manual — debatido e acordado por líderes seniores — permite que novos funcionários tomem decisões alinhadas à visão da empresa sem depender de aprovações caso a caso.

Assim, a tomada de decisão é empurrada para a linha de frente, mas com consistência estratégica.

A Nubank também mantém a todos informados por meio de dailies, weeklies e townhalls, onde avances, aprendizados e até erros são compartilhados abertamente. Essa transparência interna, aliada a ferramentas colaborativas, faz com que, mesmo com mais de 8 mil funcionários em múltiplos países, a organização siga coordenada e coerente.

Outro ponto marcante é o acesso direto dos Nubankers à liderança executiva. Ainda hoje, David Vélez mantém o ritual semanal de dar pessoalmente as boas-vindas a cada novo grupo de funcionários — mesmo que por videoconferência. Nessas sessões, ele narra a história e a missão da Nubank, revisa os valores e responde perguntas. A mensagem é clara: *a cultura é prioridade dos fundadores — e não se delega.*

Além disso, a Nubank utiliza plataformas internas onde qualquer funcionário pode fazer perguntas abertas ao CEO e aos líderes (em reuniões mensais All Hands), fomentando uma comunicação bidirecional e sincera. Os líderes compartilham tanto boas notícias quanto desafios com a mesma transparência.

Essa franqueza radical fortaleceu a confiança interna e o senso de comunidade, mesmo em momentos difíceis — como a volatilidade do mercado fintech em 2022–2023, quando a ação NU caiu −56,6% em 2022, mas depois subiu +104,7% em 2023, ilustrando o "castigo e o rebote" típico de quando o mercado finalmente reconhece lucros sustentáveis.

ANDAIME DA NU

Cultura, Cultura e Cultura

Existe uma frase — dita com frequência por Cristina Junqueira — que resume a filosofia da Nubank: *Nossa estratégia é nossa cultura.* O que isso significa é que, por melhor que seja um plano estratégico, é a cultura diária — o modo como as pessoas trabalham e tomam decisões — que realmente determina o sucesso.

Na Nubank, isso se reflete, por exemplo, no fato de que, diante de uma dúvida entre dois caminhos, escolhe-se aquele mais coerente com os valores de simplicidade e foco no cliente, mesmo que, no papel, o outro pareça mais rentável no curto prazo. Confiar na própria cultura tem permitido à empresa manter o rumo mesmo ao entrar em novos negócios ou geografias: seus princípios funcionam como uma estrela-guia. Vélez explica que, *com uma cultura forte, quase toda decisão se torna mais fácil — ou está alinhada com os valores, ou não está.* Por isso a Nubank conseguiu escalar de 10 para 50 e depois para 100 milhões de clientes sem diluir sua proposta, já que sua cultura cresceu junto com a empresa.

A Nubank se esforça para manter vivo o espírito de startup, apesar do tamanho atual. Vélez admite que uma de suas preocupações é evitar a autocomplacência: *é preciso preservar o senso de urgência e fome... desafiar o status quo é muito mais fácil quando se é dez pessoas em uma sala do que quando já se é uma das maiores instituições financeiras.*

Para contrabalançar a possível burocracia, a Nubank reforça internamente a ideia *de seguir sendo insurgente* — celebrando projetos experimentais, destacando casos em que pequenos times lançam algo disruptivo e lembrando constantemente que *ainda estamos no Dia 1*. Não por acaso, em 2024, a empresa organizou encontros de liderança em seus novos escritórios no México e na Colômbia para *refletir sobre o futuro como se estivéssemos começando do zero*. Essas dinâmicas ajudam a renovar a visão e a não dar por garantida a posição conquistada.

Por isso, a empresa também implementou *guardrails*[301] — controles mais formais em certas decisões (especialmente em risco, compliance e segurança) — buscando equilibrar agilidade com controle. Nas palavras de David, *trata-se de continuar pensando na grande oportunidade à frente, mais do que no medo de perder o que já foi conquistado, mas com disciplina na execução*. Essa mentalidade dual — *preservar a essência empreendedora com a solidez operacional de uma grande empresa* — é um dos maiores desafios culturais que a Nubank se impôs desde 2024.

Mudanças no Leme

O vertiginoso crescimento regional da Nubank trouxe consigo uma evolução natural em sua estrutura organizacional. A partir de 2024, a empresa passou a delegar mais autonomia aos seus mercados-chave, nomeando líderes locais com papéis executivos plenos. Uma das mudanças mais relevantes foi a nomeação de Livia Chanes como CEO da Nubank Brasil em

---

[301] Nota: Um guardrail é um limite ou regra clara que serve como guia para a tomada de decisões, evitando desvios perigosos e mantendo as equipes dentro de um caminho seguro. É como a barreira de proteção em uma estrada: ela não indica exatamente por onde dirigir, mas impede que você saia da pista e acabe em um precipício.

janeiro de 2025, separando assim a liderança do mercado brasileiro do papel global que continua a ser exercido por David Vélez.

Essa estrutura de "multi-CEO regional" também foi replicada no México e na Colômbia. Esse novo modelo organizacional — comum em fintechs globais — permitiu à Nubank adaptar-se melhor aos marcos regulatórios e às realidades competitivas de cada país.

Outra mudança significativa foi a incorporação de talentos de alto nível vindos do setor público e financeiro. Em 2025, foi anunciada a chegada de Roberto Campos Neto, ex-presidente do Banco Central do Brasil, como Vice Chairman e Global Head of Public Policy. Sua entrada enviou uma mensagem clara: a Nubank está disposta a jogar nas grandes ligas, fortalecendo sua governança, construindo pontes com reguladores e profissionalizando ainda mais sua estratégia de risco e compliance.

Também se juntou ao time Otávio Damaso, ex-diretor de regulação do Banco Central, como assessor estratégico. Essas incorporações não representam uma perda da identidade NU — ao contrário, refletem a maturidade de uma empresa que, sem deixar de inovar, entende que escalar também significa aprender, dialogar e colaborar com o sistema. Como disse o próprio Vélez, *"o futuro da inclusão financeira requer tanto inovação quanto marcos regulatórios que a tornem possível — e a Nubank quer ser parte ativa dessa construção."*

Mesmo entre seus cofundadores, a Nubank tem sabido se reinventar para preservar sua essência. Um exemplo notável é Edward Wible, que, após ter sido CTO durante vários anos, decidiu voluntariamente deixar o cargo executivo para voltar a ser engenheiro de produto. Apaixonado por código, Wible preferiu manter-se próximo do desenvolvimento diário e afastar-se da gestão administrativa. O cargo de CTO foi assumido por outro líder, mas seu gesto reflete uma cultura rara, em que os títulos importam menos do que o impacto real.

Wible explicou que, dessa forma, pode *continuar fazendo o que ama: desenvolver software*, mantendo um papel ativo como mentor técnico sem ficar preso a reuniões gerenciais. A decisão foi celebrada internamente como uma expressão viva do princípio de agir como dono: se alguém gera mais valor programando do que liderando, é livre para seguir esse caminho. Seu exemplo inspirou outros líderes da Nubank a manter uma postura hands-on, evitando a burocratização excessiva.

Esse espírito também foi posto à prova conforme a Nubank escalava. Entre 2019 e 2023, a empresa passou de cerca de 2 mil funcionários para mais de 7 mil, e o número continuou crescendo em 2024 e 2025. O desafio era claro: escalar sem perder agilidade. Para isso, várias iniciativas foram implementadas.

Uma delas foi a criação do *Manual Nubank*, que padroniza a forma de desenvolver produtos e tomar decisões, garantindo coerência entre centenas de equipes que trabalham em paralelo.

Outra foi a fundação do NuLab, uma academia interna que capacita novos product managers e líderes em métodos, ferramentas e cultura da empresa. Esse tipo de bootcamp garante que, independentemente da indústria de origem, os novos gerentes compreendam profundamente o Nubank Way:

resolver problemas reais dos clientes, iterar rapidamente e ser obcecado pela experiência do usuário.

Também foram fortalecidas funções como Product Operations e Risk Operations, que trabalham junto aos squads de produto. Enquanto o PM impulsiona novas funcionalidades, esses times garantem conformidade regulatória, segurança e consistência operacional. Essa dupla tem sido fundamental para lançar funções como cripto trading ou novos produtos de crédito, combinando velocidade e integridade.

A transformação organizacional não parou aí. Após a pandemia, a Nubank adotou um modelo de trabalho híbrido e flexível. Os funcionários podem trabalhar de qualquer lugar na maior parte do tempo, mas devem comparecer ao escritório uma semana a cada dois ou três meses, conforme o time.

Os escritórios de São Paulo, Cidade do México, Bogotá, Buenos Aires, Berlim e outras cidades foram redesenhados como espaços de colaboração, e não de mesas fixas. Nem mesmo os fundadores têm salas privadas: trabalham em espaços abertos, lado a lado com suas equipes.

Para viabilizar essa logística, foi implementada a plataforma Comeen Workplace,[302] integrada ao Slack e ao Calendar, que permite reservar mesas e salas com facilidade. Assim, a

---

[302] Nota: A Comeen, fundada por Benjamin Gauthier, é uma plataforma SaaS (Software como Serviço) voltada para melhorar a experiência de trabalho por meio da gestão de espaços e da comunicação interna em ambientes corporativos híbridos. A plataforma oferece funcionalidades como: sinalização e avisos em telas, reserva de mesas e salas de reunião, gestão de visitantes e painéis em tempo real com dados corporativos. https://comeen.com

Nubank conseguiu gerir mais de 8.700 funcionários de 30 nacionalidades, combinando flexibilidade com conexão humana.

The Board

David sempre teve muito claro que, para transformar sua ideia em uma empresa real, precisava cercar-se de pessoas que complementassem suas habilidades. Com humildade, reconhecia as áreas onde carecia de experiência — especialmente no mundo bancário e na construção tecnológica —, e por isso seu primeiro passo não foi desenvolver o app, mas formar a equipe certa.

Foi assim que buscou Cristina, com sólida trajetória no setor bancário tradicional, e Edward, um engenheiro brilhante com uma visão moderna de desenvolvimento de software. Com eles, David solucionou as duas lacunas essenciais para começar: o entendimento profundo do sistema financeiro e o músculo tecnológico necessário para construir algo completamente novo.

Mas esse raciocínio também se aplicava a como ele construiria seu Conselho de Administração.

O Board deve ser seus conselheiros, seus coaches; são eles que vão te ajudar, com suas experiências e conhecimentos, a preencher as lacunas que você possa ter. Por isso, a estratégia é tentar construir um Conselho muito diverso.

David analisou cuidadosamente o Cap Table (a tabela de capitalização),[303] não apenas para ver quem eram seus investidores, mas para identificar aqueles que, além do capital, pudessem oferecer experiência valiosa para construir a Nubank. Escolheu com critério: buscava aliados estratégicos, não apenas financiadores.

> *Se você monta um Conselho muito parecido em interesses e experiência, está desperdiçando as ações que vendeu — está se diluindo por nada.*[304]

O Conselho de Administração da NU é composto por nove membros, a maioria independentes.[305] Os membros do Conselho são nomeados por um período de um ano e podem ser reeleitos ao final de seu mandato. (Ver Anexo 4)

---

[303] Nota: O Cap Table, abreviação de "Capitalization Table", é um documento que detalha a estrutura de propriedade de uma empresa. Esse documento é essencial tanto para startups quanto para empresas de capital aberto, embora sua complexidade aumente conforme a empresa cresce, realiza novas rodadas de financiamento ou emite mais ações. Contém os nomes dos acionistas, o tipo de ações que possuem, o número de ações, o percentual de participação, a avaliação e a diluição correspondentes.

[304] Cfr. Morris, Nigel Entrevista con David Vélez. Fintech Nexus Jun 2022. "How this Digital Bank Brought Millions of People into the Financial System, Nubank (Full Session)"
https://www.youtube.com/watch?v=yXLWiqPEt6U

[305] NU International. Board of Directors.
https://www.investidores.nu/en/governance/board-of-directors/

A Equação NU

Alquimia Roxa

Em uma entrevista, David comentou que o segredo da NU era muito simples:

> *O truque é que nosso custo operacional é 20 vezes menor do que o dos bancos tradicionais.*[306]

Dizer que a Nubank opera 20 vezes mais barato do que os bancos tradicionais equivale a afirmar que seus custos são 95% menores — um número que parece simplesmente inalcançável para o restante do setor. Seu modelo de negócio e seu ritmo de crescimento tornaram-se, sem dúvida, um caso obrigatório de estudo. Desde o início, as receitas aumentaram trimestre após trimestre e, embora a operação tenha se fortalecido ano a ano, foi apenas no terceiro trimestre de 2022 — nove anos após sua fundação — que o banco registrou seu primeiro lucro líquido: US$ 7,8 milhões.

---

[306] Cfr. Caracol Television. Los Informantes TV. Entrevista. Oct. 2023. https://www.facebook.com/CaracolTV/videos/el-colombiano-más-rico-del-mundo-david-David-la-mente-maestra-tras-nubank/863596941744570/

Três anos depois, no segundo trimestre de 2025, a Nubank reportou um lucro líquido acumulado de US$ 1,97 bilhão.

Esse salto não foi fruto de uma aposta ousada nem de golpes de sorte, mas sim o resultado de uma estratégia construída com paciência, precisão e um controle operacional rigoroso. A aposta sempre foi no volume: atrair e reter dezenas de milhões de clientes, mesmo que o ganho por usuário seja baixo. Essa escala, multiplicada, torna-se poderosa.

Com serviços acessíveis, tarifas baixas e uma atenção obsessiva à experiência do cliente, a Nubank não apenas conquistou lealdade: provou que uma fintech pode desafiar — e superar — os gigantes da banca tradicional.

Segundo análises internas da Nubank, os clientes tendem a começar com um nível de gasto moderado em seu cartão, mas, à medida que ganham confiança e se familiarizam com o serviço, esse gasto cresce de forma gradual e sustentada. Esse comportamento tem impacto direto nas receitas de comissões de intercâmbio (interchange) — geradas toda vez que o cliente realiza uma compra.

Esse crescimento orgânico, baseado na confiança e na experiência positiva, é um dos pilares do modelo de negócios da NU. Mais do que atrair usuários em massa, a Nubank busca transformá-los em clientes fiéis que utilizam cada vez mais seus produtos, sem precisar estimular o consumo artificialmente.

Então, como a NU ganha dinheiro?

A EQUAÇÃO NU

Não é mágica nem truque de marketing: a Nubank lucra por meio de um modelo simples, porém inteligente, que combina quatro fontes principais de receita, como mostrado a seguir:

- **Juros de cartões de crédito e empréstimos pessoais** (Credit) — cobrados com transparência e sem artifícios escondidos. É, de longe, a principal fonte de receita. Segundo dados do segundo trimestre de 2025, os juros representaram 43,3% da receita bruta. A Nubank reportou, nesse período, US$ 670,1 milhões de lucro líquido com juros.

- **Comissões por serviços financeiros** (Fees) — como transferências, seguros, investimentos e outros produtos dentro do ecossistema NU. Representam a principal fonte de comissões. No segundo trimestre de 2025, totalizaram US$ 457,4 milhões, equivalentes a 29,6% da receita total.

- **Receitas por comissões de intercâmbio** (Interchange fees) — ou seja, o percentual que os comerciantes pagam toda vez que um cliente realiza uma compra com seu cartão NU. Essa comissão é recebida pela NU por facilitar a transação. No segundo trimestre de 2025, essas comissões somaram US$ 212 milhões, correspondendo a 13,7% da receita total.

- **Rendimentos gerados pelos fundos depositados** pelos clientes, investidos em instrumentos seguros e líquidos, como fundos de mercado monetário ou títulos públicos. No segundo trimestre de 2025, esses rendimentos representaram US$ 78,6 milhões, o equivalente a 5,1% da receita total.

Esse modelo permite à NU crescer de forma sustentável, sem depender de taxas ocultas nem de práticas abusivas. Sua aposta é clara: oferecer valor real, conquistar a confiança do cliente e crescer junto com ele.

O Negócio dos Cartões

A fórmula básica da NU é manter o maior número possível de clientes ativos, multiplicando sua receita pelo valor gerado por cada cliente com o uso do cartão — menos um custo operacional rigorosamente controlado.

Dentro desse modelo, a Nubank possui diversas fontes de receita:

- **Juros de Empréstimos e Cartões de Crédito:** A Nubank obtém receita cobrando juros sobre os saldos dos cartões de crédito e sobre os empréstimos pessoais oferecidos a seus clientes.
- **Comissões por Transações:** A Nubank não cobra tarifas pelos serviços básicos; ela ganha dinheiro por meio das comissões sobre as transações comerciais realizadas pelos clientes ao usarem seus cartões para compras.
- **Produtos de Investimento:** A Nubank oferece produtos de investimento e poupança, como NuConta e NuInvest, que geram receita por meio das taxas e comissões associadas a esses serviços.
- **Juros sobre Depósitos:** A Nubank também ganha dinheiro com os rendimentos gerados pelos depósitos que seus clientes mantêm em conta.

- **Seguros e Outros Produtos Financeiros:** A empresa oferece produtos adicionais, como seguros, que também contribuem para sua receita.
- **Parcerias e Alianças Estratégicas:** A Nubank estabelece parcerias com outras empresas para oferecer promoções e serviços exclusivos, podendo compartilhar as receitas geradas por essas colaborações.

David Vélez traça um forte contraste em relação à norma da indústria:

Nossos modelos de negócio são fundamentalmente diferentes.

A maioria dos bancos ganha dinheiro com clientes que nunca quitam seus saldos e continuam apenas pagando o mínimo mensal.

— É como se os bancos incentivassem as pessoas a se endividarem.

Enquanto isso, nós buscamos nossos clientes, incentivamos o uso do cartão, mas queremos que paguem integralmente seus saldos, no prazo.

Num mundo ideal, gostaríamos de depender exclusivamente das receitas dos comerciantes.

Nos vemos mais como um negócio de pagamentos do que como um negócio de crédito.

Temos 91% de clientes que pagam em dia (transactors) e 9% que carregam saldo (revolvers), enquanto no mercado as proporções típicas são de 70% e 30%, respectivamente.

Em outra ocasião, David reafirmou:

> *Nossos primeiros clientes-alvo foram, na verdade, os transactors, e não os revolvers. Buscamos os transactors porque eles são mais eficientes em termos de capital.*

David explicou ainda:

> *Nossas taxas de juros e encargos por atraso são geralmente semelhantes às dos bancos tradicionais; não queremos que nossos clientes usem nossas linhas de crédito para financiar outras dívidas.*

De fato, quando as pessoas utilizam o cartão como veículo de financiamento para cobrir outras obrigações, o risco aumenta e surgem grandes perdas.

> *Fizemos experimentos oferecendo melhores taxas aos clientes com bom histórico, mas não encontramos evidência de elasticidade de preço. Os bons clientes quitam seus saldos independentemente da taxa que oferecemos.*

Como mostra a ilustração a seguir — apenas com fins ilustrativos e sem refletir números reais da Nubank —, em uma transação com cartão participam vários atores, e cada um recebe uma parte da comissão total.

O emissor do cartão (por exemplo, a Nubank) costuma ficar com a maior parcela da comissão; o adquirente (o banco do comércio) recebe outra parte significativa, enquanto as redes e processadores de pagamento (como Visa ou Mastercard) ficam com a menor fatia.

Em geral, as comissões são compostas por um percentual sobre o valor da transação e, em alguns casos, uma taxa fixa por operação, vinculada à conta do comerciante. Esta última não está incluída no exemplo.

A título ilustrativo, suponha uma transação de e-commerce de US$ 50, com uma comissão total de 3,5%. Isso significa que o comerciante paga US$ 1,75 para aceitar o pagamento com cartão.

Dessa quantia, o emissor (Nubank) receberia US$ 1,00 (57% da comissão total); o adquirente ficaria com US$ 0,61 (35%); e o restante seria distribuído entre as redes de pagamento e outros intermediários.

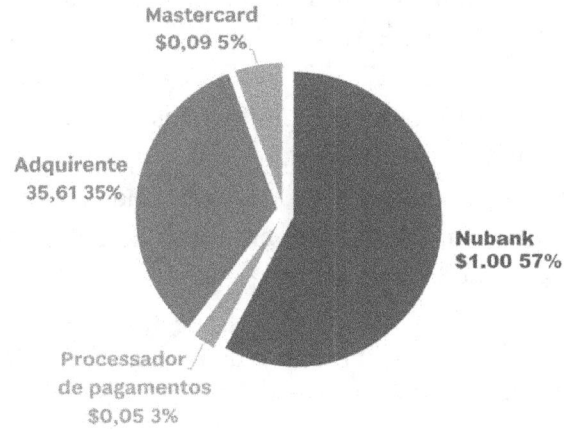

Observação: os percentuais referem-se à divisão dos 3,5% de comissão entre os quatro participantes do sistema.

Taxas de Intercâmbio

O ecossistema dos cartões de crédito é notavelmente complexo. Os processadores de cartões administram centenas de tarifas que variam conforme múltiplos fatores — desde o tipo de comércio até a modalidade de pagamento — e o fazem em um ambiente com muitos atores, cada qual querendo uma parte do bolo das comissões.

Com o tempo, esse sistema tornou-se altamente lucrativo, embora hoje esteja passando por uma grande transformação, impulsionada pelo avanço de tecnologias mais simples e, sobretudo, pelo uso generalizado da internet como rede universal de conexão.

Antes da era digital, aceitar pagamentos com cartão exigia linhas dedicadas nos comércios — ou até conexões telefônicas —, o que encarecia o sistema. Hoje, essa infraestrutura se simplificou radicalmente, mas também reduziu a margem de lucro de alguns intermediários.

As regulações tornaram-se muito mais rígidas diante das altas taxas que antes se cobravam: houve épocas em que um comércio podia pagar até 9% do valor da venda em comissões. Atualmente, a média global gira em torno de 2,4%,[307] embora com grandes variações regionais.

As taxas diferem entre crédito e débito, sendo as de crédito sempre mais altas.

---

[307] Radage, Kalle. Clearly Payments. Aug 2024. "Statistics on How Much Merchants Pay for Payment Processing in 2024".
https://www.clearlypayments.com/blog/statistics-on-how-much-merchants-pay-for-payment-processing-in-2024

Na Europa, devido a limites regulatórios, caíram para 0,36%[308] no crédito e 0,20% no débito.[309] No Brasil e na Argentina, por exemplo, as taxas de crédito estão entre 3% e 4% do valor da operação.

A verdade é que, por trás de uma transação aparentemente simples — como pagar um café com cartão —, há pelo menos oito engrenagens que precisam funcionar em perfeita sincronia. O fato de que alguém possa usar seu cartão em praticamente qualquer comércio do mundo é, na realidade, uma façanha tecnológica impressionante.

Processo de Pagamento com Cartão de Crédito

Nos pagamentos com cartão, diversos atores e tecnologias trabalham em conjunto para que as transações sejam seguras e rápidas.

Do cliente que realiza a compra ao comércio, do banco emissor ao adquirente, todos desempenham um papel essencial.

As redes de cartões e processadores conectam essas partes, e os gateways de pagamento permitem que as compras online funcionem como as presenciais.

Esse sistema é fundamental para o comércio moderno.

---

[308] Sobrino, Ricardo. Cinco Días. El País. Jun 2024 "¿Cuánto le cuesta a un comercio el pago con tarjeta? ¿Qué bancos aplican las mayores comisiones?" https://cincodias.elpais.com/mercados-financieros/2024-07-01/comisiones-bancarias-este-es-el-coste-para-los-comercios-de-recibir-pagos-con-tarjeta.html

[309] Pay net easy. May 2022. "What Are Interchange Fees and How Are They Calculated?" https://payneteasy.com/blog/what-are-interchange-fees-and-how-are-they-calculated

1. Portador do Cartão (Cardholder): o usuário do cartão que deseja realizar uma compra.
2. Comerciante: a loja, física ou online, onde a compra é feita.
3. Terminal de Ponto de Venda (TPV): o dispositivo eletrônico usado pelo comércio para ler o cartão e enviar os dados da transação. Os bancos adquirentes normalmente fornecem os TPVs.
4. Gateway de Pagamento: a versão digital de um TPV, usado por lojas online para aceitar cartões em compras pela internet.
5. Adquirente (Acquirer): a instituição financeira que fornece ao comerciante a infraestrutura para aceitar pagamentos com cartão e processa as transações.
6. Emissor (Issuer): a instituição financeira que emite o cartão de crédito ao portador, autoriza a transação e debita o valor na conta do cliente. É também quem paga ao comerciante, dias depois, o valor da compra — menos a comissão correspondente.
7. Rede de Cartões (Card Network): facilita a comunicação entre adquirente e emissor, estabelece regras e padrões para as transações e normalmente atua como rede de liquidação (Settlement Network).[310]
8. Processador de Pagamentos (PSP – Payment Service Provider): gerencia a transmissão de dados e a segurança, cuidando da autorização e da liquidação das transações.

---

[310] Nota: A Visa e a Mastercard são as operadoras do sistema de liquidação das transações dentro de suas próprias redes. Elas não emprestam dinheiro nem processam os pagamentos diretamente, mas são o coração do sistema que garante que os fundos sejam transferidos corretamente entre as instituições financeiras envolvidas.

Todos esses serviços existem para garantir que os pagamentos com cartão sejam processados de forma segura e eficiente.

As comissões envolvidas são pagas pelos comércios e cobrem tanto os custos operacionais quanto o risco de fraude e a margem de lucro de cada participante na cadeia. A maior parte dessas comissões corresponde à taxa de intercâmbio, determinada pelas redes de cartões como Visa ou Mastercard.

Em princípio, os consumidores não pagam um valor adicional ao usar seus cartões.

No entanto, alguns estabelecimentos tentaram transferir esse custo ao cliente, cobrando um acréscimo por pagamento com cartão.

Isso era comum com a American Express, que costumava ter comissões mais altas. Hoje, essa prática é muito menos frequente, pois a Amex reduziu suas taxas e os reguladores combatem esse tipo de sobretaxa.

Em resumo, é o comércio quem assume o custo de processar os pagamentos, com taxas determinadas pelas redes de cartões e ajustadas segundo as condições regulatórias e econômicas de cada país.

Cada ator no ecossistema de pagamentos com cartão desempenha um papel essencial para que as transações ocorram de forma rápida, segura e sem erros.

Para o comerciante, isso significa não assumir o risco de oferecer crédito a seus clientes, já que recebe o pagamento de suas vendas de maneira regular e confiável.

Todas as comissões associadas — como a taxa de intercâmbio, a comissão do provedor de pagamentos, o custo do terminal ou do leitor, entre outras — são cobradas por meio do provedor contratado pelo comerciante.

Esse provedor é quem distribui os valores devidos a cada parte, incluindo a quantia que corresponde ao banco emissor do cartão, como a Nubank.

Estrutura de Tarifas

Cada provedor tem sua própria abordagem sobre como cobra suas tarifas. No entanto, as tarifas de intercâmbio continuam sendo as mesmas; o que diferencia os provedores é como aplicam sua margem de lucro. Quando um cliente paga com um cartão de débito ou crédito, o banco emissor do cartão recebe uma parte da transação, conhecida como tarifa de intercâmbio (ou tarifa de processamento "no atacado"). Essa tarifa serve para cobrir os custos operacionais dos bancos, o risco de fraude e o lucro dessas instituições.

Tarifas de Intercâmbio

As tarifas de intercâmbio representam a maior parte dos custos totais de processamento de cartões de crédito. Elas variam conforme o tipo de cartão e a categoria da transação. As redes de cartões de crédito, como Visa, Mastercard, Discover e American Express, definem seus próprios programas de tarifas de intercâmbio, cada uma com sua estrutura específica.

Receitas de Juros

Assim como outros participantes do ecossistema de pagamentos com cartões de crédito, é possível gerar receitas significativas com as tarifas de intercâmbio para os bancos emissores durante cada transação com cartão. O comerciante paga as tarifas (em média de 2 a 3%) e essas tarifas são divididas entre bancos, redes de cartões e processadores.

Além disso, os bancos também obtêm receitas por juros a partir do saldo acumulado que os consumidores pagam — o que geralmente é conhecido como APR (Annual Percentage Rate, ou taxa percentual anual).

No primeiro trimestre de 2024, o Nubank contava com 41,2 milhões de clientes ativos em cartões de crédito.

O NU oferece uma conta de débito que não tem custo de uso, mas que permite aos clientes guardar dinheiro — com a vantagem de que o banco paga juros a uma taxa anual superior à média dos outros bancos. Essa estratégia foi rapidamente copiada por seus concorrentes em todo o mundo.

Na prática, quando um banco ou instituição financeira recebe depósitos dos poupadores, compromete-se a pagar-lhes uma taxa de juros. Por outro lado, essa mesma instituição oferece empréstimos a uma taxa mais alta para quem precisa de crédito. A diferença entre essas duas taxas é chamada de Margem Financeira Líquida (Net Interest Margin ou NIM), que representa o lucro obtido pela intermediação financeira. Essa margem é crucial para a rentabilidade dos bancos, pois cobre os custos operacionais e gera lucro adicional. Assim, o NIM se torna um indicador essencial da eficiência e da gestão financeira de uma instituição.

Taxa de Inadimplência

No complexo cenário do crédito ao consumo na América Latina, o Nubank conseguiu se posicionar não apenas como um dos maiores emissores de cartões, mas também como uma das instituições mais disciplinadas na gestão de risco de crédito. Apesar do rápido crescimento e da expansão para novos segmentos, o NU tem mantido sob controle seus níveis de inadimplência, especialmente nas fases iniciais do ciclo.

No final do segundo trimestre de 2025, a taxa de inadimplência entre 15 e 90 dias ("early delinquencies") foi de 4,4%, um resultado melhor que o do trimestre anterior e inferior à média do sistema bancário brasileiro, estimada em 5,5%.[311] Esse dado demonstra a eficácia dos modelos preditivos do NU, sua capacidade de intervenção antecipada e sua conexão próxima com os hábitos financeiros de seus clientes.

Por outro lado, no segmento mais crítico da carteira — os créditos com mais de 90 dias de atraso — o Nubank registrou uma taxa de 6,6%. Embora superior à média do sistema financeiro tradicional (3,2%), essa taxa é inferior à observada entre fintechs e emissores de crédito de rápido crescimento, que ultrapassam 8,5%. Esse equilíbrio revela uma estratégia de monetização agressiva, porém cuidadosamente calibrada, que combina expansão do crédito com mecanismos sofisticados de cobrança, renegociação e análise de dados.

---

[311] Cfr. Parra-Bernal, et al. Reuters. Sep 2016. "Tasa de morosidad y nuevos créditos en Brasil se mantienen estables en agosto".
https://www.reuters.com/article/idUSKCN11Y2CX/

Diferentemente dos bancos tradicionais, que operam com carteiras mais estáveis, mas menos dinâmicas, o Nubank atua em um ambiente em que a inclusão financeira e a aquisição acelerada de novos usuários envolvem maior risco implícito. O notável é que, mesmo sob essa pressão de crescimento, mantém métricas de risco que não comprometem a saúde de sua carteira.

Seu enfoque baseado em inteligência artificial, observação do comportamento transacional e atendimento proativo resulta em inadimplência controlada e em uma capacidade de adaptação que supera os modelos de crédito convencionais. Nesse contexto, a inadimplência do Nubank deve ser entendida não apenas em termos numéricos, mas também como reflexo de sua maturidade operacional e de sua ambição de redefinir os padrões do sistema financeiro latino-americano.

Gasolina Roxa

Para colocar no ar o aplicativo do cartão de crédito e traçar o caminho inicial de seu modelo de negócios, o Nubank precisou de menos de um milhão de dólares. Era o primeiro passo de um experimento ousado, preciso e ainda modesto.

No entanto, transformar essa ideia em uma empresa capaz de conceder crédito real, crescer em velocidade e suportar o vertiginoso ritmo de expansão na América Latina exigiria muito mais. Ao longo de seus primeiros nove anos de vida, os cofundadores levantaram um total de US$ 2,255 bilhões em capital, uma soma destinada a sustentar operações, construir tecnologia própria e escalar o time. Esse investimento maciço — que na época parecia uma aposta arriscada — renderia frutos generosos: em 2024, o Nubank já gerava receitas superiores a US$ 8 bilhões, provando que a visão original não era apenas viável, mas poderosa e transformadora.

A cada nova rodada de financiamento, o Nubank demonstrava que já não era apenas uma promessa: era uma máquina em movimento, gerando receita real e conquistando usuários em um ritmo que desafiava qualquer curva de adoção do setor financeiro. O dinheiro, embora ainda essencial, deixara de ser um salva-vidas: tornara-se gasolina para escalar, para expandir o crédito, para consolidar a infraestrutura. Os clientes chegavam aos milhões, atraídos por uma experiência financeira que quebrava paradigmas. O modelo não apenas funcionava — funcionava melhor do que os próprios fundadores haviam ousado sonhar.

Mas, embora precisasse urgentemente de capital para continuar operando, David não buscava qualquer capital. Seu objetivo não era apenas crescer, mas crescer com propósito, acompanhado de mentes capazes de enxergar além do retorno imediato. Por isso, quando aceitou os US$ 300 milhões da Tencent, não o fez pelo valor, mas pelo parceiro. Por trás daquele cheque vinha o know-how de quem havia transformado o sistema de pagamentos na China — de quem entendia como construir plataformas digitais capazes de escalar para centenas de milhões de pessoas. Era uma aliança estratégica e simbólica: o novo mundo financeiro conectando Ásia e América Latina em um movimento silencioso, mas poderoso.

Os primeiros litros de gasolina que acenderam esse motor não vieram de um banco nem de uma instituição tradicional. Foram Sequoia Capital e Kaszek Ventures que, enxergando além do óbvio, apostaram US$ 2 milhões em uma ideia sem produto, sem clientes e sem equipe completa. Esse foi o ponto de partida de uma jornada que não pararia mais. As rodadas seguintes vieram com força, uma após outra, consolidando o Nubank como o unicórnio que não apenas desafiava os bancos, mas os forçava a evoluir. (Ver Anexo 5)

No início, David estava sozinho. Não tinha cofundadores nem produto nas ruas. Mas tinha algo ainda mais raro:

convicção. E tinha o know-how do mundo do venture capital gravado na mente. Já havia estado do outro lado da mesa várias vezes — conhecia cada truque, cada ângulo. Como diz o velho ditado: *entre ciganos, não se lêem as mãos*. As negociações com Sequoia e Kaszek foram rápidas e diretas, fechadas com a certeza de que estavam semeando algo histórico. David pode ter cedido um pouco no papel — como todo fundador em fase semente —, mas o que ganhou foi inestimável: autonomia, confiança e os parceiros certos. Em retrospectiva, foi uma negociação tão cirúrgica e visionária que só pode ser descrita com uma palavra: perfeita.

Normalmente, as negociações entre fundadores e seus primeiros investidores giram entre 10% e 20% da empresa.[312]

É difícil não imaginar que a intenção de David, ao trazer a Sequoia, tinha um segundo propósito: que esse investimento funcionasse como uma carta de apresentação poderosa para atrair novos investidores. Ter o respaldo da Sequoia conferia ao Nubank uma legitimidade inestimável — abria portas e gerava confiança entre potenciais parceiros.

Quando chegou o momento de se aproximar da Kaszek, o fato de a Sequoia já estar a bordo tornou a proposta ainda mais atraente.

E foi um ótimo negócio. No caso da Sequoia, aquele investimento inicial de US$ 1 milhão se transformou em US$

---

[312] Fleitmann, Maximilian, Base Templates. Ago 2023. "How Much Equity to Give Away in Seed Round". https://www.basetemplates.com/blog/how-much-equity-to-give-away-in-seed-round

3,6 bilhões.³¹³ Em 2024, a Sequoia era o fundo com maior participação no Nubank, com 6,81% das ações.

A abertura de capital — que normalmente marca o fim da busca por investimento — permitiu que vendessem 289,15 milhões de ações por US$ 2,6 bilhões.

Com cada rodada de investimento e a posterior IPO, a participação acionária dos fundadores e primeiros investidores foi se diluindo. No entanto, cada fração restante se valorizava ainda mais. Em julho de 2024, o Nubank tinha 4,874 bilhões de ações[314] (Diluted Average Shares),[315] e cada uma valia US$ 12,37, o que representava um valor de mercado de aproximadamente US$ 59,3 bilhões.

David possuía cerca de 23,3% da empresa no momento da IPO. Após as vendas de ações realizadas em 2023 (3%) e 2025 (3,5%), manterá 21,8% de participação.

Como guardião do Nubank, David manteve também as **super-voting shares** (ações de supervoto), que lhe conferem 75% do poder de voto dentro da empresa.[316]

Ter super-voting shares significa possuir ações que concedem mais votos por ação do que as ações ordinárias, permitindo que David mantenha controle significativo sobre as

---

[313]

[314] Yohoo!Finance. NU Holdings Ltd. Breakdow. Jun 2024.
https://finance.yahoo.com/quote/NU/financials/
[315]
[316] Cancel, Daniel. Bloomberg. Technology. Ago 2023. "Nubank's Billionaire CEO Velez Sells $191 Million Stake in Firm"
https://www.bloomberg.com/news/articles/2023-08-16/billionaire-nubank-ceo-velez-sells-191-million-stake-in-firm

decisões estratégicas, mesmo sem deter a maioria das ações em número total. Isso garante que a visão e a estratégia de longo prazo dos fundadores permaneçam protegidas.

Um exemplo notável desse tipo de estrutura é o da Alphabet Inc. (controladora do Google), onde os fundadores possuem ações com direitos de voto ampliados para manter o controle sobre a companhia.

Principais Acionistas

Desde o início, o Nubank atraiu investidores de classe mundial. Fundos como Baillie Gifford e Capital Research — habituais financiadores de gigantes globais de tecnologia — adquiriram participações de cerca de 6% a 7% cada um.

David Vélez e Cristina Junqueira mantiveram participações significativas após o IPO, enquanto Edward Wible ficou com uma fração menor. Como é típico em startups de crescimento acelerado, os fundadores foram cedendo gradualmente partes de sua participação acionária em cada rodada de financiamento para trazer pesos pesados como Sequoia, Tiger Global e Berkshire Hathaway.

Investidores

Estas são as maiores participações:[317]

---

[317] Nota: Como é natural, esses números mudam com frequência. Além disso, nem todos os relatórios são apresentados ao mesmo tempo, nem correspondem exatamente às mesmas datas. As informações vêm dos

Investidor	Ações	%
Rua California Ltd.	~905.579.578	≈ 19.16%
BlackRock Advisors LLC	~266.236.594	≈ 7.20%
Baillie Gifford & Co.	~265.160.474	≈ 7.06 %
Capital Research & Management Co.	~194.880.670	≈ 5.20%
Tencent Holdings Ltd.	~148.878.849	≈ 3.95%
Sequoia Capital Operations LLC	~109.190.574	≈ 2.90%
Morgan Stanley Investment Mgmt, Inc.	~107.720.083	≈ 2.86%
State Street Global Advisors, Inc.	~91.238.735	≈ 1.89%
VWIGX Vanguard International Growth	~69.087.281	≈ 1.83%
FMR LLC (Fidelity)	~64.816.042	≈ 1.72%
Others		≈60.12%

Fundadores

- **David Vélez**: aproximadamente 19,16%, a maior participação entre os cofundadores.
- **Cristina Junqueira**: aproximadamente 2,5%, a segunda maior participação entre os fundadores.
- **Edward Wible**: não aparece entre os insiders com participação relevante (>5%), o que confirma que sua fatia é bem menor — provavelmente abaixo de 2% — em comparação com Vélez e Junqueira.

O verdadeiro poder está nas mãos da **Rua California Ltd.**, uma entidade discreta sediada nas Ilhas Cayman, que figura

---

formulários 13G, 13D e 13F enviados à SEC pelos diferentes investidores do Nubank, por exemplo:
https://www.sec.gov/Archives/edgar/data/1691493/000095010325013341/xslSCHEDULE_13G_X01/primary_doc.xml

como a maior acionista do Nubank. Rua California não é um fundo nem um family office tradicional — é o veículo através do qual Vélez consolida sua influência, organiza seu patrimônio e assegura o controle da companhia.

A partir dali, ele administra mais de 19% das ações econômicas da empresa e, graças à estrutura dual de direitos de voto, mais de 75% do poder de decisão. Em outras palavras, embora o Nubank seja listado em bolsa e conte com investidores institucionais globais — de BlackRock a Tencent — a vontade última repousa sobre uma figura invisível ao olhar casual: uma rua caribenha que protege a visão do seu fundador.

É assim que o poder se estrutura nas grandes ligas do capitalismo tecnológico: não com nomes na porta, mas com arquitetura legal cuidadosamente desenhada para resistir ao tempo, aos mercados e, sobretudo, à perda do controle.

Financiamento

Cada rodada de investimento do Nubank foi marcada por desafios e momentos de incerteza. Embora sempre parecesse que o financiamento chegaria facilmente, as complicações surgiam — literalmente — até o último minuto. Mas, felizmente, sempre aparecia um investidor disposto a dizer: *vamos em frente, nós topamos*.

Apesar das dificuldades, o otimismo e a esperança de que tudo daria certo nunca desapareceram.

O capital semente de US$ 2 milhões foi administrado de forma magistral, mas o valor não era suficiente para o imenso projeto que imaginavam colocar de pé. Para atingir seus objetivos, o Nubank precisava de muito mais capital — bem mais do que haviam previsto no início.

Com esses US$ 2 milhões, o Nubank conseguiu lançar seu cartão de crédito. O surpreendente é que, mesmo diante dos custos e desafios, nem sequer gastaram todo o dinheiro. Essa gestão eficiente não apenas colocou o primeiro produto em funcionamento, mas também demonstrou a capacidade do time de maximizar o impacto de cada dólar investido.

Cada rodada posterior seguiu um padrão semelhante: tensão e eventual sucesso. O time, liderado por David, provou repetidas vezes sua habilidade de superar obstáculos e atrair os investidores certos.

As Rodadas de Investimento

Nos primeiros passos do Nubank, foi preciso mais do que uma boa ideia: foi preciso capital. Como todo empreendimento nascente, começou com o que havia — a convicção de David Vélez e algo mais tangível: seu próprio dinheiro.

Foi ele quem fez o primeiro aporte, mais simbólico do que volumoso, para transformar uma ideia em projeto. Logo se somou Cristina Junqueira, trazendo não apenas experiência bancária, mas também investimento pessoal — um gesto que selava sua aposta no futuro roxo.

O verdadeiro impulso, no entanto, veio com a chegada dos primeiros investidores institucionais.

A rodada semente, liderada por Sequoia Capital e Kaszek Ventures, marcou um antes e um depois. Esse capital fundacional não só permitiu contratar o primeiro time e desenvolver o protótipo do cartão NU, como também deu credibilidade ao projeto. Alguém importante — dois fundos importantes — acreditava nessa visão. E isso abria muitas portas.

Um ano depois, em 2014, veio a Série A, de US$ 14,3 milhões, também liderada por Sequoia e Kaszek. Essa injeção de recursos permitiu que o Nubank deixasse de ser um experimento promissor para se tornar uma operação escalável. Era o tipo de oxigênio que uma startup precisa para respirar grande: crescer, contratar, ousar.

Por trás de cada rodada de investimento há um processo que define como o capital se converte em participação.

Quando uma empresa nasce, os fundadores emitem ações ordinárias, o equivalente a dizer: *isto somos nós, e aqui estão as fatias do bolo.*

Mas, para atrair investimento institucional, são criadas também ações preferenciais, que concedem direitos especiais — prioridade em dividendos, voto em certas decisões, proteção contra futuras diluições, entre outros.

Cada vez que uma nova rodada é lançada (Série A, B, C etc.), emitem-se mais ações.

Os fundadores mantêm seu número original, mas sua porcentagem se reduz proporcionalmente — o que se chama diluição. É um sacrifício voluntário: abrir mão de parte do controle para aumentar o valor total do bolo.

Por exemplo:
a) Total de ações: 1.000 (comuns) + 200 (Série A) = 1.200 ações
b) Participação dos fundadores: 1.000 / 1.200 = 83,33% (antes era 100%)
c) Participação da Série A: 200 / 1.200 = 16,67%
d) Valor pre-money:[318] US$ 8.000
e) Valor da ação antes da rodada: US$ 8,00
f) Capital captado: US$ 3.000
g) Valor post-money: US$ 11.000
h) Valor da ação após a rodada: US$ 9,16 (aumento de 14,5%)

A diluição é natural — e necessária — no caminho de crescimento de uma startup.

O objetivo é que, a cada rodada, o valor total da empresa aumente, de modo que, mesmo com menor porcentagem, a participação de cada um valha mais.

Se antes você tinha 10% de uma empresa que valia US$ 10 milhões, e depois 5% de uma empresa que vale US$ 100 milhões, sua fatia caiu pela metade, mas o valor multiplicou por cinco.

---

[318] Nota: Pre-money e post-money são métricas de valorização de empresas. Ambas são fundamentais para determinar quanto uma empresa realmente vale. A diferença entre pre-money e post-money está no momento da avaliação: A valorização pre-money não inclui investimentos externos nem aportes recentes de capital, enquanto a valorização post-money já considera o capital recém-injetado na empresa.

Cada rodada representa muito mais do que um cheque: é um voto de confiança, um sinal ao mercado e uma oportunidade de acelerar a expansão.

Por isso, bons fundadores não temem diluir-se — o importante não é ter a maioria, e sim construir algo que valha a pena possuir.

Em uma carta pelos dez anos do Nubank, David escreveu:

> *Quero também reconhecer o empreendedor: esta jornada foi cheia de dor, suor e lágrimas. É preciso muita convicção para seguir em frente diante das macrocrises e dos céticos.*
>
> *Como disse Albert Einstein: 'Todo mundo sabia que era impossível, até que chegou um tolo que não sabia disso — e fez.'*
> *Seja esse tolo.*[319]

Na primeira rodada Série A, o time do Nubank chegou à mesa com frio na barriga — aquele nó no estômago típico de quem está prestes a apostar tudo.

Apresentaram aos potenciais investidores uma proposta tão ambiciosa quanto arriscada: crescer de 12 clientes (eles mesmos) em 2013 para 1 milhão em 2019.

A reação foi quase unânime: ceticismo. A maioria dos fundos achou o plano impossível e passou.

---

[319] Op Cit. NU, Blog. "NU cumple 10 años de desafiar el sistema financiero"

Até que, finalmente, o último investidor que visitaram disse "sim".

Assumiu o risco que os outros evitaram e entregou um cheque de US$ 17 milhões.

Seis anos depois, em 2019, o Nubank não apenas cumpriu a promessa: superou-a, alcançando mais de 20 milhões de clientes.

Muitos não enxergaram o que estava diante dos olhos: uma nova forma de fazer banco, movida por tecnologia, obcecada pelo cliente e disposta a quebrar as regras de um sistema aparentemente imutável.

Somente quem acreditou no longo prazo entrou nesse barco. Nenhum deles se arrependeu.

David comentou:

> *Quando criamos o Nubank, queríamos um projeto de vida — e todas as decisões que tomamos são coerentes com isso.*
>
> *Porque se você quer vender para um grande banco em três anos, as decisões são muito diferentes.*
>
> *Sinto que nossos investidores entendem isso — e nenhum membro do conselho nos pressiona para vender ou abrir capital.*

Como já mencionado, o Nubank não se construiu da noite para o dia.

Depois do capital semente, a empresa passou por 10 rodadas adicionais, levantando US$ 2,253 bilhões.

Cada uma marcou uma etapa-chave de sua evolução — em crescimento, confiança e maturidade.

Um dos marcos mais importantes veio em dezembro de 2016, com a Série D, liderada pela DST Global, que aportou US$ 179 milhões.

Na época, o Nubank já tinha 1 milhão de clientes de cartões de crédito.

O crescimento era evidente: em 2019, a receita havia dobrado e o ritmo de aquisição chegava a 40 mil novos clientes por dia, fechando o ano com 19,7 milhões de usuários — mais do triplo do ano anterior.[320]

A Série E, concluída em fevereiro de 2018, marcou um antes e um depois: novamente liderada pela DST Global, com US$ 329 milhões, elevando a valorização da empresa a US$ 1 bilhão, o limiar que transforma uma startup em unicórnio.[321]

O Nubank tornava-se uma das raras empresas de tecnologia latino-americanas a atingir tal patamar.

Nesse mesmo ano, em outubro de 2018, chegou outro reforço decisivo: Tencent Holdings, o gigante chinês dono do WeChat, investiu US$ 419 milhões e comprou ações de um investidor anterior por mais US$ 90 milhões.

Mais que capital, foi validação internacional — uma confirmação de que o Nubank tinha potencial global.

---

[320] Silva, G. Feb 2020. "Balanço 2019: um ano que vai para a história do Nubank" – Fala, Nubank.
https://blog.nubank.com.br/balanco-nubank-2019/
[321] Wood, Sophia. Latam List. Mar 2018. "Nubank raises US$150M, becomes Brazil's third unicorn".
https://latamlist.com/nubank-raises-us150m-becomes-brazils-third-unicorn/

A Série G dividiu-se em três partes (G1, G2, G3), totalizando US$ 1,15 bilhão, a maior captação privada de uma empresa de tecnologia latino-americana até então.[322]

Em 27 de outubro de 2021, o Nubank apresentou oficialmente seu registro de IPO.
Poucas semanas depois, em 9 de dezembro de 2021, fez sua estreia pública.
As ações foram precificadas entre US$ 8 e US$ 9,[323] com 289 milhões de ações emitidas[324] e US$ 3 bilhões captados.
Naquele momento, o Nubank tinha 48 milhões de clientes — e a euforia era visível: o primeiro dia fechou com alta de 15%, elevando sua valorização a US$ 45 bilhões, colocando a fintech entre as mais valiosas do mundo.

Àquela altura, o Nubank já era lucrativo no Brasil, com vendas anuais acima de US$ 4 bilhões e eficiência operacional exemplar.
Enquanto outras techs ainda buscavam o equilíbrio entre escala e sustentabilidade, o Nubank provava que isso era possível: em um único ano, sua receita cresceu 170%, consolidando seu modelo e ganhando respeito no mercado.

Logo depois, o mundo mudou.

---

[322] Nubank. Blog. https://blog.nu.com.mx/nubank-cierra-una-segunda-ampliacion-de-su-ronda-serie-g-elevandola-a-us-115-mil-millone/
[323] Novène, Chloé. Startupeable. Dic 2021. "Nubank IPO: Las Métricas Detrás de su Salida a la Bolsa" https://startupeable.com/nubank-ipo/
[324] Nishant, Niket. Reuters. Nov 2021. "Brazil's Nubank targets over $50 billion valuation in U.S. IPO".
https://www.reuters.com/article/idUSKBN2HM20Y/

A invasão russa à Ucrânia (2022) desencadeou uma tormenta econômica global: inflação, juros altos e uma súbita aversão ao risco entre investidores.

As empresas de alto crescimento — Nubank incluído — viram suas valorizações caírem. Não foi exceção, mas parte de uma tendência global.

Mesmo assim, o Nubank manteve uma base institucional sólida.

Cerca de 73,82% das ações estão nas mãos de mais de 800 instituições financeiras e fundos globais, refletindo uma confiança duradoura em seu modelo, sua liderança e seu potencial de expansão.

O interesse por Nubank não desapareceu — apenas se tornou mais seletivo, mais maduro e mais voltado para resultados sustentáveis.

Cérberos no Caminho

Golias não morreu com a pedrada — apenas desmaiou

Um Caminho com Pedras

Desde sua fundação, há doze anos, o Nubank tem sido protagonista de uma transformação radical no setor financeiro latino-americano. Naquele tempo, o cenário era completamente diferente: os bancos tradicionais ignoravam seus clientes, os cartões de crédito eram vistos como um mal necessário — caríssimos, opacos, com atendimento precário — e ninguém imaginava que uma pequena equipe em São Paulo pudesse mudar essa realidade.

O cartão roxo foi mais do que um produto: foi uma declaração de princípios. O Nubank fez com que milhares — e depois milhões — de pessoas revissem sua relação com o dinheiro, iniciando uma revolução de baixo para cima. O crescimento foi vertiginoso. Mas o mundo já não é o mesmo.

Hoje, o Nubank enfrenta um ambiente muito mais competitivo. De um lado, novas fintechs perceberam a oportunidade que o NU abriu e competem agressivamente pelo mesmo público. De outro, os grandes bancos — antes adormecidos em sua zona de conforto — despertaram, modernizando produtos, melhorando interfaces, copiando práticas e tentando recuperar o terreno perdido. Aquilo que antes era uma vantagem exclusiva passou a ser o novo padrão de mercado.

Mesmo no campo regulatório, os ventos nem sempre sopram a favor.

Em 13 de fevereiro de 2025, o Banco Central do Brasil e o Conselho Monetário Nacional lançaram a Consulta Pública nº 117/2025, uma proposta que busca restringir o uso dos termos "banco" ou "bank" por instituições que não possuam licença bancária completa. Se aprovada, fintechs como o Nubank terão de apresentar, em até 180 dias, um plano de adaptação, removendo de seu nome qualquer termo que possa gerar confusão sobre seu status regulatório.

Diante dessa possível mudança de regras, o Nubank avalia seriamente a aquisição de um banco tradicional. A ideia não é apenas consolidar sua posição regulatória, mas expandir-se para novos mercados com uma licença bancária plena.

Estima-se que uma operação desse tipo custe cerca de US$ 600 milhões, permitindo ao NU competir em igualdade de condições, somar novos produtos e conquistar mais clientes de forma estratégica.

Esse tipo de visão ousada não é novidade para o Nubank.
Foi a primeira fintech no Brasil a oferecer altas taxas de juros reais aos poupadores, um movimento que rapidamente conquistou milhões de usuários e pressionou toda a indústria a melhorar suas ofertas.

Mas aquele diferencial já não é exclusivo: bancos, corretoras e neobancos reproduziram a mesma proposta, impulsionados pela ameaça competitiva. O que antes era disrupção, hoje é norma.

O Nubank obrigou todos a subir o nível — para o bem do consumidor —, mas isso também significa que agora precisa inovar ainda mais para manter a liderança.

Por outro lado, a pressão não vem apenas da concorrência ou da regulação.

Há também riscos no modelo de receita.
Segundo seu próprio formulário F-1/A apresentado à SEC (U.S. Securities and Exchange Commission)[325] durante o IPO, aproximadamente 30% das receitas vêm das taxas de intercâmbio (interchange fees) e outros 23% dos juros cobrados em cartões de crédito.

Se o ambiente regulatório impuser limites mais rígidos — como os promovidos pela Lei do Superendividamento,[326] no Brasil —, essas margens poderão se comprimir.

---

[325] Nota: A SEC (U.S. Securities and Exchange Commission) é a Comissão de Valores Mobiliários dos Estados Unidos, uma agência independente do governo federal, criada após o colapso da Bolsa de Nova York em 1929. Seu principal objetivo é fiscalizar e fazer cumprir as leis contra a manipulação do mercado.

[326] Nota: O projeto de Lei do Superendividamento no Brasil, sancionado em 2021, e o projeto semelhante proposto no Chile têm como meta proteger os consumidores do superendividamento por meio da regulamentação do crédito, da promoção da educação financeira e da implementação de mecanismos para renegociação de dívidas. Em ambos os países, assegura-se que os devedores mantenham recursos suficientes para cobrir suas necessidades básicas após o pagamento das dívidas, promovendo práticas de crédito mais responsáveis e transparentes.

A lei busca estimular a educação financeira e prevenir o endividamento excessivo, mas também impõe tetos a juros e multas por atraso, o que pode impactar diretamente as finanças do Nubank e de outras instituições similares.

Em síntese, o Nubank já não é mais o desafiante ágil que operava em terreno virgem. Agora é um jogador principal, em um campo mais disputado, regulado e observado.

O desafio não é crescer pela primeira vez — é continuar crescendo sem perder a essência: agilidade, empatia, inovação.

O jogo mudou... mas o NU ainda quer ditar o ritmo.

Somos os Melhores

Ninguém pode negar: o Nubank fez um trabalho extraordinário.

É lucrativo, tem uma base de clientes gigantesca e uma plataforma poderosa para novos serviços.

Mesmo assim, David Vélez se preocupa que, diante desse sucesso tão evidente, a chama da inovação se apague.

David explicava:

> *Talvez a maior ameaça que enfrentamos seja achar que já conseguimos, que já vencemos, que somos muito bons.*

> *... Redefinimos o que é um novo banco, embora sejamos mais uma plataforma de consumo do que um banco. Devemos ir com*

calma, mas estaremos em mais países dentro de 5 ou 10 anos.

... Não podemos esquecer que ainda estamos nos primeiros minutos do primeiro tempo. Não dá para sentar nos louros da vitória tão cedo.[327]

Para Vélez, o sucesso é uma arma de dois gumes.

Ver o cartão roxo nas mãos de milhões, receber elogios da imprensa global e observar o crescimento exponencial da empresa poderia facilmente levar à complacência.

É natural.

Quando uma empresa passa de uma casa improvisada em São Paulo a se tornar o maior banco digital do mundo, é fácil acreditar que a missão foi cumprida.

Mas David sabe que esse pensamento é perigoso.

Desde o início, o Nubank foi extremamente criterioso com o tipo de pessoa que contrata.

Não busca apenas habilidades técnicas ou credenciais brilhantes, mas uma mentalidade específica: fome de aprender, abertura à mudança e compromisso com o propósito de longo prazo.

Mesmo com uma cultura bem definida, o risco permanece: que a urgência que impulsionava o time no começo se dilua com o tempo.

---

[327] Stebbings, Harry. Entrevista 20VC. E1059. Sep 2023. "David Velez: How AI Changes The Future of Finance".
https://youtu.be/as_iwvokTDI?si=BYdjebgg28wLZoRQ

Felizmente, o Nubank tem uma vantagem poderosa: ainda há muito por fazer.
O time opera em um ciclo contínuo de execução e reinvenção.
Cada projeto concluído dá origem a outro, ainda mais ambicioso.
O horizonte nunca está parado.
Essa visão de futuro infinito, de missão inacabada, é o que mantém viva a energia e a inovação.

David insiste em manter a chama acesa.
Quer que cada Nubanker, independentemente do tempo de casa, preserve aquela sensação de urgência dos primeiros dias — não por falta de conquistas, mas porque ainda há um sistema financeiro inteiro a transformar.
Esse impulso — intenso, contagiante — tem sido essencial para conquistar tanto em tão pouco tempo.

Mas também cobrou um preço.

O ritmo acelerado, as metas exigentes e a pressão constante deixaram marcas na organização.
Alguns colaboradores começaram a sentir o desgaste.
A armadura roxa, que um dia brilhou com entusiasmo inabalável, mostra sinais de fadiga.
A liderança sabe disso.
Cristina, Edward e o próprio David permanecem próximos — tão próximos quanto o tamanho da empresa permite.
E embora a escala atual dificulte estar em todos os lugares, a cultura do Nubank ainda se sustenta nessa proximidade que os fundadores insistem em preservar.

O equilíbrio entre ambição e bem-estar é hoje um dos maiores desafios da companhia.
Mas se há algo que o Nubank demonstrou repetidas vezes, é sua capacidade de ouvir, adaptar-se e evoluir.
Tudo indica que saberá encontrar — mais uma vez — uma nova fórmula para crescer sem perder a alma.
Porque, se há algo que define o Nubank, é a certeza de que a transformação não é um destino: é um caminho constante.

Riscos Estratégicos e Operacionais

Desde o começo, o Nubank enfrentou riscos estratégicos e operacionais que testaram sua capacidade de revolucionar a indústria bancária brasileira.
Um dos maiores desafios foi a desconfiança do consumidor.
Os brasileiros, acostumados aos bancos tradicionais, viam com ceticismo a segurança e a confiabilidade de uma fintech sem agências físicas.

David e seu time perceberam que não bastava oferecer um serviço inovador — era preciso ganhar a confiança de um público que valorizava estabilidade e segurança.
Para isso, o Nubank teve de provar, repetidas vezes, que sua plataforma não só era segura, mas também oferecia conveniência e acessibilidade que os bancos tradicionais não conseguiam igualar.

Outro grande desafio foi a educação do cliente.
O Nubank se propôs a mudar hábitos bancários enraizados, educando o mercado sobre os benefícios de um serviço *digital first*, transparente e sem tarifas ocultas.

Mas isso não foi fácil.

Consumidores acostumados à burocracia — filas, formulários, assinaturas — viam estranheza em abrir uma conta sem papelada, sem contratos físicos, sem funcionário presente.

O NU insistiu: isso não era falta de formalidade, mas parte de um serviço melhor e igualmente confiável.

A fintech investiu em campanhas de comunicação e conscientização, garantindo ao mesmo tempo um atendimento humano e excepcional, para mostrar que banco digital pode ser seguro, simples e presente.

Em termos tecnológicos, construir uma plataforma robusta, capaz de lidar com milhões de transações de forma segura e eficiente, foi um desafio monumental.

Edward Wible, o arquiteto da infraestrutura, liderou uma equipe incansável para garantir que o sistema funcionasse sem interrupções enquanto a empresa escalava rapidamente.

Cada atualização, cada nova função, foi desenhada para proporcionar uma experiência impecável — sempre com segurança máxima.

Integrar-se aos sistemas bancários existentes e cumprir todas as normas financeiras do Brasil foi outra jornada cheia de obstáculos técnicos e burocráticos.

Ainda assim, o Nubank conseguiu — e bem.

Mais do que superar barreiras, usou o processo para construir relações de confiança com os reguladores, demonstrando que era um aliado do sistema, não um risco.

Navegando com a Regulação

A postura do Nubank diante da regulação nos países onde atua sempre foi de respeito e colaboração total.

> *Somos como o aluno da primeira fila que quer tirar 10 em tudo,* costuma dizer David.[328]

Essa filosofia guia sua relação com os reguladores desde o início.

Quando o Nubank procurou o regulador pela primeira vez, foi com medo.
David havia sido avisado de que encontraria um supervisor inflexível, hostil às startups.
Mas o que encontrou foi o oposto: apoio.
Gostaram da ideia e os incentivaram a seguir em frente — afinal, não viam com bons olhos um mercado em que 80% estava nas mãos de cinco bancos.
Exigiram cumprimento das regras, mas se comprometeram a ajudá-los a chegar lá.

Naquele momento, não existia uma regulação específica para fintechs — e isso foi tanto desafio quanto oportunidade.
A tendência global à digitalização, acelerada pela pandemia da COVID-19, abriu espaço para soluções financeiras 100% digitais.

---

[328] De la C, Juan Carlos. Entrevista con David. Imagen Radio. May 2024. "Crecimiento de Nubank en México, Colombia y Brasil.
https://youtu.be/wPUBO20vxJk?si=rwcEEy92HtYYtDvx

Como toda instituição financeira, o Nubank teve de navegar um labirinto de exigências legais.
Inovar em um setor tão regulado nunca é simples.
Houve quem dissesse que o Nubank jogava com vantagem, por não ser um banco formal.
Mas a empresa entendeu logo: a regulação não é obstáculo, é ativo estratégico.
Protege o sistema, o consumidor — e cria barreiras de entrada contra aventureiros.

Em países como o Brasil, onde quase metade da população ainda não é bancarizada, os reguladores adotaram uma postura mais aberta à inovação.
Ao contrário dos Estados Unidos ou da Europa, onde prevalece a proteção ao status quo, mercados como Índia, China e Brasil perceberam que a competição é o caminho para a inclusão financeira.

Quando surgiram debates, como o da redução do prazo de repasse a comerciantes, o Nubank não esperou as regras mudarem: construiu uma estrutura interna de monitoramento regulatório e diálogo permanente com as autoridades.
Esse time especializado garante conformidade, antecipa mudanças e até colabora na formulação de políticas públicas, junto a outras fintechs.

Ser o "aluno aplicado da primeira fila" — entendendo as regras para também influenciá-las — tornou-se parte da identidade Nubank.
A empresa quer inovar com segurança, ajudando a moldar um ambiente onde cumprimento e disrupção possam coexistir.

Hoje, o Nubank enfrenta desafios regulatórios concretos. No Brasil, precisará resolver a questão sobre se poderá continuar usando a palavra «banco» em sua marca sem uma licença bancária completa. No México, embora já tenha recebido autorização para se tornar um banco, ainda precisa concluir as etapas finais exigidas pelo regulador até o fim de 2025.

E agora tem diante de si sua nova fundação: o Nubank nos Estados Unidos, um marco que carrega profundo significado para sua expansão internacional.

Mas se há algo que o Nubank mostrou ao longo de sua história, é que prefere se antecipar a reagir. Mover-se antes da mudança é parte de seu DNA.

E é isso que continua garantindo sua vantagem — mesmo quando o mundo inteiro tenta alcançá-lo.

Anexo 1

Bancos Digitais por Data de Fundação

Nº	Banco	Data de Fundação	Nacionalidade	Ativo	Licença	Número de Clientes (milhões)
1	**Tinkoff**	08/12/06	Rússia	Sim	Sim	47,8
2	**Simple**	01/06/09	EUA	Não (encerrado em 2021)	Não	0
3	**Ally Bank**	11/12/09	EUA	Sim	Sim	3,4
4	**SoFi**	01/08/11	EUA	Sim	Sim	11,7
5	**N26**	01/02/13	Alemanha	Sim	Sim	8
6	**Kakao Bank**	18/04/13	Coreia do Sul	Sim	Sim	25,5
7	**Nubank**	06/05/13	Brasil	Sim	Sim	123
8	**Tandem Bank**	01/11/13	Reino Unido	Sim	Sim	1,0
9	**Atom Bank**	01/04/14	Reino Unido	Sim	Sim	1,5
10	**Starling Bank**	01/06/14	Reino Unido	Sim	Sim	4,5
11	**Bank Mobile**	01/01/15	EUA	Sim	Sim	2,0
12	**Monzo**	01/02/15	Reino Unido	Sim	Sim	13
13	**Revolut**	01/07/15	Reino Unido	Sim	Sim	60
14	**Varo Money**	01/07/15	EUA	Sim	Sim	4,0
15	**Judo Bank**	22/03/16	Austrália	Sim	Sim	0,15

Anexo 2

Produtos e Funções do NU

Nº	Nome do Produto	Descrição	Data de Lançamento
1	Cartão de Crédito Nubank	Cartão de crédito sem tarifas, com controle total pelo aplicativo móvel.	set. 2014
2	Nubank Rewards	Programa de recompensas que permite acumular pontos a cada compra, resgatáveis por produtos e serviços.	2017
3	NuConta (Conta Digital)	Conta corrente digital sem tarifas de manutenção, com transferências gratuitas e rendimento sobre o saldo.	out. 2017
4	Empréstimos Pessoais	Empréstimos totalmente digitais, com solicitação e gestão pelo app do Nubank.	2018
5	Caixinhas	Ferramenta de organização e planejamento financeiro para guardar dinheiro de forma personalizada e com rendimento.	2022
6	Nubank Auto	Seguro de automóveis com experiência 100% digital e suporte 24 horas.	2023
7	Nubank Lar Seguro	Seguro residencial personalizável com experiência 100% digital.	2023
8	NuCoin	Token de utilidade gratuito como parte de um programa de fidelidade baseado em tecnologia blockchain.	2023 e 2025
9	Nubank Cripto	Oferta de criptomoedas com 14 opções disponíveis para negociação, incluindo USDC.	2023
10	NuConsignado	Empréstimos com garantia, desconto direto em folha de pagamento, para servidores públicos e aposentados.	2023
11	NU Limite Garantido	Ferramenta que permite aumentar o limite do cartão de crédito usando valores investidos como garantia.	2023

Nº	Nome do Produto	Descrição	Data de Lançamento
12	Me Roubaram	Função para bloquear rapidamente cartões ou contas em caso de roubo ou perda.	2023
13	Alô Protegido	Recurso para identificar e bloquear ligações fraudulentas.	2023
14	ETFs NU Renda Ibov Smart Dividendos	ETF que acompanha um índice derivado do Ibovespa, focado em empresas pagadoras de dividendos.	2023
15	ETFs NU Ibov Smart Dividendos	ETF que reinveste os dividendos no próprio fundo para potencializar os rendimentos.	2023
16	Nubank Ultravioleta	Cartão exclusivo, categoria Black, com diversos benefícios para clientes de alta renda, incluindo NuTag e Rappi Prime.	2023
17	Caixinhas PME	Ferramenta de organização e planejamento financeiro voltada a clientes de pequenas e médias empresas.	2022 (ampliado em 2023)
18	Nubank+	Programa de benefícios com cashback, acesso a streaming, saques gratuitos e assistente de pagamentos.	2024
19	Conta PJ	Conta bancária para pequenas e médias empresas.	2019
20	Cartão de Crédito PJ	Cartão de crédito para pequenas e médias empresas.	2019
21	NuCel	Serviço de telefonia móvel no Brasil, com planos de dados flexíveis (15 GB, 20 GB, 35 GB).	2024
22	Caixinha Turbo	Caixa de poupança de alta rentabilidade ($\approx$15 % ao ano no México) com liquidez imediata.	2025
23	CDT Nu (Colômbia)	Produto de poupança e investimento de médio e longo prazo —um certificado de depósito— acessível pelo app.	2025
24	Conta do Nu para menores	Cartão de crédito para menores através do recurso Controle Parental.	2025

Anexo 3

Membros do Conselho do Nubank

Nome	Cargo no Conselho	Empresa Atual	Posição
David Vélez Osorno	Fundador, Presidente do Conselho e CEO	NU	CEO
Anita Mary Sands	Membro, desde out. 2020	ServiceNowJumpCloudCircle Internet FinancialCyderes	Membro de diversos Conselhos
Roberto de Oliveira Campos Neto	Membro, desde jul. 2025	NU	Vice-Chairman e Global Head of Public Policy
David Marcus	Membro, desde mar. 2023	Lightspark	CEO e Co-fundador
Douglas Mauro Leone	Membro, desde 2016	Sequoia Capital	Sócio (Partner)
Jacqueline Dawn Reses	Membro, desde mar. 2021	Lead Bank	Chairwoman e CEO
Luis Alberto Moreno Mejía	Membro, desde abr. 2021	Allen & Co.	Managing Director
Rogério Paulo Calderón Peres	Membro, Presidente do Comitê de Auditoria e Risco	Alupar Investimentos S.A.	Membro do Conselho de Administração
Thuan Quang Pham	Membro, desde set. 2022	Faire	CTO

Anexo 4

Rodadas de Financiamento (2014–2021)

Série de Ações	Valor Arrecadado (US$ milhões)	Data	Investidores / Rodada
A	17	ago. 2014	Sequoia, Kaszek
B	47	mai. 2015	TGM
C	99	jun. 2016	Founders Fund
D	179	dez. 2016	DST Global
E	150	fev. 2018	DST Global
E1	90	out. 2018	Tencent
F	400	jul. 2019	TCV
G1	400	jan. 2021	GIC
G2	500	jun. 2021	Berkshire Hathaway
G3	250	jun. 2021	Sands Capital

Total arrecadado: US$ 2.253 milhões

Sobre o Autor

Jorge Livingstone Vaught atua há mais de três décadas impulsionando a transformação empresarial a partir do seu núcleo: a cultura organizacional. Sua visão integra estratégia, objetivos e cultura corporativa como o veículo indispensável para alcançar resultados sustentáveis.

É MBA pelo IPADE e bacharel em Administração de Empresas pelo ITAM, onde também concluiu uma especialização em Sistemas de Computação. Iniciou sua carreira como Country Manager da Gateway, introduzindo no mercado mexicano computadores personalizados e pioneiros em seu tempo.

Por mais de dez anos, foi Diretor de Tecnologia e Inovação no Mercado de Dinheiro da Bolsa Mexicana de Valores, liderando uma profunda transformação de infraestrutura tecnológica e de comunicação desse mercado financeiro.

Empreendedor por vocação, desenvolveu soluções digitais que otimizaram processos em diversas organizações, enquanto manteve presença acadêmica constante como professor de graduação e pós-graduação. É também autor de artigos especializados em estratégia, tecnologia, fintech e banca digital.

Movido pela curiosidade e pelo compromisso com o impacto, hoje atua como conselheiro, acadêmico e escritor — sempre focado em gerar valor, compartilhar conhecimento e abrir conversas que antecipam o futuro.

E-mail: jorgelv@mac.com
LinkedIn: https://linkedin.com/in/jorge-livingstone)

www.ingramcontent.com/pod-product-compliance
Lightning Source LLC
Chambersburg PA
CBHW071017240526
45469CB00006BD/1951